특수교육 교직실무

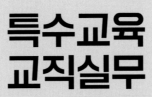

TEACHER PRACTICES IN
SPECIAL EDUCATION

김두희 · 서선옥 · 서중현 · 오수현 · 유은정 · 유종열 · 이지현 공저

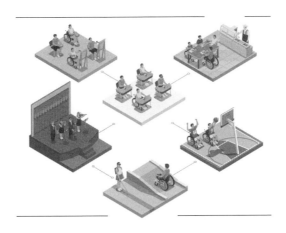

학지사

머리말

　이 책은 '교직실무' 과목을 10년 동안 강의하면서, 수업 준비 과정 또는 강의 후 수업에 대한 학생들의 피드백을 하나씩 받아 가며 쓰기 시작한 원고에서 시작되었습니다. 그리고 시중에 나와 있는 교직실무 관련 도서는 주로 일반교육 위주로 서술되어 있어서 특수교육의 실무를 다룬 책이 적었던 것도 이 책을 쓰기 시작한 동기 중 하나입니다.

　이 책은 사범계열이나 교직과정에서 특수교육을 전공하는 학생이 이수해야 하는 교직실무 과목의 교재로 사용하기 위해서 집필되었기에 특수교육현장에서 수업과 행정 업무를 원활하게 수행하기 위해 필요한 기본적인 학교 실무를 중점적으로 다루고 있습니다.

　교사가 학교에 발령을 받으면 바로 연간계획서나 개별화 업무를 해야 하고, 공문서 처리나 학급편성 보고 등 학교 업무도 직접 처리해야 합니다. 지금까지 많은 신규 교사를 보면, 첫 학기 내내 실무를 익히는 과정을 힘들어하는 경우가 많았습니다. 특히 일반학교의 학습도움실로 신규 발령이 난 특수교사는 특수교육과 관련된 실무를 혼자서 처리해야 하는 데서 오는 부담감을 자주 토로하였습니다. 이러한 신규 교사의 부담감을 조금이나마 덜어 주기 위해 이 책을 쓰게 되었고, 또한 이 책을 통해 기본적인 학교 실무를 익혀서 조금이나마 그 어려움을 덜 수 있었으면 하는 바람이 큽니다.

　혼자서는 많은 부족함을 느껴 공저자들에게 도움을 요청하였습니다.

　간단히 공저자와 맡은 파트를 소개하자면, 제1장은 유은정 교수님이 저술하셨고, 제2, 8, 10, 12장은 유종열 박사님이 쓰셨습니다. 제7장은 김두희 교수님, 제3, 4장은 이지현 선생님, 제5장은 오수현 선생님이 집필하셨습니다. 제11장은 서선옥 박사님이 쓰셨고, 제6, 9, 13장은 제(서중현)가 맡았습니다.

저자들이 좀 더 좋은 원고를 쓰고자 노력했지만, 부족한 부분도 있을 것입니다. 교직실무 교과의 특성상 실무 관련 법률이나 규정이 개정되면 책의 내용도 달라져 개정판을 필수적으로 내야 하기에, 개정판을 출간해야 할 시기가 오면 그때 이 책에서 드러난 미진한 부분까지 보완하도록 하겠습니다.

이 책을 출간하면서 개인적으로 감사드릴 분이 많습니다. 먼저, 저를 학문적으로 이끌어 주시고 삶의 지표를 세워 주신 부산대학교 안성우 교수님께 감사의 말씀을 전하고 싶습니다. 그리고 공저자로 참여하신 모든 저자분께 감사드리며, 특히 유은정 교수님에게 깊은 감사의 마음을 전합니다. 책의 원고를 검토하고 많은 도움을 준 제주특별자치도교육청 이진한 선생님에게도 고마움을 표하고 싶습니다.

아내와 아들 수민에게도 깊은 사랑을 전하며, 마지막으로 우리 가족을 위해 늘 최선을 다하시는 어머니와 몇 해 전에 돌아가신 아버지께 감사와 그리움을 전하며 이 글을 마무리하겠습니다.

저자를 대표하여
서중현

차례

| 제1장 |
교직과 교직윤리

　이 장에서는 특수교육 교직실무 과목을 접하게 되는 예비특수교사가 정립해야 할 개념과 고민해 보아야 할 주제를 다루고자 한다. 예비특수교사가 스스로 교직선택의 동기를 분석해 보고, 교직관 정립을 위한 밑그림을 그려 보기 바란다. 또한 교직관 유형에 따른 의미를 잘 파악하여, 교직 경력이 쌓여감에 따라 교직에 대한 인식 변화가 불가피한 상황에서도 긍정적인 수용 태도로 스스로 성장하면서 교직 만족도 높은 행복한 교원이 되기를 기대한다.

　이 장에서는, 첫째, 교사와 교원 그리고 교직의 개념을 정리하고, 특수교사 교직선택의 동기를 동료들과 공유하면서 특성을 분석해 본다. 둘째, 교직관의 의미와 4개 유형에 따른 특징을 이해한다. 셋째, 교직관과 교원윤리의 성격을 살펴본다. 넷째, 교원의 권리와 의무 그리고 교직 문화를 알아본다.

1. 교사와 교원 그리고 교직의 개념

1) 개념 및 용어의 사용

일반적으로 교사와 교원을 혼용하기도 하지만, 사전적 및 법제상의 의미는 다음과 같이 구별된다. 즉, 교사(敎師)의 사전적 의미는 주로 초·중·고등학교에서 일정한 자격을 가지고 학생을 가르치는 사람을 말하며, 교육 관련법에서 교원(敎員)은 각급 학교에서 학생을 가르치는 사람을 통틀어 이르는 말로서 교사, 교감, 교장, 교수, 총장, 학장, 강사 등이 포함된다. 그러므로 교사는 교원에 속하는 용어이며, 예비교사를 양성하는 대학 및 학과를 교원양성기관이라고 칭하는 것은 적합하지 못하다. 교직(敎職)은 학생을 가르치는 직업이나 직무를 말하는데, 교사가 갖추어야 할 윤리를 언급할 때도 교직윤리, 교원윤리 혹은 교사윤리 등으로 맥락에 따라 혼용되고 있다. 마찬가지로 용어 사용이 적절하지 못함을 지적하는 것이 아니라, 각자 개념은 알고 있되 문맥에 따라 의미를 고려하여 선택하고 있음을 이해하면 될 것이다.

2) 특수교사 교직선택 동기

예비교사들이 교직을 선택한 동기와 교직관 및 교직 만족도는 상관이 있을 것이라는 가설에 근거하여 관련 연구들이 이루어져 왔다. 휴버먼(Huberman, 1993)은 교직선택의 동기를 능동적·물질적·수동적 동기로 분류하였는데, 능동적 동기는 개인의 흥미, 적성, 호기심 등의 요인들에서 동기화되는 것이고, 물질적 동기는 사회적 지위, 급여, 근무조건 및 안정성의 요인들에서 동기화되며, 수동적 동기는 자발적인 의지보다 타인이나 환경에 의해 선택하는 동기라고 구분하였다. 강혜진(2015)은 예비특수교사의 특수교사 교직선택의 동기를 조사 연구하였는데, 능동적 동기와 물질적 동기가 수동적 동기에 비해 유의하게 높았다고 하였다. 그러나 현직교사의 교직관을 탐색한 연구(이재덕, 신철균, 신정철, 2020)에서는 부모와 교사의 권유로 교직을 선택하게 되는 경우도 적지 않으며, 교직의 사회공헌성보다는 안정적인 직장에 비중을 둔 것이라고 시대 및 사회적인 변화를 지적하면서 설문에 응답하는 것과 심층면담 연구방법에서도 차이가 있으며, 교직 입문 시기와 교원양성교육을 받는 시기 그리고 현직교사로 근무하는 시기에 따라 교직관도 다양해진다고 밝혔다.

교직선택 동기와 교직관 확립은 밀접한 연관이 있을 것이므로, 스스로 특수교사 교직을 선택하게 된 동기를 구체적으로 정리해 볼 필요가 있다. 교직으로 초임 발령을 받은 시기, 근무환경이 변경된 시기 등 교사로 경력을 쌓아 가면서 교직에 대한 자신의 생각을 정리하면서 성찰해 간다면, 결국 교직은 학생들에게 세상을 보는 안목을 가르치면서 자신도 세상을 보는 일을 실천하는 직업이라는 본질적인 특성을 깨달을 수 있을 것이다.

2. 교직관의 유형과 의미

예비교사들이 '교사'라는 직업을 택하려는 이유는 여러 가지가 있을 것이다. 사범계 대학생들과 대화를 하면서 알게 된 것으로, 공무원이라는 안정적인 신분에 매력을 느끼거나 학생을 가르치는 것을 좋아해서 또는 이 두 가지모두를 이유로 교사가 되고 싶어 하기도 한다.

예비교사들이 교사라는 직업을 어떻게 바라보는지가 중요한 이유는 어떤 교직관을 가지고 교직에 입문하느냐가 교직의 만족도나 교사효능감에 영향을 줄 수 있기 때문이다. 김정현과 박현옥(2015)은 특수교육을 전공하는 대학생을 대상으로 교직관과 교사효능감의 관계를 조사하였는데, 교직관 수준과 교사효능감은 밀접한 관계에 있다고 밝혔다. 사실 현직에 근무하는 교사들도 교직을 어떻게 바라보고 수행하는가에 따라서 교직에서 보람과 만족도가 달라지는 것을 경험하기도 한다.

교직관은 말 그대로 교직을 어떻게 바라보느냐, 즉 교사라는 직업을 어떻게 인식하며 어떠한 태도로 교직을 수행하고자 하는가를 말한다. 이러한 교직관은 시대마다 그리고 사람마다 차이가 있고, 그 차이도 변하고 있다. 교직관은 그 시대의 정치, 경제, 사회적 환경에 따라서 변화되어 오고 있으며, 특히 현대사회의 급변하는 환경과 다양한 가치가 존재하는 환경으로 인해 교직관이 크게 변화하고 있다. 또한 교사 중에도 사람마다 교직관이 다르고, 동일 교사의 교직관도 교직생활 동안 계속 고정된 것이 아니라 경력과 처한 상황에 따라 변하는 것이다.

이렇게 시대적 환경 등에 따라서 교직관은 변화되어 왔는데, 지금까지 나타난 교직관을 여기서는 성직관, 노동직관, 전문직관, 공직관으로 나누어 설명하고자 한다.

1) 성직관(聖職觀)

성직관은 학생을 가르치는 교사라는 직업을 성직(聖職)으로 보는 관점으로, 중세시대 기독교사회 전통에서 유래한 것으로 알려진다. 중세시대에는 교사라는 직업을 성직자처럼 세속적인 이윤추구를 멀리하며, 사랑, 희생과 같은 정신적인 봉사활동을 주로 하는 이상적이고 도덕적인 직업으로 간주했다. 사실 중세시대의 성직자들이 교사 역할을 수행하였다(김경이 외, 2001)는 사실에서도 찾아볼 수 있듯이, 이 관점에서는 성직자와 같은 교사의 직업적 위치와 역할을 기대하고 있음을 알 수 있다. 즉, 교사라는 직업에 성직자의 직업처럼 자신의 안위보다는 학생들에게 봉사하고 사랑을 베푸는 직업적 역할을 수여하면서 동시에 학생들은 교사를 성직자처럼 존경하고 따르게 하는 직업적 위치를 부여하고 있다. 이 관점을 가진 교사는 스스로 교사직을 소명(召命)의 직업, 천직(天職)으로 간주하며, 학생들을 보호하고 고결한 인격 형성에 도움을 주고자 하는 역할 행동을 교육의 주 내용으로 생각하는 경우가 많다.

우리나라의 경우는 주로 1970년대 이전에 이러한 관점에서 교사들에게 교사의 권리를 강조하기보다는 교사의 의무로 희생과 봉사 측면을 강조하는 교육자들이 많았다(김경희 외, 2001). 특히 특수교육 분야에서는 장애학생에 대한 봉사, 희생을 먼저 강조하는 경우가 많았다. 그래서 특수교육 현장에서는 일부 보호자나 학교 관계자가 전문성을 가진 특수교사의 개별화된 교육보다는 장애학생을 보호하고 도와주는 행동을 더 중시하는 경우가 많다.

이런 관점의 교직관은 오늘날 교사라는 직업을 전부 설명하기에 무리가 있으나, 교직을 성직관으로 간주하는 경우에는 교육의 주 내용을 학생의 인격체 형성에 도움을 주는 활동으로 간주하고, 그것이 교직의 본질이라고 하고 있다. 하지만 이러한 관점은 교사가 가르치는 교육내용과 교직이라는 직업을 구별하지 않는 문제점이 있다.

또한 성직관은 교사의 권리와 지위 향상을 주장하는 적극적인 존재보다는 학생에게 희생과 봉사를 하는 수동적인 존재로 교사를 파악하고 있다. 그리고 교사를 세속적인 것을 멀리해야 하며 이익보다는 정신적인 인격을 연마하는 수도자의 관점으로 보고 있다. 교사를 이렇게 수동적인 존재로, 수도승 같은 고결한 존재로 파악하고자 하는 성직관은 현재 교사의 위치와 역할을 설명하기에는 다소 부적합할 수 있다. 특히 오늘날에는 교사가 학교에서 여러 가지 다양한 교육활동을 주체적으로 끌어간다는 점과 다른 직업처럼 근무여건과 권리 확장을 위해서 능동적으로 활동한다는 점을 설명하지 못한다는 점에서 성직관은 제한점을 가진다. 그럼에도 불구하고 교직은 교육행위가 본질인 직업이고, 이는 교사와 학생 간의 인격적 만남을 바탕으로 한 윤리적 측면이 있으므로, 스승으로서 교사상은 시대와 사회를 초월하여 교사에게 기대되는 관점이기도 하다.

2) 노동직관

노동직관은 교직을 노동자와 같은 직업으로 보는 관점이다. 이 관점에서는 교사를 학교라는 조직에서 학생을 가르치고 생활지도를 하는 노동을 제공하고 보수를 받는 일종의 노동자로 간주한다. 다시 말해서, 정부나 재단(사립학교의 경우)이 교사를 직접 선발하고 고용하며, 교사는 그 고용계약에 따라 노동을 제공하는 피고용인이라는 것이다.

이 관점은 중세사회에서 근대사회로 이행하면서 산업화가 본격적으로 이루어지는 시기에 나타나기 시작한 관점으로, 중세시대의 성직관에서 비롯된 수동적인 교사상에서 노동적 권리를 법제화하고자 하는 적극적인 교사상으로 바뀌고 있다. 특히 산업사회로 진입하면서 자본가의 착취에 맞서 노조활동을 통해 노동자의 권리를 확충하고자 했던 산업 노동자처럼 교사도 봉사와 희생이라는 의무뿐만 아니라 교사로서 당연히 가져야 할 권리 측면을 조명하면서 나타난 관점이다.

우리나라에서도 1980년대 후반 민주 정부가 들어서며 본격적으로 교사도 「헌법」과 법률에 보장된 권리를 주장하기 시작하면서 나타났다. 특히 오늘날에는 1999년 제정된 「교원의 노동조합설립 및 운영에 관한 법률」에 근거하여 교사는 단체를 구성하여 고용인인 정부 등과 단체협약을 맺을 수 있는 교섭 및 단체협약 체결권(제6조)을 보장받고 있다. 이렇게 법률로부터 보장된 교사의 권리를 실현하기 위해 교사들은 전교조(전국교직원노동조합), 교총 등(한국교원단체총연합회) 교직단체를 구성하여 권리를 구체적으로 확충해 나가며, 교육의 실행 주체로서 교육정책의 참여와 같은 역할에도 적극적으로 참여하게 되었다. 이렇게 교사가 자신의 권리를 주장하고 나아가 외부의 간섭을 배제하고 교육의 한 구성원으로서 주체적이며 적극적인 역할을 한다는 점에서 성직관과 다른 특징을 보여 준다.

그러나 이렇게 교직을 일반 노동직으로 간주하고자 하는 관점은 현실적으로 교직이 일반 노동직과 다른 특성이 있음을 간과하고 있다. 교직은 일반 노동자들과는 달리 노동의 행위가 미성숙한 학생을 대상으로 이루어진다는 점과 노동활동의 결과로 학생에게 미치는 영향이 매우 클 수도 있다는 점이다. 그러므로 교직을 일반적인 '노동'의 기준으로 간주하는 것은 조심스러운 일이다. 이런 점을 고려하여 「교원의 노동조합 설립 및 운영 등에 관한 법률」(2020년 개정)에서는 노조의 정치활동금지(제3조) 조항과 쟁의행위의 금지(제8조) 조항을 두고 있다.

3) 전문직관

전문직관은 교직을 전문적 직업으로 인식하는 관점이다. 즉, 교사의 직업을 전문성을 가진 직업으로 바라본다는 것이다. 여기서 교사의 '전문성'이라는 개념에서 핵심은 일반 사람들이 교사라는 직업을 자유롭게 선택할 수 있는 것이 아니라, 일정한 교육과정 이수와 검정자격 통과 등의 일정한 기준을 충족하는 경우에 직업으로 가질 수 있다는 것이다. 전문직관에서 교사의 전문성을 제시하는 근거는 다음과 같다.

첫째, '교사자격(qualification)'을 갖추었는지 여부이다. 우리나라에서 교사의 '자격'은 국가가 정한 교육기관, 즉 교원양성기관에서 주어진 교육과정을 이수해야 획득할 수 있는 것이다. 주로 4년제 사범대학, 교육대학, 사범계 학과, 교육대학원 등 교육기관에서 필요한 교육과 실습을 이수하는 등 교원 검정자격 기준에서 제시하는 기준을 충족한 경우에만 그 자격을 얻을 수가 있다.

둘째, 교사의 전문성 중 가장 중요한 요소로 '수업의 전문성'을 들 수 있다(김찬종, 2009; 손승남, 2005). 손승남(2005)은 구체적으로 수업 준비도, 교과

전문지식, 학생 이해능력, 수업방법, 수업기술, 매체활용 능력, 평가능력, 피드백, 학급경영 능력 등을 교사가 갖추어야 할 수업의 전문성으로 들고 있다. 이러한 전문성은 교원양성기관의 교육과 훈련에서도 길러지지만 교사로 재직하는 동안 각종 외부 연수와 자기연수 등을 통해서 지속적으로 배양된다. 교사의 주요 활동은 교과에 대한 전문적인 지식을 효과적으로 전달하는 것과 학생의 성취 결과를 능숙하게 평가하고 전문적으로 피드백을 제공하는 것이다. 그러므로 교직의 전문성을 대표하는 것은 수업의 전문성이라고 볼 수 있다.

셋째, 교사가 가지는 '높은 자율성과 그에 따른 직업적 윤리성 강조'에서 전문성을 찾을 수 있다. 높은 자율성이란 교사가 교과 전문가로서 수업과 업무를 수행할 때 교사가 스스로 결정하는 부분이 많다는 것을 의미한다. 예를 들어, 영어교사가 중학생들에게 '동사의 불규칙 변화'를 가르칠 때, 학생 수준과 특성, 교수자료 등을 감안하여 '불규칙 동사'를 노래를 이용해서 제시하거나 '플래시카드를 통해서 제시하는' 교수방법을 자율적으로 결정하여 가르칠 수 있다. 교사는 국가가 정한 교육과정 범위 안에서 교과서를 바탕으로 교육내용과 수업목표를 스스로 설정하고, 재구성하며 목표달성에 알맞은 수업자료 등을 활용하여 자율적인 수업방법으로 수업을 진행할 수 있다. 이러한 높은 자율성은 전문성을 가진 직업 특성으로 간주된다(신기현, 2004). 그리고 '직업적 윤리성'이란 고도의 자율성을 바탕으로 업무를 수행하기 때문에 업무수행 방법에 대한 윤리성과 결과에 대한 책임을 강조하는 것이다. 특히 교직은 미성년인 학생 혹은 인간을 대상으로 하는 활동인 만큼 교육활동 수행에서 교사가 스스로 지켜야 할 직업적 윤리성이 더욱 강조된다고 볼 수 있다. 몇 가지 예를 들면, 교사는 학급의 학생들이나 특정 학생에게만 미리 시험에 나올 문제에 대한 암시를 주는 행위 등을 해서는 안 된다. 그뿐 아니라 교사는 학생의 문제행동에 대한 생활지도를 함에 있어서 학생 입장에서 먼저 생각하도록 유의해야 한다.

넷째, 교직의 전문성은 전문가의 단체로서 전문성의 고취와 전문가 집단의 지위 향상을 위해 노력한다는 점에서 찾아볼 수 있다. 특히 현대사회에서 교사 집단은 교원의 이익을 대변하고 교육활동의 주체로서 교사의 수업권과 학생의 학습권을 보장해야 하며, 정부와 교육정책 협상과정 참여를 통해 교육의 질적 향상에 힘쓰는 전문가 단체이다(김갑성, 2009). 앞서 노동직관에서 설명한 것처럼 우리나라도 전국교원노동조합 등 다양한 교원단체를 결성하고 교원의 전문성 고취를 위해 노력하면서 교원의 권리 향상을 주장하고 있다.

이상과 같이 전문직관은 교직의 전문성에 초점을 두는 관점인데, 이러한 측면에서 보면 노동직관 및 성직관과 다소 다른 측면이 있다. 그러나 전문직관이 교사에게 고도의 윤리의식과 책임을 강조한다는 측면에서 성직관의 양상도 살펴볼 수 있으며, 또한 교사를 전문성을 가진 노동자로 볼 수 있다는 측면에서 노동직관 인식도 반영된 것이라고 볼 수 있다.

4) 공직관

교직을 국가의 공직 중 하나로 인식하는 관점이 공직관이다. 현대사회의 교사들은 '공무원의 신분'을 가지며, 「헌법」에서 보장된 교육받을 권리를 충족시켜 주기 위한 공적 분야의 '교육활동' 업무를 수행하는 역할을 맡고 있다.

우리나라에서 '공무원'이란 국가나 지방자치단체의 공무에 종사하는 자로, 임명 주체에 따라서 국가공무원과 지방공무원이 있다. 교사는 대통령(소속 장관)과 임용권을 위임받은 자에 의하여 선발·임용되고, 국(공)립 교육기관의 사무를 처리하는 공무원이므로 국가공무원이다. 교사는 국가공무원 중 경력직 공무원의 하나인 교육직 공무원으로 분류된다.

'교육공무원'은 교육을 통하여 국민 전체에게 봉사하는 직무와 책임의 특수성을 가진 공무원으로서 그 자격, 임용, 보수, 연수 및 신분보장 등에 관하여 「국가공무원법」 및 「지방공무원법」에 대한 특례를 규정한 「교육공무원법」 적용을 받는 자를 말한다(교육공무원 인사실무편람, p. 2). 「헌법」(제7조 제1항)과 「국가공무원법」(제1조)에서 교육공무원을 국민 전체에 대한 봉사자라고 신분을 규정하고 있어서, 일반 국민에게 허용되는 여러 가지 권리가 교육공무원에게는 제한되거나 혹은 특별한 의무가 부여되기도 한다. 권리의 제한에는 정치활동의 금지 규정이나 쟁의행위 금지 등 근로 3권의 일부를 제한한 것이 예가 되며, 성실·청렴·비밀엄수 의무 등이 교육공무원에게 특별히 요구되는 의무이기도 하다.

교사는 국가기관에 의해서 고용되어 국가가 정해 둔 공적 활동 중 하나인 교육활동을 주로 하는 공무원으로 법적인 신분이 정해져 있으므로 교직을 공직으로 파악하는 것에는 큰 무리가 없을 것이다. 그러나 이 교직관은 다른 교직관과는 달리 교사가 국가기관에 고용되어 국가기관의 지시에 따라 업무를 수행해야 하는 수동적인 위치를 가지는 점과, 교육공무원으로서 주 업무인 교육활동의 특성상 기본권의 제한이 따르는 점을 지적하고 있다.

이와 같이 교직을 바라보는 관점을 성직관, 노동자관, 전문직관, 공직자관으로 나누어서 살펴보았다. 그러나 오늘날 교직은 한 가지 교직관으로 그 직업적인 특성을 설명하기는 어려울 만큼 현실적으로 다양한 업무를 수행하는 직업이 되었다. 현실적으로 교직은 성직자관에서의 높은 직업적 윤리와 봉사정신, 노동자관에서 엿볼 수 있는 교원단체의 노동행위, 전문직관의 교직 전문성 그리고 국가적 공무 중 공교육의 공적인 업무를 담당하는 공무원이라는 성격도 가지고 있기 때문이다. 그러므로 오늘날의 교사는 과거 몇 십년 전에 비해서 업무량도 많아졌을 뿐만 아니라 업무의 범위도 넓어졌다. 예를 들면, 교사의 주된 활동인 교수-학습 활동 외에도 진로체험 활동, 직업체험 교실 등과 같은 진로교육 업무에서부터 학교 부적응과 정서적인 문제를 가진 학생의 상담과 멘토링 활동까지 교사들이 수행하고 있다. 특히 일반학교에 근무하는 특수교사는 개별화교육을 통한 장애학생의 보호와 교육활동 그리고 통합학급 일반교사 지원활동과 비장애학생 및 학부모 그리고 학교 관리자를 대상으로 장애학생 이해교육도 담당해야 한다. 그러므로 다양하고 복잡해진 교직을 하나의 관점으로만 인식하거나 어떤 관점이 옳은 것이라고 말하는 것은 적절하지 못하며, 교직의 다중성을 적극적으로 이해하고 교직 만족도를 향상하는 것이 중요하다.

5) 특수교사의 교직관

최근 연구에 의하면, 예비교사들이 교직이라는 직업을 처음 선택할 때는 사회공헌성, 전문직적 성격보다는 '직장'으로서의 우수성 때문에 부모 및 교사의 권유가 많다고 보고되었다(이재덕 외, 2020). 이후 교원양성의 교육과정에서 교직에 대한 전문직적 관점의 교육을 받게 되고, 교사가 되고 나서는 '성직'으로서의 교사의 역할을 기대하는 사회의 시선과 학교현장의 교사생활에서는 전문직 특성 외의 다중적 역할로 인해 혼동을 겪게 된다. 이상으로서의 성직, 당위로서의 전문직, 현실로서의 직장이라는 교직관의 다중성과 유동성이 현직교사들이 가지는 교직에 대한 인식이다.

예비특수교사는 어떤 교직관을 가지고 있을까? 교직을 선택하게 된 동기와 교직관에 따라 교사의 효능감이 영향을 받는다는 연구배경으로 이루어진 강혜진(2015)의 연구에서는 능동적 동기와 물질적 동기가 수동적 동기보다 유의미하게 높으며 교직관으로는 전문직관, 성직관, 노동직관 순으로 높게 나타났다고 하였다. 그러나 학교 급별(유아, 초등, 중등)과 근무환경(통합유치원, 특수학교, 통합학급)에 따라 특수교사의 교직관과 교직 문화는 다를 수 있다. 교직은 바람직한 인간 형성이라는 독특한 목적을 가지며 이를 통해서 사회적 봉사기능을 수행하는 것이며, 교원이 되기 위해서는 자격을 획득해야 하고 권위와 윤리적 책임이 뒤따라야 하므로, 교직을 전문직관으로 보는 관점이 가장 우세하다. 그러나 특수교사들은 일반교사들보다 교직에 대해 전문직관과 함께 성직관 관점을 좀 더 내포하는 경향이 있음을 알 수 있다. 특수교사들은 장애학생을 지도하고 교육하는 것에서 보람을 느끼는 교직관을 가지고 있다.

3. 교직관과 교원윤리의 성격

우리 사회는 교사에게 높은 도덕성과 윤리의식을 요구하고 있다. 시대와 문화가 변화함에 따라 교원의 자질과 윤리에 대한 기준이 달라지기도 하지만, 교육은 가치 있는 내용을 가르치고 좋은 인간을 기르고자 한다는 점에서 도덕적 혹은 윤리적 활동이다. 홍은숙(2011)은 교원윤리에 영향을 주는 많은 요소가 있는데, 개인의 인간관, 사회관, 세계관, 가치관 그리고 그것에 기초한 교직관에 따라 교원윤리가 달라질 것이라고 하였다.

교원윤리의 현실적이며 합리적인 기준을 위해서 교직에 대한 성직의 특징을 반영하되 노동적 관점도 포함하여야 한다. 현대사회에서의 교직은 전문직 교육관의 성격이 가장 두드러지는데, 리버만(Liberman, 1956)이 제시한 전문직의 특성은 다음과 같다. ① 유일하고 독특한 사회적 봉사기능의 수행, ② 고도의 지적 기술 요구, ③ 장기간의 준비기간 필요, ④ 개인적 · 집단적으로 광범위한 자율권 행사, ⑤ 자율의 범위 안에서 행사한 행동과 판단에 대한 책임, ⑥ 경제적인 이득보다는 사회봉사 우선, ⑦ 자치조직의 결성, ⑧ 윤리강령의 준수 등이다(홍은숙 외, 2011에서 재인용). 이 특성에 의하면 전문직은 자율적인 윤리강령을 제정하고 준수한다고 되어 있다. 그 이유로, 신득렬(2002)은 전문직은 특성상 비전문인이 평가하거나 조절할 수 없는 지식과 힘을 가지므로 교원들 스스로 자질과 행동을 검열할 수 있는 자율적이며 자정적인 윤리규정이 필요함을 들고 있다. 그러므로 손봉호, 김혜성과 조영제

(2001)는 일상적인 윤리를 기초로 해서 강한 전문직 윤리와 더불어 성직자적인 소명의식까지를 포함하는 것이 교직윤리라고 주장한다.

의사, 간호사 등과 마찬가지로 교사들도 윤리강령을 익히고 선서식을 갖는다. 이는 전문직종에 종사하는 공동체의 내재적이며 자율적인 규범을 실천하고자 하는 의지라고 볼 수 있다. 예비특수교사들도 교원의 윤리강령을 체화한다면 가치관이 대립되는 상황에서도 전문직의 기준을 따를 수 있을 것이다.

4. 교원의 권리 및 의무와 교직 문화

1) 교원의 권리

(1) 교육권

교육의 자주성·전문성은 법률이 정하는 바에 의하여 보장된다고 한 「헌법」 제32조 제4항에 따라 「초·중등교육법」 제20조 제4항에서는 교사는 교육할 권리를 지닌다고 밝히고 있다. 교육권은 교원이 교육활동을 하는 데 있어서 자율성과 창의성을 발휘하여 교육목표를 효율적으로 달성할 수 있도록 헌법과 법률에 의해서 보장된 권리이다.

그러나 현실적으로 교육의 자주성과 자율권은 국가의 교육행정적인 통제나 국가 교육과정에 따른 학생 평가제도나 입시제도, 그리고 학부모의 간섭 등으로 인하여 제한되고 있다.

(2) 근무여건 보장권

「교원지위향상을 위한 특별법」 제2조 제1항, 제2항, 제3항에는 교육활동에 전념할 수 있는 교육여건 조성 및 교원에 대한 예우에 대해서 규정하고 있다. 교원은 교육활동에 전념할 수 있도록 생활보장과 복지후생 등 근무조건 개선을 권리로 보장받도록 하고 있다.

(3) 신분보장권

교원은 「국가공무원법」에 의해서 신분보장이 되며, 「교육공무원법」 제43조 제1항, 제2항, 제3항에서도 다시 한번 교사로서의 신분보장에 관한 권리를 규정하고 있다. 특히 불체포특권, 권고사직 금지 등에서 신분보장을 위한 강력한 규정을 엿볼 수 있다. 사립학교 교원의 경우에도 사립학교와는 사법적인 관계이나 신분상으로는 국공립교원과 같은 신분보장권이 있다.

2) 교사의 의무

(1) 교육 및 연구 활동의 의무(「교육기본법」 제14조 제2항)

교사로서 학생을 가르치고 자질을 향상시킬 의무를 의미한다. 교육 및 연구 활동의 의무는 교사의 기본적인 의무로, 학생의 교육권을 보장하기 위해서도 중요하다.

(2) 성실·복종의 의무(「국가공무원법」 제56조, 제57조)

성실의 의무 위반은 직무태만, 회계질서 문란, 시험문제 유출, 학생성적 조작 등이며, 복종의 의무 위반은 상급자의 지시 불복종, 복무규정 불이행, 출장의 불이행 등이다. 복종의 의무 위반 시는 「국가공무원법」 등에 따라 징계가 이루어진다.

(3) 청렴의 의무(「국가공무원법」 제61조 제1항, 제2항)

「국가공무원법」 제64조 제1항에 따라서 공무원은 공무 이외의 영리를 목적으로 하는 업무에 종사하지 못하며 소속기관의 장의 허가 없이 다른 직무를 겸할 수 없다. 하지만 예외적으로 당사자의 직무수행에 지장이 없는 범위 내에서 소속기관장은 겸직을 허가할 수 있다.

(4) 정치활동 금지(「교육기본법」 제14조 제4항, 「교원의 노동조합 설립 및 운영 등에 관한 법률」 제3조)

「국가공무원법」 제65조와 「교육기본법」 제14조에 의해서 교원의 정치활동을 금지하고 있다.

(5) 품위 유지의 의무

「국가공무원법」 제63조에서는 공무원은 직무의 내외를 불문하고 그 품위를 손상하는 행위를 하여서는 아니 된다고 규정하고 있다. 품위유지의 의무는 교원의 의무 중 유일하게 개인적인 사생활에 대한 규정이라고 할 수 있다.

(6) 비밀 엄수의 의무

「국가공무원법」 제60조에서 공무원은 재직 중은 물론 퇴직 후에도 직무상 알게 된 비밀을 엄수하여야 한다고 규정하고 있다. 교사는 학생의 개인적인 정보를 많이 알게 되는 위치에 있고, 특히 특수교사는 장애학생의 장애 특성이나 병력 등에 대한 개인적인 정보를 취득할 수 있어 항상 이 규정에 유의해야 한다.

2) 교직단체와 교직 문화

(1) 교직단체의 의의와 종류

교직단체는 교사들이 중심이 되어 교사의 자질 향상과 교사의 경제적·사회적 지위 향상을 위해서 만들어진 자생적인 단체이다.

우리나라 교직단체는 「교육기본법」에 따른 전문직 교원단체인 '한국교원단체총연합회'와 「교원의 노동조합설립 및 운영에 관한 법률」에 따른 '전국교직원노동조합, 한국교원노동조합, 자유교원조합' 등이 있다.

교직단체와 교원노조를 비교하면 〈표 1-1〉과 같다(주철안 외, 2014).

〈표 1-1〉 교원단체와 교원노조의 비교

구분	교원단체	교원노조
교직관	전문직에 가까움	노동직에 가까움
설립 근거	교육기본법	교원의 노동조합설립 및 운영에 관한 법률
가입 대상	초 · 중 · 고 · 대학(교감 · 교장 포함)	초 · 중 · 고(교감 · 교장 제외)
설립 단위	전국 및 시 · 도 단위	전국 및 시 · 도 단위
교섭 대상자	교육부장관 및 교육감	교육부장관 및 교육감, 사립학교 설립 및 경영자
교섭 내용	근무조건 및 복지후생	근무조건 및 복지후생, 교원의 지위

(2) 교직단체의 역할

송기창 등(2015)은 교직단체의 역할을 다음과 같이 설명하고 있다. 첫째, 교사의 경제적 이익과 사회적 지위 향상을 위한 활동이다. 교사의 근무여건이나 보수, 복지환경 개선 등을 위해서 활동한다. 둘째, 교사의 전문성 향상을 위하여 교원단체가 스스로 전문성 향상 연수과정을 마련하거나 전문성 향상을 위한 재원 마련을 위해 정부와 협의활동을 한다. 셋째, 교사가 교육의 주체로서 교육정책의 입안과 집행 과정에 참여하는 활동을 한다.

(3) 교원단체의 설립과 활동

일반 노동단체와 달리 교직이라는 특수성으로 인해서 교원노조는 설립단위나 쟁의행위 등에 제한점을 가지고 있다.

첫째, 교원노조는 전국단위 또는 특별시, 광역시 · 도 단위에 한하여 설립

되며, 단위학교 차원에서 노조 설립을 허용하지 않고 있다. 이렇게 단위학교
에서 노조 설립을 금지하는 것은 교원의 임금·근무조건 등이 전국적으로
동일한 기준으로 법정화되어 있고, 교원의 임용권을 시·도 교육감이 갖고
있기 때문이다. 만약 단위학교에 교원노조 설립을 허용하는 경우 노조활동
이 단위학교 운영에 영향을 미쳐 학생의 학습권을 저해할 수 있다는 점도 고
려하고 있다.

둘째, 교원노조는 쟁의행위(파업, 태업, 그 밖에 업무의 정상적인 운영을 방해
하는 일체의 행위)를 금지하고 있다. 교직은 일반 직업 종사자와 다르게 학생
을 가르치는 직업적인 특성을 지니고 있기 때문에 학생의 학습권 보장을 위
해서 쟁의행위를 금지하는 것이다.

셋째, 교육의 중립성과 교육의 자주성이 훼손될 우려가 있기 때문에 교원
노조의 정치활동은 금지되고 있다.

(4) 교직 문화

학생과의 인격적인 만남을 전제로 학생을 가르치고 지도하는 교사의 직업
은 이른바 이윤추구가 제일의 지상 목표인 일반 기업에 근무하는 일반 회사
원과는 많은 문화 차이를 보인다. 〈표 1-2〉는 독특한 학교 문화를 이해하기
위해서 일반 기업의 문화와 비교한 것이다.

〈표 1-2〉 일반 기업과 학교의 문화 비교

	기업	학교
조직의 목표	• 이윤추구	• 학생의 발달
목표의 성격	• 확실하고 구체적 · 단기적 효과를 중시	• 불확실하고 장기적인 효과를 중시
조직 구성원 간 관계	• 수직적 관계 • 성인들만의 조직구조	• 수평적＋수직적 관계 혼용 • 성년과 미성년자(학생)와의 조직구조
조직 문화	• 공식적 조직 중심 • 경쟁적인 조직 • 결합력이 강한 조직 • 미래지향적인 조직	• 공식적인 조직 • 비공식적인 조직 매우 활성화 • 비경쟁적인 조직 • 이완된 느슨한 조직 • 과거와 현재를 중시하는 보수적 조직

참고문헌

강혜진(2015). 예비특수교사의 교직 선택 동기와 교직관 및 교사효능감 특성에 관한 연구. 인문사회 21, 6(4), 63-78.

고전(2000). 교직관의 법제적 수용과 과제. 교육행정학 연구, 18(3), 209-242.

김갑성(2009). 교원단체 역할 재정립에 관한 연구. 교육발전연구, 25(2), 5-22.

김경열(2019). 특수교육전공 이후 교사의 교직관 변화 탐색. *Asia-pacific Journal of Multimedia Services Convergent with Art, Humanities, and Sociology, 9*(10), 25-34.

김경이, 박은실, 오은경, 채선희, 한유경, 김미영(2001). 교직의 이해. 경기: 문음사.

김세루(2020). 예비유아교사의 사회적 지지 및 교직선택 동기, 교직관의 관계. 교육문화연구, 26(1), 697-709.

김정현, 박현옥(2015). 특수교육전공 대학생의 교직관 및 교직적성이 교사효능감에 미치는 영향. 발달장애연구, 19(4), 1-18.

김찬종(2009). 교사 연수와 수업 전문성 발달. 교육연구와 실천, 75(1), 67-90.

김현수, 이윤식(2014). 교장의 변혁적 리더십과 부장교사의 리더십, 초임교사의 교직관 및 교직 적응 간의 구조관계. 한국교원교육연구, 31(2), 105-130.

박재범(2011). 공립특수학교 교사들의 교직문화에 대한 질적 사례연구: 중등특수교사 중심으로. 특수교육연구, 18(2), 1-22.

손봉호, 김혜성, 조영제(2001). 교직윤리관 정립을 위한 기초연구. 시민교육연구, 33, 191-222.

손승남(2005). 교사의 수업전문성 관점에서 본 교사교육의 발전방향.

한국교원교육연구, 22(1), 89-108.

신기현(2004). 미국학교의 행정가, 장학사, 교사의 전문직 프로젝트와 장학 패러다임의 변화양상. 교육행정학연구, 22(1), 249-270.

신득렬(2002). 교직을 위한 윤리연구. 교육철학, 20, 101-116.

이재덕, 신철균, 신정철(2020). 교사들의 교직관 탐색: 교직관의 다중성과 직장관의 보편화. 교육문화연구, 26(3), 191-213.

주철안, 오경희, 이상철, 이용철, 이지영, 한대동, 홍창남(2014). 교직실무. 서울: 학지사.

홍은숙(2011). 교직관에 따른 전문직 교원 윤리의 성격 재음미. 교육철학연구, 33(3), 187-212.

홍은숙, 우용제, 이한규, 김재춘, 김영화, 김재웅(2016). 교육학에의 초대. 경기: 교육과학사.

Huberman, M. (1993). *The Lives of Teacher*. New York, USA: Columbia University.

Liberman, M. (1956). *Education as Profession*. Englewood Cliffs, NJ: Pretice-Hall.

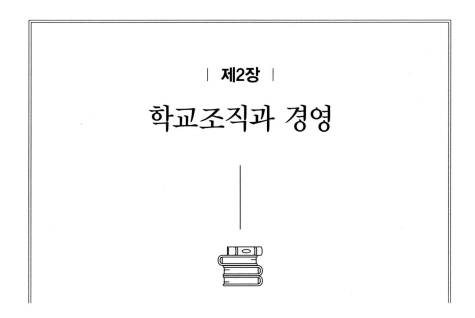

| 제2장 |

학교조직과 경영

1. 학교조직의 의의

인간은 삶의 문제를 해결하기 위해서 조직을 만들었다. 혼자 힘으로는 해결하기 어렵거나 혼자서 할 수 있다고 해도 여럿이서 힘을 모아 합치면 보다 빠르고 쉽게 할 수 있다. 인간은 조직을 형성하면서 만물의 영장으로 성장했다고 할 수 있다. 조직은 인간의 삶을 편리하게 해 주기도 하지만 경우에 따라서는 인간 개개인의 목표 달성을 방해하고 삶의 방식을 규정짓고 통제하고 제한하기도 한다. 하여튼 인간은 좋든 싫든 조직과 떼려야 뗄 수 없는 밀접한 관계를 맺고 있음을 알 수 있다. 학교는 이러한 조직들 중의 하나이다.

스콧(Scott, 1981)은 학교조직만이 갖고 있는 특징들을 다음과 같이 설명하였다.

• **구성원**: 학교조직은 학생, 교원(교사, 교장, 교감), 행정직원, 학부모로 구

성된다. 그중 학부모의 지위는 조금 특수하다. 학부모들은 자녀의 교육에 대해 일정한 권리를 갖고 있는 동시에 의무도 갖고 있기 때문에 학교구성원으로 보기는 어렵지만 학교와 학부모 및 지역사회와의 유기적 관계가 중요시되어 감에 따라 학교 구성원의 범위에 포함되고 있는 추세이다. 이들 구성원은 백지상태로 학교조직에 참여하지 않는다. 각자 다른 개인적 특성, 기술, 가치관을 가지고 학교업무에 참여하고 있으므로 이들에 대한 특성을 이해하는 것은 학교조직을 이해하는 데 반드시 필요하다고 하겠다.

- **목표**: 학교는 학생들에게 보다 나은 교육 서비스를 제공함으로써 이들의 발전과 나아가서는 국가사회의 발전에 이바지하는 데 목표를 둔다. 그러나 이러한 목표는 너무나 추상적이어서 목표로서의 기능을 수행하기가 어렵고 이것을 단위학교의 목표로 구체화시키는 것은 구성원들의 생각과 이해가 다르기 때문에 쉬운 일이 아니다. 일반적으로 교육과정에 이러한 목표가 기술되어 있다.

- **주요 직무**: 학교조직에서 주로 이루어지는 주요 직무는 교수-학습 활동이다. 교수-학습이 잘 이루어질 수 있도록 교육과정을 재구성하고 교원의 인사를 단행하며 예산을 배정한다. 교수-학습 활동과 무관한 업무처럼 보일지라도 궁극에는 교수-학습이 원활하게 이루어질 수 있도록 하기 위함임을 알 수 있다.

- **사회적 구조**: 학교에서의 사회적 구조는 학생과 교사 그리고 학부모의 상호작용으로 이루어진다. 학교 구성원은 학교조직에 기대하는 가치, 규범, 역할 기대가 각각 다르고, 학교조직에서 이루어지는 활동, 상호작용, 이해관계도 또한 다른 특징을 가지고 있다.

- **사회적 환경**: 학교조직에 영향을 줄 수 있는 환경이 종전의 학부모 집단, 교원단체 등에서 점차 정부, 국회, 지방의회 등의 구체적 환경으로 확대되어 가는 추세이다(진동섭, 1999).

2. 학교조직의 특성

한민석(2002)은 학교조직의 특성을 다음과 같이 규정하였다.

1) 전문적 관료제: 현대 행정조직의 가장 큰 특성

- 학교조직은 법으로 규정된 명확한 상하 위계조직을 가지고 있다. 교사-부장교사-교감-교장, 교육감 등의 상하관계가 조직구조표(직제표)상 명확하게 나타난다. 또한 학교업무 측면에서도 업무를 수직적으로 나누어 위계에 따라서 권한과 직위를 배분한다.
- 학교조직은 각 교과의 전문적인 자격증 등을 바탕으로 전문화·세분화(분업화)되어 있다(교수기능과 행정기능의 구분, 교과목의 세분화).
- 학교조직은 구성원들의 업무수행에 있어서 통일성을 보장하는 기준을 설정하기 위해 규칙을 활용한다(업무편람, 복무지침, 내규 등). 그러나 교사는 중심과업인 수업의 수행에서는 일반 관료제와는 달리 상당한 업무재량권을 가지며, 그 과업을 평가할 표준적인 기준을 제시하기 어렵다. 그래서 수업과업을 평가하기 위해서 학교조직은 전문화된 교사자격증 요구, 표준화된 교육과정과 교과서 사용, 학력평가 등의 방법을 사용하여 간접적으로 통제하고 있는 것이다.
- 교사들의 채용은 전문적 능력에 근거해서 이루어지고 승진은 대부분의 경우 경력을 중심으로 이루어진다(연공서열 승진체계).
- 엄격한 자격요건을 내세우고 경쟁을 통해서 선발하지만, 신분과 정년을 보장한다(고정급, 퇴직금보장).

2) 순치조직

순치(順治)라는 것은 승마 용어로서 말이 경주마로서 기수, 장애물 등에 적응하도록 길들이는 과정을 의미한다. 갓 태어나 아직 길들여지지 않은 말이나 야생 상태의 말을 점차 경주마 상태에 이르게 하려는 적응과정으로서 학생들을 학교에 입학시켜 교육을 시작하기 전의 상태를 비유한 용어라고 할 수 있다.

- 학교조직은 조직의 의사와 무관하게 학생을 받아들여야만 하고, 학생들은 자신의 의사에 무관하게 학교에 입학해야만 하는 조직이다(예: 공립 의무교육기관).
- 시장경쟁 논리에 맡겨 두지 않고, 법적인 보호를 받아서 타 조직과 경쟁하지 않고도 살아가는 조직이다.
- 학교는 순치조직으로서 안정성은 보장받지만 변화가 느리고 동기유발이 약하다.

3) 이완결합체

학교조직은 상위 조직단위(교육부-시·도 교육청-지역교육 지원청-고등학교)와 하위 조직단위(학교장-교원조직-학부모조직-학생조직)가 엄격하게 연결되기보다는 느슨하게 연결되어 있다. 느슨한 조직결합은 각 조직단위가 수행하는 과업의 성격이 서로 다르기 때문이다. 이렇게 느슨한 결합은 주로 교사의 수업과업 수행에서 나타나는데, 그 원인을 살펴보면 다음과 같다.

- 교사의 교과 전문가로서 자율성(교육과정의 수행, 교수방법, 평가방법 등)
- 교육목표의 불명료성

- 교사의 수업수행 평가표준 수립의 어려움
- 교사의 수업수행에 대한 감독의 제한성

그러나 수업시간 운영, 학습집단 구성, 학생관리, 인사관리, 사무관리 등 학교의 업무수행에서는 느슨한 결합이 아닌 앞서 살펴본 관료제처럼 엄격한 결합의 특성을 보여 이중조직의 성격을 나타낸다.

4) 조직화된 무정부

- 교육조직의 목적은 구체적이지 않고 분명하지도 않다. 또한 서로 갈등을 일으키는 경우가 많으며 교육과정 개정에 따라서 수시로 바뀌기도 한다. 예를 들어, 공통교육과정상 제시하는 국어과 교육목적은 상당히 추상적이며, 그 교육목적과 실제 고등학교에서 공부하는 이유 간에는 상당한 차이를 보일 수 있다.
- 교사가 수업시간에 사용하는 수업방법, 장학사가 장학에 적용하는 기법 등의 효과를 정확하게 측정하기 어려우며, 같은 수업목표를 달성하기 위해서도 교사마다 서로 다른 방법과 자료를 선정하여 사용한다.
- 참여가 유동적이고 간헐적이다. 학생들은 일정한 교육기간이 지나면 떠나고, 교사들도 일정기간 학교에 머물다가 다른 곳으로 이동하므로 조직의 참여가 항상 변화한다. 또한 학부모와 지역사회도 학교운영위원회나 학교급식선정위원회, 학급담임과 상담 등 필요한 경우만 학교조직에 참여한다.

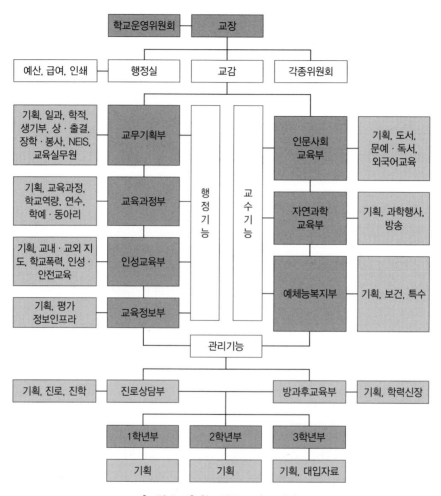

[그림 2-1] 학교업무 조직도 예시

출처: 부산 만덕고등학교(2015). 교육과정 중심 교무조직 운영의 실제에서 발췌.

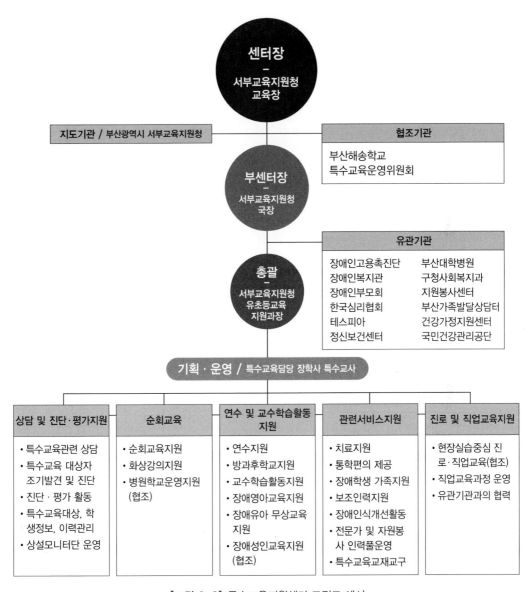

센터장
–
서부교육지원청
교육장

지도기관 / 부산광역시 서부교육지원청

협조기관
부산해송학교 특수교육운영위원회

부센터장
–
서부교육지원청
국장

유관기관	
장애인고용촉진단	부산대학병원
장애인복지관	구청사회복지과
장애인부모회	지원봉사센터
한국심리협회	부산가족발달상담터
테스피아	건강가정지원센터
정신보건센터	국민건강관리공단

총괄
–
서부교육지원청
유초등교육
지원과장

기획 · 운영 / 특수교육담당 장학사 특수교사

상담 및 진단·평가지원	순회교육	연수 및 교수학습활동 지원	관련서비스지원	진로 및 직업교육지원

• 특수교육관련 상담
• 특수교육 대상자
  조기발견 및 진단
• 진단 · 평가 활동
• 특수교육대상, 학
  생정보, 이력관리
• 상설모니터단 운영
	• 순회교육지원
	• 화상강의지원
	• 병원학교운영지원
	  (협조)
		• 연수지원
		• 방과후학교지원
		• 교수학습활동지원
		• 장애영아교육지원
		• 장애유아 무상교육
		  지원
		• 장애성인교육지원
		  (협조)
			• 치료지원
			• 통학편의 제공
			• 장애학생 가족지원
			• 보조인력지원
			• 장애인식개선활동
			• 전문가 및 자원봉
			  사 인력풀운영
			• 특수교육교재교구
				• 현장실습중심 진
				  로 · 직업교육(협조)
				• 직업교육과정 운영
				• 유관기관과의 협력

[그림 2-2] 특수교육지원센터 조직도 예시

출처: 부산서부교육청 서부특수교육지원센터 조직도에서 발췌.

3. 학교조직

학교 내의 조직으로는 교장-교감-학년부장-학급담임으로 이어지는 교육지도조직과 교장-교감-업무부장-업무담당교사로 이어지는 교무분장조직, 그리고 교장이나 교감의 자문기구로서 각종위원회나 협의회를 구성하는 운영협의조직 등이 있다. 효율적인 학교경영을 위해서는 교원들의 흥미나 능력을 고려하여 교원들을 이러한 조직의 적재적소에 배치하고 학교의 자원을 적절히 배분하여 업무의 효율을 기하고 학교 구성원 간에 의사소통과 상호작용이 원활하게 이루어질 수 있는 협동체제를 구축해야 한다.

교사는 학교조직의 일원으로서 교육지도조직, 교무분장조직, 학년조직, 각종위원회 조직에 동시에 소속되어 복합적인 업무를 담당하게 된다.

1) 교육지도조직

교육지도조직은 학교조직의 근간이 되는 조직이라고 할 수 있다. 주로 교수-학습 기능을 담당하고 학급경영, 생활지도, 상담, 학년행사 등을 주관한다. 교장-교감-교과부장교사-교과교사로 이어지는 교육과정 운영조직과 교장-교감-학년부장교사-학급담임의 형태로 이어지는 생활지도조직이 있다. 이 외에 특별활동조직, 교외활동 지도조직 등도 있다.

학년지도조직은 학년부장의 책임하에 학년조직의 목적을 효율적으로 달성하기 위해 학생지도를 계획, 조직, 수행 및 평가하게 된다. 교과지도조직은 주로 국어과, 영어과, 수학과와 같이 각 교과별로 구성하기도 하고, 인문사회 계열, 자연과학 계열, 외국어 계열, 예체능 계열과 같이 계열별로 조직하기도 한다. 교과교육조직에서는 교과협의회를 구성하여 각 교과별 교과내용에 대한 연구, 평가도구 개발, 교재 개발 등을 담당하고 있다.

정태범(1998)은 교육지도조직에 대해서 다음과 같이 설명하고 있다.

(1) 학급담임의 배정

초등학교는 학급담임교사의 배정이 원칙이지만 중등학교는 학급담임교사도 있고 교과만 담당하는 교사도 있다.

- 학급담임의 배정은 경력, 성별, 건강 상태, 담당교과, 학습지도, 생활지도, 학급경영, 업무처리 능력 등을 고려한다.
- 원로교사, 부장교사, 건강이 양호하지 못한 교사는 학급담임의 임명을 고려할 수 있다.
- 학년부장도 담임을 겸할 수 있다.
- 분만예정인 교사, 장기적 요양을 요하는 교사는 비담임으로 할 수 있다.
- 학급담임은 교육담당시수와 교무분장 시 우대할 수 있다.
- 학년전임제나 연속담임제 등을 고려하여 담임을 편성할 수도 있다.

(2) 교과담임의 배정

- 초등학교에서는 교과운영, 학급운영 등을 위하여 학년전임제 등을 고려해 볼 수 있다.
- 본인의 전공과목을 우선하여 능력과 적성 및 경험을 고려하여 배정한다.
- 특히 예체능교과의 운영을 위하여 교과전담제를 정착시킬 필요가 있다.
- 교과교실제를 운영하고 교사중심의 지도를 한다. 이를 위하여 학생은 교과시간에 따라 이동하고 교사는 자기 교실을 갖는다.
- 교과교실제의 운영 속에서 시청각교구, 교재를 갖추고 학습자료를 풍부히 하여 자료중심의 교과지도를 가능하게 한다.
- 학교예산을 교과중심으로 배정하여 운영한다.

(3) 특별활동 담임의 배정

- 본인의 희망을 우선으로 한다.
- 학반신청이 중복되었을 때는 연장자 우선으로 한다.
- 희망하는 학생 수가 많을 경우에는 반을 분반하여 운영할 수 있다.

2) 교무분장조직

교무분장조직이란 학교를 경영하는 데 필요한 전반적인 사무를 분담하여 처리하기 위한 조직을 말한다. 교무분장조직은 학교의 교육과정 운영을 지원하는 조직으로서 교장-교감-업무부장-업무담당교사로 이어지는 조직 계통을 갖는다. 교무분장조직은 교육과정 운영을 지원하기 위한 업무를 수행한다. 교무부, 연구부, 학생부 등이 학사업무를 수행한다면, 인성부, 과학부, 체육부, 환경부 등은 교과지원 업무를 수행한다.

요즘 학교조직에서 가장 중시되고 비중 있는 조직은 이 교무분장조직이다. 교수-학습 활동이 주요 목적인 학교에서 교육지도조직이 주류가 되지 못하고 교무분장조직이 더 중요시되고 있는 것이다. 이것은 교육의 전문성보다도 사무처리 능력이 더 중시되고 있다고 할 수 있다. 이는 교사가 잘못 가르치는 데는 문제가 되지 않는 데 비하여 사무처리를 잘못하는 데는 문제가 있다고 해석할 수 있다. 교과를 연구하고 가르치는 데에는 소홀해도 잘 드러나지 않지만 사무처리를 철저히 하지 않으면 그에 대한 책임이 돌아오기 때문에 생기는 현상이라고 하겠다.

교무분장조직에서 가장 중요한 직책이 보직교사이다. 보직교사는 학교조직의 중간층에 있는 교사 중에 교장과 교감의 업무를 위임받아 처리하는 중간관리자라고 할 수 있다. 보직교사는 부서 소속교사들에 대한 지도적인 역할을 하며 승진 가산점, 재교육 연수 및 훈련 우선참여, 일정액의 직무수당을 받는다(정태범, 1998).

(1) 보직교사의 임무 및 역할

① 보직교사의 임무

- 보직교사는 교장, 교감을 보좌하며 교장 및 교감으로부터 위임받은 업무를 수행한다.
- 보직교사는 학교운영과 실무자로서 학교장의 경영방침에 따라 교육목표를 구현한다.
- 보직교사는 교육목표와 실현을 위한 교육계획을 수립한다.
- 보직교사는 교무분장 조직을 구성하고 각 부서 간 업무를 조정한다.
- 보직교사는 중간관리자로서 저경력 교사들에게 지도·조언하고 자발적이고 협동적인 분위기를 조성한다.
- 보직교사는 학교 구성원 간 의사소통을 활발히 하고, 조화로운 인간관계를 조성한다.

② 보직교사의 역할

- 보직교사는 학교의 중간관리자로서 교사들 사이의 의사소통과 상하관계의 선도적인 역할을 수행한다.
- 보직교사는 관리자를 보좌하는 참모역할을 수행하고, 교사 간, 업무부서 간 연결자의 역할을 수행한다.
- 보직교사는 담당부서의 팀장 역할을 수행하고, 담당부서별 업무를 총괄하고 확인하는 역할을 수행한다.
- 보직교사는 동료교사들의 의견을 수렴하여 학교 운영에 반영하고 교사들의 의견과 요구를 학교장에 전달하는 역할을 수행한다.
- 보직교사는 교과활동에서 후배교사들에게 조력 및 상담을 수행할 수 있으며, 전문성을 바탕으로 학교문화를 선도하는 역할을 수행한다.
- 보직교사는 학교의 정책과 변화에 능동적이고 긍정적인 자세로 임하여

동료교사들을 선도해 주는 역할을 수행한다.

(2) 교무분장의 배정원칙

교무분장을 할 때에는 다음과 같은 원칙들이 있다(정태범, 1998).

- 학교의 경영방침에 따라 업무를 분장하고 교과와 관련 있는 부서를 고려하여 적재적소에 배치한다.
- 각 부 보직교사의 의견과 본인의 희망부서를 존중하고 업무량에 형평을 기한다.
- 보직교사의 결원에 대한 보충은 인사원칙에 준한다(예: 전입교사는 해당 연도의 보직교사 임용을 유보할 수 있다 등).
- 업무량의 형평을 기하고 건강 상태를 고려하여 배치한다.

(3) 교무분장의 절차

교사는 「교육공무원법」 제17조(보직 등 관리의 원칙)에 따라 학기 초 자격에 상응한 부장교사, 담임교사, 비담임교사 등의 일정한 직위와 직책을 부여받고, 단체협약 및 학칙의 업무분장 규정에 따라 각자의 업무분장이 이루어진다.

- 학교장은 업무분장 '희망원'을 2학기 말(일반적으로 2월 초)에 배부한다.
- 교사들의 업무분장 희망원을 취합한다.
- 업무분장 조정: 희망원이 수합되면 업무분장규정에 의한 업무분장 등에 따라 인사자문회의 등을 통해서 업무의 조정과 배분이 이루어진다.
- 학교장의 최종 결재로 업무분장이 완결되고, 3월 초 학교 교육과정 운영 계획에 등재된다.

3) 위원회조직

위원회조직은 학교업무의 의사결정조직으로서 구성원의 의사소통과 의사결정의 통로가 되어 민주적인 협의와 합의가 이루어지게 하는 역할을 담당한다. 위원회조직을 교내 인사로만 구성되는 교내위원회 조직과 교외 인사가 참여하는 위원회조직으로 구분하여 살펴보도록 한다(정태범, 1998).

(1) 교내위원회

교내위원회로는 대표적인 협의조직인 교무회의를 비롯하여 기획위원회(부장회의), 인사자문위원회, 학교교육과정편성·운영위원회, 교과협의회, 학업성적관리위원회, 동학년협의회, 학생복지관련위원회, 학교분쟁조정위원회, 교재교구선정협의회, 학생선도위원회, 진로교육운영위원회, 장학생선발위원회, 체육특기자심사위원회, 급식관리위원회, 특기적성교육활동운영위원회, 봉사활동운영위원회, 금연운동추진위원회 등 다수의 위원회가 조직되어 있다.

- 교무회의: 교무회의(직원회의)는 학교 교육목표와 방침, 교육과정의 운영, 학생의 진급과 징계, 생활지도 방침, 교직원 연수, 학교행사, 기타 학교의 주요 사항에 관해 합의하는 과정을 거치는 교직원 전체 회의를 말한다.
- 기획위원회: 기획위원회는 학교운영의 기본적인 주요 사항에 대한 사전 협의와 연구, 직원회의에서 논의할 사항의 사전입안, 학교교육의 전반적 계획의 수립 등의 기능을 수행하는 교장 자문기구이다. 기획위원회는 교장과 교감, 그리고 교무분장상의 각 부서를 대표하는 실무 책임자이자 학교의 중간관리 층인 보직교사를 주축으로 구성되는 것이 일반적이다.
- 교원인사자문위원회: 교원인사자문위원회는 합리적이고 민주적인 인사 행정을 구현하기 위하여 「교육공무원법」 제3조의 규정에 의하여 설치·운영할 수 있다. 교감을 위원장으로 하고, 교사위원은 교사의 의견을 다

양하게 수렴하여 모두 7인으로 구성한다. 교원인사자문위원회에서는 주로 학급담임 배정 및 보직교사 임명에 관한 사항, 교무분장조직에 관한 사항 등을 협의한다.

- **교육과정운영위원회:** 교육과정운영위원회는 학교 교육과정의 편성과 운영을 위하여 구성된 조직으로, 학교장의 교육과정 운영에 대한 의사결정에 도움을 주는 자문 역할을 담당한다. 교육과정운영위원회에서는 주로 학교 교육과정의 편성 및 운영 관련 사항 심의, 교육과정 운영에 대한 자문 등을 협의한다.
- **학교학업성적관리위원회:** 학교학업성적관리위원회는 '학교생활기록부 작성 및 관리 지침'에 근거하여 학업성적 평가 및 관리의 객관성, 공정성, 투명성, 신뢰성을 제고하기 위하여 구성되며, 학교의 형편에 따라 타 위원회와 통합 운영할 수 있다. 학교학업성적관리위원회에서는 주로 학교 학업성적 관리규정의 제·개정, 특별활동 상황의 평가 기준 및 방법 등을 협의한다.
- **개별화교육지원팀:** 개별화교육지원팀은 「장애인 등에 대한 특수교육법」에서 특수교육 대상자의 교육적 요구에 적합한 교육을 제공하기 위하여 보호자, 특수교사, 일반교사, 진로 및 직업교육교사, 특수교육관련 서비스 담당인력 등으로 구성하도록 규정하고 있다. 특수교육 대상 아동은 지능과 정서, 학습능력과 학습습관, 생활 유형 등이 각자 다르고 다른 사람과는 비교할 수 없는 독특한 존재이기 때문에 학습에서도 개인의 능력이나 심리적 특성에 맞추어서 교육을 실시해야 한다. 개별화교육지원팀은 학기 초 2주 이내에 구성하고 4주 이내에 개별화교육계획을 작성하도록 되어 있다.

(2) 학교운영위원회

학교운영위원회는 「초·중등교육법」 및 동법 시행령 등 관계법규에 근거하여 설치·운영되는 법정위원회로서, 학교운영에 관한 중요 사항을 심의(국·공립학교)·자문(사립학교)·의결(국공사립학교 학교발전기금)하는 기구이다. 학교 구성원인 교사, 학부모, 지역사회 인사 등이 참여하여 민주적인 절차에 따라 자율적으로 결정하는 단위학교 차원의 자치기구로 운영되고 있다.

(3) 학교폭력대책자치위원회

「학교폭력 예방 및 대책에 관한 법률」에 근거하여 학교폭력 예방 및 대책 관련 사항을 심의하고 학생의 인권보호와 건전한 사회구성원으로서의 육성을 목적으로 구성되었다.

학교폭력대책자치위원회에는 교내 인사인 교장, 교감, 생활지도 부장, 담당자 외에도 교외 인사인 학부모대표(학교운영위원장, 학부모회장 등)와 관할 경찰서의 담당경찰, 법조인, 의사 등이 참여하게 된다. 학교폭력대책자치위원회의 심의사항은 주로 학교폭력의 예방과 대책을 위한 학교체제 구축, 피해학생의 보호, 가해학생에 대한 선도 및 징계 등이 있다.

4. 학교경영

1) 학교경영의 의의

학교경영이란 학교의 목표를 설정하고 그 목표를 효율적으로 달성하기 위해 업무를 기획, 실천 및 평가하는 조직활동이다(김종철, 진동섭, 허병기, 1990). 학교경영은 계획-실천-평가의 순환적 과정을 통해 이루어진다. 학교 경영은 현상유지 관리의 측면보다는 교육목표의 달성을 위해 교수-학습을 중심으로 제반활동을 어떻게 효과적으로 개선해 나갈 것인가에 더 관심을 가진다. 즉, 학교경영은 교육목적을 달성하기 위해 법적 기준에 의한 조직의 유지·운영뿐만 아니라, 나아가 적극적이고 창의적인 교육활동의 전개가 필요하다고 할 수 있다. 따라서 학교업무의 전 분야에 걸쳐, 장기적인 안목하에 중·장기계획 및 연차적인 시행계획을 수립하여 학교가 운영되어야만 미래지향적·발전적·합리적 학교경영이 될 수 있다. 오늘날 학교교육은 어느 때보다 공공성과 책무성의 요구가 높아지고 있다(이순형, 1999).

이러한 역할을 수행하기 위한 학교경영계획에 들어가야 할 요소들을 살펴보면 다음과 같다.

- 국가 혹은 지역교육계획과의 일관성
- 문제해결과정에서 의사결정의 합리성
- 목표달성과 관련된 요소들을 망라하는 종합성
- 계획수립 과정에서 관련인사들의 참여도
- 교육계획의 실현가능성(김명한, 박명량, 박종렬, 이문용, 1988).

학교경영계획에는 당면문제 해결만이 목적이 아니라 장기적인 관점에서 학교교육에 대한 비전이 제시되어야 한다. 그래야만 목표달성을 가로막는 현재의 모순이나 장애, 문제점들이 제대로 밝혀질 수 있다. 또한 장기적인 비전을 제시함으로써 현실적인 해결방안들을 제안할 수 있고, 세부적인 전략들을 구체화할 수 있으며, 이에 요구되는 구체적인 사업 프로그램들을 적절히 선정하고 각 사업별로 구체적인 시행계획을 작성·실천해 나가면서 그 성과를 평가할 수 있다(정태범, 1998).

2) 학교경영의 영역

김종철 등(1990)은 학교경영의 영역으로 학교 교육목표의 설정, 교육과정의 관리, 조직관리, 교직원의 인사관리, 학생관리, 사무·시설·재정관리,

대외관계 등을 설정하였으나 여기에서는 교육과정 관리, 인사관리, 조직관리, 학부모 및 지역사회 관리를 위주로 설명하겠다.

(1) 교육과정 관리

국가는 학교로 하여금 교육의 공공성을 유지하고 그 질적 향상과 사회적 적합성을 높이기 위해 소정의 기준을 규정하고 있다. 학교에서는 우선 교육과정 기준령을 지켜 교과목을 설정하고 수업시수를 확보해야 한다. 교육과정 관리는 이러한 법규상, 교과상의 관리 이외에 학생들의 활동 경험 등의 제반 활동까지 그 대상이 된다. 생활적응 훈련 위주의 교육과정을 운영해야 하는 특수학교에서는 특히 학생들의 활동 경험을 확장시킬 방안을 모색해야 한다. 미래사회는 4차 산업혁명 시대를 예고하고 있고 학생들의 협동심과 친화력, 자발성, 주도성 등을 발달시키기를 요구하고 있다. 이러한 능력들은 교사의 수업을 통해서 길러지는 것이 아니라 학생들이 하는 어떤 활동, 또는 각기 유의미한 경험이 되도록 자기주도적 학습을 지향하는 데서 보다 잘 길러질 수 있다. 이는 교사의 수업에서 학생의 학습으로 수업의 축을 옮기도록 수업관의 변화를 요구하고 있고, 이에 따른 새로운 수업 형태와 교육과정 운영의 개발이 교육과정 관리의 중요한 과제가 되고 있다(이순형, 1999).

(2) 교직원 인사관리

인사관리는 조직의 인적 구성원들을 효율적이고 능률적으로 조직하고 관리하는 활동을 말한다. 학교조직의 목적달성을 위해서 교원들의 직무능력을 최대한 발휘할 수 있도록 조직하고 격려하기도 하지만 교원들의 생활을 안정시키고 개인적인 승진을 도우며 발전을 극대화시켜 개인과 학교의 목적을 일치시키도록 그들을 유인하고 헌신토록 하는 것이 바람직하다.

교직원의 인사관리 업무에는 교직원의 신분과 자격, 수요와 공급, 선발과 임용, 전보와 승진, 복무와 휴가, 보수와 후생, 징계, 퇴직, 인간관계, 사기,

교육과 훈련, 근무평정 등이 있다. 그중에서 학교단위에서 학교장의 권한으로 이루어지는 인사관리는 주임교사의 임면과 학급담임의 배정, 교무분장에서의 부서배정, 근무평정 등이 중요한 업무라고 할 수 있다. 그러므로 인사관리를 통해 구성원들의 동기를 유발하고 편이한 근무조건을 마련해 주고 사기를 높여 직무에 전념토록 해 주는 것이 기본이다. 이를 위해 학교장은 인간존중 의식에 바탕을 두고 각자의 특성을 살리면서 객관적이고 공정한 관리가 이루어지도록 해야 한다. 또한 평생학습적 견지에서 전문적 능력과 자질을 향상시켜 나가는 직원개발을 주요 과제로 삼아 계속적인 자기연찬의 의욕을 높이는 것 외에 각종의 연수 프로그램을 개발·운영하는 임상장학자로서의 역할도 한다고 할 수 있다(이순형, 1999).

(3) 조직관리

학교 내의 조직에는 인력 구성 면에서는 교직원조직, 학생조직, 학부모조직 등이 있을 수 있고 운영기능 면에서는 교육지도조직(수업조직, 생활지도조직), 학교운영조직(교무분장조직, 행정조직, 의사결정조직), 연수조직 등으로 분류할 수 있겠다. 대부분의 학교에서는 이러한 조직들이 각자 임무를 띠고 바쁘게 돌아간다. 합리적인 조직관리 차원에서 본다면 학교의 핵심 기능은 교수-학습 활동이므로 교수-학습 활동에 힘을 실어 주는 조직관리가 필요하다. 예컨대, 학교경영조직의 중심을 학년중심(담임)과 교과중심(교과)으로 흐르는 교수조직과 이를 뒷받침하는 연구조직으로 삼고 나머지 행정조직이나 업무분장조직들이 교수-학습 활동을 지원하는 체제가 바람직하다는 것이다. 왜냐하면 학교조직에서 교사들의 수업연구, 계획, 실천, 평가가 주가 되어 이를 협동적으로 수행해 나갈 수 있도록 학습공동체를 조장하는 것이 학교경영의 핵심이기 때문이다.

한편, 직원회의나 각종 위원회, 주임회의 등의 제반 의사결정조직도 심의·의결기구이냐 아니냐의 법규적 해석에만 집착할 것이 아니라 학교경영의 민주화, 의사결정에의 참여 등을 보장하는 통로로 운영하면서 교원들에게 주체성을 부여하고 교장의 권한을 위임하는 방향으로 운영되어야 할 것이다.

　학교운영위원회도 교육전문성의 침해 또는 학교경영에의 관여라는 인식에서 벗어나 교장, 교사, 학부모, 지역사회 모두가 학교교육에 대한 권리와 의무를 지닌 주체요, 의사결정의 주체라는 점을 인정하고 학교-지역사회 관계의 적극적인 개선을 위한 장치로 활용되어야 한다(이순형, 1999).

(4) 학부모 및 지역사회 관리

　학교는 지역주민(납세자)들의 세금으로 운영되는 공적 기관이다. 또한 납세자의 자녀교육권 및 학교교육의 책무성을 부여받은 곳이 학교이므로 학교와 지역사회 간 관계수립은 학교경영의 필수적인 과업이다. 청소년들의 사회화의 관점에서 보더라도 가정 혹은 지역사회는 학교 못지않게 그 성장이나 교육에 영향을 미치고 있으므로 학교가 가정과 지역사회와 연대하여 교육계획을 수립하는 것은 반드시 필요하다(이순형, 1999).

　이순형(1999)은 학교가 지역사회와의 대외관계를 보다 중시해야 하는 이유를 다음과 같이 들고 있다.

- 학교책무성
- 교육과정 관리의 필요성 및 정보관리 기법상의 필요
- 대중에 대한 공적 봉사로서의 학교교육의 질을 높이기 위한 시장경쟁 원리의 불가피성
- 학교재정의 압박으로 학부모를 포함한 여타 자선기관 혹은 봉사단체에 학교재정을 의존하지 않을 수 없게 된 점
- 자원봉사정신의 발달로 교육활동에 참여하고 싶은 사람들이 많아지고 있는 점

📌 **부록** 교무분장의 실제[교육부 예시(안)]

◈ 초등학교 표준 교무분장 예시(안)

– 적용 학급 수: 36학급 이상

– 보직교사 수: 12   – 보조원: 3(교무업무 보조, 과학실험 보조, 전산 보조)

부서명		담당자		업무내용
		정	부	
교무부 (6)	부장			1. 교육계획 수립 2. 교육과정 편성 · 운영 3. 학교평가 4. 학교내규 및 제규정 관리 5. 교무분장조직 6. 단위학교 혁신 업무 7. 타부에 속하지 않은 사항
	학교행사			1. 현장체험학습 2. 홍보, 게시 3. 학교 축제 업무
	학적, 포상			1. 생활기록부 및 학적 관리 2. 교무일지 작성 3. 학생 포상
	교육과정관리 학생 통계			1. 시간표 작성 및 수업시수관리 2. 결 · 보강 계획 수립 추진 3. 출결사항 관리 4. 학생 비상연락망 5. 학생 기초 조사 및 통계
	학교운영위원회 교원단체			1. 학교운영위원회 조직 · 운영 2. 교원단체
	학부모회 주부교실			1. 학부모회 조직 · 운영 2. 주부교실 조직 및 운영
연구부 (9)	부장			1. 연구부 운영계획 및 추진 2. 학력 업무 3. 연구시범학교 4. 장학관련 업무 5. 교생실습 관련 업무 6. 각종 표준화 검사 업무

부서명		담당자		업무내용
		정	부	
연구부 (9)	교내 장학			1. 교내 자율장학 2. 연구수업계획 및 추진
	방과후학교			1. 방과후학교 – 특기적성, 저학년 방과후 교실
	부진아 지도			1. 학습부진아 지도 2. 학습 자료 및 학습준비물
	학생평가			1. 학생평가, 계발활동, 영어교육
	연구, 연수			1. 교원의 각종 연구 활동 참여 2. 교원의 전문성 신장을 위한 연수 3. 각종연구협의회 및 교과협의회운영 4. 선도학급, 학급경영 목표관리
	학생경시			1. 학생경시대회 – 그리기, 글짓기, 음악교육
	도서			1. 도서실(관) 운영 관련(도서선정) 2. 장학자료
	교지			1. 문집·교지 발간 2. 교실수업개선
정보부 (4)	부장			1. 정보부 운영계획 및 추진 2. 서버관리 및 정보보안 3. 학내망 유지보수 4. 저소득층 자녀 컴퓨터지원 5. 교단선진화 관련 업무
	ICT 활용 교육			1. ICT활용 교육 2. 학교 홈페이지 관리 3. 교육정보기자재 구입 및 관리 4. 정보화 연수 5. 정보소양인증 관련
	컴퓨터			1. 컴퓨터실 관리 2. 컴퓨터 유지보수 관련 업무 3. 프로그램 패치 및 관리 4. 교육용 S/W구입 및 관리
	교무전산			1. NEIS에 관한 사항 지원 2. 입학, 진급, 반편성 NEIS 처리 3. 학적관련 전산처리 – 학생생활기록부 CD 제작 포함 4. 교무업무 전산 지원 5. 각종 컴퓨터관련 대회 업무

부서명		담당자		업무내용
		정	부	
과학부 (4)	부장			1. 과학부 운영계획 수립 추진 2. 과학 교육 3. 과학자 결연관련 업무 4. 과학 작품 및 발명품 제작 5. 실험실관리
	탐구 영재 교육			1. 탐구교실, 영재교육 2. 과학 기자재 및 실험재료 구입 관리
	경시대회			1. 과학, 수학 관련 경시대회
	방송			1. 시청각 기자재 구입 관리 2. 방송실 관리 및 방송반 운영 3. 교육 방송
윤리 · 환경부 (8)	부장			1. 윤리부 운영계획 수립 및 추진 2. 교내 환경 미화 3. 교통안전 4. 학교 주변 유해환경 정화
	어린이회			1. 어린이회 조직 운영 2. 선행, 모범학생 선발 3. 학생 교육복지관련 업무
	폭력예방			1. 학교 폭력예방에 관한 업무 2. 상담실 관리 및 자원봉사제 운영 3. 학생 상담지도
	환경			1. 환경교육 2. 에너지 절약 및 경제교육
	생활지도			1. 학생생활지도(교내외) 2. 불량 서클 근절지도
	평생교육			1. 평생교육 전반 2. 양성평등교육
	통일교육			1. 통일관련, 계기교육 2. 학생 봉사활동
	청소			1. 청소 및 분리수거 지도 - 청소구역 배당 2. 청소용품 구입 및 분배 3. 교재원 관리

부서명		담당자		업무내용
		정	부	
체육부 (5)	부장			1. 부 운영 계획 및 업무 추진 2. 학교 체육시설 및 운동장(체육관 포함) 　관리 3. 학생 체육복에 관한 사항
	체육행사			1. 교내 체육행사 2. 수련활동
	대회관련			1. 학교 육성 종목 지도 2 각종 체육 대회 참가 지도 3. 체육활동 관련 안전사고 예방 4. 학생 체력검사
	준거집단			1. 준거집단, 동아리관련 업무 2. 어린이 소방
	보건			1. 교직원 건강관리 관련 업무 2. 보건실 운영관리 3. 약품, 의료자재 구입ㆍ관리 4. 건강기록부 관리 5. 요양호 학생 파악 및 지도 6. 성교육, 금연교육, 약물오남용관련 업무 7. 응급환자 처리 8. 예방접종에 관한 사항 9. 학교 내 보건 위생 10. 중식지원자 선정
교수– 학습 보조원	교무업무 보조원			1. 전ㆍ출입 학적에 관한 사항 2. 교무일지 작성 보조 3. 학생기초 조사 및 통계 보조 4. 기타 교무 업무 보조 5. 학교장이 부여하는 업무
	실험보조원			1. 과학실 관리 및 실험실습 보조 2. 과학관련 기자재 관리 보조 3. 과학실 사용일지 관리 4. 학교장이 부여하는 업무
	전산보조원			1. 전산관련기기 관리 보조 2. 컴퓨터실 관리 보조 3. 프로그램 패치 및 관리 보조 4. 학내망 유지보수 관리 보조 5. 학교장이 부여하는 업무

◈ 중학교 표준 교무분장 예시(안)

- 적용 학급 수: 18~35학급 이하
- 보직교사 수: 12   – 보조원: 3(교무업무, 과학실험 보조, 전산 보조)

부서명		담당자		업무내용
		정	부	
교무부 (6)	부장			1. 부 운영 전반에 관한 사항 추진 2. 교육계획 수립 추진 3. 교육과정 편성 · 운영 계획 수립 추진 4. 인사자문위원회 운영 5. 교무분장 편성 6. 타부서에 속하지 않은 사항
	기획1			1. 학교 내규 및 제규정 관리(각부 협조) 2. 학교평가에 관한 업무 3. 단위학교 혁신업무 4. 타계에 속하지 않은 사항
	기획2			1. 학교행사에 관한 사항 – 입학 및 졸업 관련 업무(1, 3학년 협조) – 휴가 중 운영 계획 수립 2. 포상에 관한 사항(교원 및 학생) – 학생 표창 시 관련 부서의 협조 3. 장학 관련 업무
	일과			1. 교무일지 작성 관리 2. 출결사항 관리 3. 일과 진행 및 수업시간표 작성(수업시수 관리 포함) 4. 결 · 보강 계획 수립 및 추진
	학적			1. 장학생 관련 업무 2. 학생 전 · 입학 업무 협조 3. 생활기록부 및 학적 관리에 관한 사항 (휴 · 복학, 제적, 전 · 출입)
	평가			1. 평가관련 업무(학년 협조) – 연간 평가 계획 수립 및 추진 – 고사 원안 및 이원목적분류표에 관한 업무 – 평가 결과 분석 및 피드백 활용 – 답안지, 성적일람표 관리 및 성적 발송 – 고사 시간 작성 및 평가 관련 제반 업무

부서명		담당자		업무내용
		정	부	
연구부 (5)	부장			1. 부 운영 전반에 관한 사항 추진 2. 연구시범학교
	기획, 연수			1. 자율장학 관련 업무 2. 직원 연수에 관한 사항 3. 학습부진아 지도 계획 수립 및 추진 4. 교실 수업 관리 개선 5. 타계에 속하지 않은 사항
	연구			1. 연구수업 계획 및 추진 2. 교육실습생 지도 관리 3. 각종 연구협의회 및 교과협의회 운영
	방과후학교 및 교과서			1. 방과후학교(방과후교육 및 수준별 보충학습) 2. 계발활동 조직운영 3. 교과서 선정
	독서 및 문예			1. 도서실(관) 운영에 관한 사항 　−도서 선정 구입 관리 　−명예사서(또는 사서) 운용 　−간행물 관리 2. 독서교육 계획 수립 및 추진 3. 문예지도 및 교육
학생부 (6)	부장			1. 부 운영 전반에 관한 사항 추진 2. 학생생활지도 계획 수립 및 추진
	기획			1. 학생부 소관 제 규정 관련 업무 2. 학급경영목표관리제 계획 및 운영 3. 타계에 속하지 않은 사항
	학생복지			1. 안전지도에 관한 업무 2. 학생 교육복지에 관한 사항 3. 유해업소 환경 정화 추진
	생활지도1			1. 학교 폭력, 따돌림 예방지도 2. 교내·외 생활지도
	생활지도2			1. 불량 서클 근절 지도 2. 학교축제 관련 업무
	체험활동 및 학생자치			1. 학생수련활동·체험활동에 관한 업무 　(각 학년 협조) 2. 준거집단 활동에 관한 사항 3. 학생회 조직 및 운영에 관한 업무 　− 학생 비상연락에 관한 사항 포함 4. 동아리 및 학생 자치에 관한 사항

부서명		담당자		업무내용
		정	부	
진로 교육부 (3)	부장			1. 부 운영 전반에 관한 사항 추진 2. 상담실 관리 및 상담자원봉사제 운영 3. 학생 인성 및 품성지도 업무 4. 보살핌 및 일깨움 학생 조사 및 상담
	기획			1. 진학 자료 통계표 작성 2. 집단상담활동 운영 계획 3. 표준화 검사 실시 4. 학생 진로 및 상담 자료 관리
	인성 · 진로			1. 선 · 효행 학생 발굴 및 시상 2. 학생 기초 조사 및 통계 3. 학생 진로상담 지도
교육 정보부 (4)	부장			1. 부 운영 전반에 관한 사항 추진 2. 전산실 운영 및 정보 보안 관리 3. NEIS 총괄 관리 4. 교단선진화 관련 업무
	기획1			1. NEIS 관련 업무 권한 부여 2. 서버 및 학교 홈페이지 관리 3. 저소득층 자녀 PC 보급관련 업무 4. 컴퓨터 각종대회(인증) 관련 업무 5. 타계에 속하지 않은 사항
	기획2			1. 학내전산망 유지보수 2. 프로그램 관리 및 자료 백업 3. 교원컴퓨터 자율 연수 계획 수립 및 추진
	정보			1. 학교내 컴퓨터 전산장비 유지보수 2. 교육정보부 각종 기자재(프로그램 포함) 관리 3. 입학 · 진급 · 반편성 전산처리 4. 학업성적 및 평가 관련 전산처리
지역 사회 · 윤리부 (3)	부장			1. 부 운영 전반에 관한 사항 추진
	기획			1. 학교운영위원회 업무 2. 학부모회 조직 및 운영 협조 3. 평생교육관련 업무 4. 학교특색사업 추진
	윤리			1. 양성평등에 관한 업무 2. 통일 교육 및 계기 교육에 관한 업무 3. 성교육(성희롱, 성폭력 예방 교육 포함) 4. 1교 1덕목 업무 추진

부서명		담당자		업무내용
		정	부	
창의 과학부 (4)	부장			1. 부 운영 전반에 관한 사항 추진 2. 과학부 운영계획 수립 및 추진 3. 과학의 달 행사 추진
	기획			1. 실험 · 실습 기자재 구입 및 관리 2. 1교 1과학자 결연 관련 업무 3. 과학 작품 제작 지도 4. 타계에 속하지 않는 업무
	영재 · 탐구			1. 과학 영재반 및 탐구 교실 운영 2. 과학과 경시대회 추진
	방송			1. 방송실(위성방송 포함) 운영 2. 방송반 운영 3. 시청각 기자재 관리
환경부 (3)	부장			1. 부 운영 전반에 관한 사항 추진 2. 교내 환경 미화 관련 업무 3. 청소 및 분리수거 지도(담임협조)
	기획			1. 청소구역도 배당 2. 청소용품 구입 및 분배 3. 에너지 절약 및 경제 교육 4. 기타 환경부 관련 업무
	봉사			1. 학생 봉사활동에 관한 사항 2. 학생봉사반 운영
체육부 (3)	부장			1. 부 운영 전반에 관한 사항 추진 2. 체육부 운영계획 수립 및 추진 3. 학교 체육시설 점검 및 체육관 관리 4. 운동부 육성에 관한 사항
	기획			1. 체육대회 계획 수립 및 추진 2. 운동부 훈련계획 수립 및 추진 3. 체육활동 관련 안전사고 예방 지도 4. 체력 · 체격 검사계획 추진
	보건			1. 보건실 운영 및 약품 수급 관리 2. 학생건강기록부 관리 3. 금연, 약물 오남용에 관한 업무 4. 응급환자 처리 5. 중식지원 대상자 선정

부서명		담당자		업무내용
		정	부	
1학년부 (2)	부장			1. 학년 소관 업무 총괄 2. 학년협의회 운영 3. 신입생 입학 행사 협조 추진 4. 수련활동 계획 수립 및 추진
	기획			1. 학년 관련 자료 수합 및 처리 2. 각부 협조 관련 학년 단위 처리 업무 3. 학년 및 각 학급 앨범제작을 위한 업무 추진
2학년부 (2)	부장			1. 학년 소관 업무 총괄 2. 학년협의회 운영 3. 수학여행 관련 업무
	기획			1. 학년 관련 자료 수합 및 처리 2. 각부 협조 관련 학년 단위 처리 업무 3. 학년 및 각 학급 앨범제작을 위한 업무 추진
3학년부 (2)	부장			1. 학년 소관 업무 총괄 2. 학년협의회 운영 3. 진로·진학 지도
	기획			1. 학년 관련 자료 수합 및 처리 2. 각부 협조 관련 학년 단위 처리 업무 3. 졸업행사 협조 및 앨범제작 업무 추진
교수-학습보조원	교무업무보조원			1. 전·출입 학적에 관한 사항 2. 교무일지 작성 보조 3. 학생기초 조사 및 통계 보조 4. 기타 교무 업무 보조 5. 학교장이 부여하는 업무
	실험보조원			1. 과학실 관리 및 실험실습 보조 2. 과학관련 기자재 관리 보조 3. 과학실 사용일지 관리 4. 학교장이 부여하는 업무
	전산보조원			1. 전산관련기기 관리 보조 2. 컴퓨터실 관리 보조 3. 프로그램 패치 및 관리 보조 4. 학내망 유지보수 관리 보조 5. 학교장이 부여하는 업무

참고문헌

김명한, 박명량, 박종렬, 이문용(1988). 교육행정 및 경영. 서울: 형설출판사.

김종철, 진동섭, 허병기(1990). 학교학급경영론. 서울: 한국방송통신대학교.

이순형(1999). 교육학대백과사전(학교경영론). 서울: 하우동설출판사.

정태범(1994). 교육행정학 기초와 발전. 서울: 정민사.

정태범(1998). 학교경영계획론. 서울: 양서원.

진동섭(1999). 교육학대백과사전(학교조직론). 서울: 하우동설출판사.

한민석(2002). 한민석교육학. 서울: 형설출판사.

Scott, W. R. (1981). *Organization: Rational, National, and Open Systems* (5th ed.). Englewood Cliffs, NJ: Pretice-Hall.

| 제3장 |

특수학교 교육과정 편성 및 운영

1. 특수학교의 의의 및 관련 법규

1) 특수학교의 의의

특수학교는 특수교육기관의 하나로 특수교육 대상자에게 유치원, 초등학교, 중학교 또는 고등학교(전공과 포함)의 과정을 교육하는 국립, 공립 및 사립 학교이다. 「초·중등교육법」 제2조에서는 우리나라 초·중등교육을 실시하는 학교의 종류를 초·중·고등학교와 특수학교 그리고 고등공민학교, 고등기술학교, 각종학교로 구분한다. 특수학교는 이러한 학교의 종류 중 하나이다. 「교육기본법」 제18조(특수교육)에서 국가와 지방자치단체는 신체적·정신적·지적장애 등으로 특별한 교육적 배려가 필요한 자를 위한 학교를 설립·경영하도록 하고 있다. 「장애인 등에 대한 특수교육법」 제2조에서 특수교육기관이라 함은 특수교육 대상자에게 유치원, 초등학교, 중학교 또는 고등학교(전공과 포함)의 과정을 교육하는 특수학교 및 특수학급을 말하고 있다. 또한「장애인 등에 대한 특수교육법」제15조에서 정한 특수교육 대상자로 시각장애, 청각장애, 지적장애, 지체장애, 정서·행동장애, 자폐성장애, 의사소통장애, 학습장애, 건강장애, 발달지체, 그 밖에 대통령령으로 정하는 장애를 열거하고 있다.

우리나라 특수교육의 발전과정을 살펴볼 때, 특수학교의 설립은 일반교육 현장에서 소외되는 장애학생들에게 장애 특성과 능력에 적합한 교육을 제공하고자 하였고, 이를 위해 다양한 국가 수준 교육과정을 기반으로 특수교육 관련 법률, 행정 지침, 정책, 교원 양성 및 선발 등이 모두 특수학교를 중심으로 발전해 왔기 때문에 현재 특수교육의 정책 및 학교현장의 실제적인 발전에 많은 역할을 하고 있다.

2) 특수교육 교육과정 관련 법규

특수학교에서 운영하는 국가 수준의 교육과정은「장애인 등에 대한 특수교육법 시행규칙」제3조의2에 다음과 같이 명시되어 있다.

제3조의2(교육과정) ① 법 제20조 제1항에 따른 특수교육기관의 교육과정은 유치원 교육과정, 공통 교육과정, 선택 교육과정 및 기본 교육과정으로 구분한다.

② 제1항에 따른 교육과정의 대상 및 내용은 다음 각 호와 같다. 〈개정 2013. 3. 23.〉
  1. 유치원 교육과정: 만 3세부터 초등학교 취학 전까지의 어린이를 대상으로 하고,「유아교육법」제13조 제2항에 따라 교육부장관이 정하는 유치원 교육과정에 준하여 편성된 과정
  2. 공통 교육과정: 초등학생 및 중학생을 대상으로 하고,「초·중등교육법」제23조 제2항에 따라 교육부장관이 정하는 초등학교 및 중학교 교육과정에

　　준하여 편성된 과정

3. 선택 교육과정[1]: 고등학생을 대상으로 하고, 「초 · 중등교육법」 제23조 제
　　2항에 따라 교육부장관이 정하는 고등학교 교육과정에 준하여 편성된 과정

4. 기본 교육과정: 특수교육 대상자의 장애 종별 및 정도를 고려하여 제2호 및
　　제3호의 교육과정을 적용하기 어려운 학생을 대상으로 하고, 대상자의 능력
　　에 따라 학년의 구분 없이 다음 각 목의 어느 하나에 해당하는 교과의 수준
　　을 다르게 적용할 수 있도록 편성된 과정

　　가. 국어, 사회, 수학, 과학, 실과, 체육, 음악, 미술 및 교육부장관이 필요하
　　　　다고 인정하는 교과

　　나. 특수교육 대상자의 진로 및 직업에 관한 교과

③ 제1항 및 제2항에서 규정된 사항 외에 교육과정의 내용 및 기준에 관하여 필
요한 세부사항은 교육부장관이 정하여 고시한다. 〈개정 2013. 3. 23.〉

---

1 교육과정상 용어와 법정 용어가 다르다. 2015 개정 교육과정상 용어는 '선택중심 교육과정'이고, 법정
　용어는 '선택 교육과정'이다.

2. 특수학교 교육과정의 편성 및 운영

학교(특수학교 포함) 교육과정 편성 및 운영

교육과정은 보통 [그림 3-1]과 같은 질문에서 출발한다.

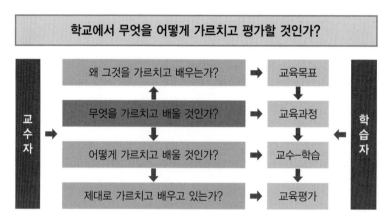

[그림 3-1] 교육과정에 대한 기본 질문

그중에서도 '무엇을 가르치고 배울 것인가?'의 기준을 설정함에 있어서 단위학교의 교육과정은 교육부에서 제시한 '국가 수준 교육과정'과 시·도 교육청 수준에서 제시하는 '시·도 교육청 교육과정 편성·운영 지침'을 바탕으로 편성한다. 그럼 상위 단계의 교육과정부터 살펴보도록 하자.

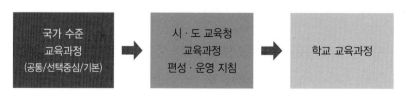

[그림 3-2] 학교 교육과정의 편성·운영

(1) 국가 수준 교육과정

국가 수준 교육과정은 교육부에서 「초·중등교육법」 제23조 제2항에 의거하여 제정·공시한 교육과정을 말한다. 이 교육과정은 학생들에게 '무엇을, 어떤 수준과 범위로' 가르치고 평가할 것인가에 대하여 국가 수준에서 가장 기본적으로 지켜야 하는 사항을 제시한 것이다.

2021년 현재는 초등학교 1학년부터 고등학교 3학년까지 전 학년 2015 개정 교육과정으로 운영되고 있으며, 2015 개정 교육과정[2]은 수시 개정되고 있으니 고시될 때마다 개정사항을 확인해야 한다.

 참고 ≫ 2015 개정 교육과정의 특징

1. 역량중심 교육과정

2015 개정 교육과정은 한마디로 '역량중심 교육과정'이라고 할 수 있다. 4차 산업혁명시대의 도래에 대비하여 미래 직업 세계의 변화를 예측하고 이에 교육도 변화해야 한다는 패러다임에서 출발하였다. 2015 개정 교육과정은 '미래 사회에서 요구하는 창의융합형 인재 육성'이라는 목표를 위해 여섯 가지 핵심 역량을 기르는 교육과정을 추구한다. 여섯 가지 핵심 역량은 다음과 같다.

2015 개정 교육과정이 추구하는 핵심 역량		
• 자기관리 역량	• 심미적 감성 역량	• 지식정보처리 역량
• 의사소통 역량	• 창의적 사고 역량	• 공동체 역량

2. 성취기준 중심의 교육과정

이 여섯 가지 역량을 기르기 위해 '성취기준 중심의 교육과정의 운영'을 강조한다. 국가에서 제시하는 공통적인 성취기준을 중심으로, 학생들이 원하고 필요로 하는 교육내용을 교사가 다양하게 조율하여 수업할 소재를 만들어 내는 교육과정으로의 개정이다. 이를 위하여

---

[2] 최근 개정은 2020년 12월에 이루어졌다.

국가 수준보다 하위 수준의 교육과정인 학교 교육과정의 자율성이 부여되었고, 학교에 따라 특색 있고 다양한 교육과정 운영의 모습을 볼 수 있다.

3. 학생 참여형 수업과 과정중심 평가

또한 학교나 학생의 특성과 요구를 파악하여 성취기준 중심으로 기존의 교육과정을 재구성하여 운영하고, 학생이 성취기준에 효과적으로 도달하여 핵심 역량을 증진할 수 있도록 학생 참여형 수업과 교육과정–수업–평가–기록이 하나되는 과정중심 평가가 강조되었다.

2015 개정 교육과정에서 학교 교육과정의 자율성이 부여된다는 것은 교사에게 자율권이 주어진다는 것이다. 자유가 커진다는 것은 책임도 커짐을 의미하므로, 결국 교사의 교육과정 문해력, 교육과정의 재구성 능력, 무엇보다 교사의 수업 전문성이 중요해지는 시대가 된 것이다.

4. 교육과정 재구성

교육과정 재구성이란 상황과 맥락에 따라 학생 참여형 수업을 극대화하기 위하여 국가 수준 교육과정의 내용을 학생들의 욕구나 흥미에 맞게 확대 내지 축소, 순서를 변화시켜 구성해 가는 모든 과정을 말한다.

교육과정 재구성의 절차는 보통 다음과 같다.

① 국가 수준 교육과정 분석: 학년별, 과목별, 단원 성취 수준 분석
② 핵심 역량 및 성취기준 설정: 미래 핵심역량 요소 적용
③ 재구성 유형 결정: 교과 내, 교과 간, 교과–비교과 연계 재구성
④ 내용 재구성: 학생들의 수준 및 관심 파악, 주제학습 계획
⑤ 교수방법 계획: 교수전략 구안, 교수 설계, 학생 참여계획 등 수립
⑥ 평가계획: 형성평가, 수행평가 등

교육과정의 재구성 방법은 크게 교과 내 재구성, 교과 간 재구성(STEAM수업), 교과와 창의적 체험활동(또는 진로 연계)의 내용중심 재구성으로 나뉘며, 교과서를 활용한 가장 보편적인 재구성 방법은 다음과 같다.

유형	방법
순서 재배열	교과내용의 특성, 단원의 연계성, 수업 시수의 부족 등을 고려하여 단원의 순서를 바꾸어 재구성
내용 추가	단원내용의 특성과 학생의 수준, 지역 및 학교의 특성을 고려하여 내용을 추가하는 재구성 유형
내용 대체	학생의 수준, 흥미, 실생활과의 연계성 등을 고려하여 단원내용의 일부가 부적절하다고 판단할 경우, 이를 교과서 이외의 내용으로 대체
내용 생략	학습목표를 고려하거나 학생의 수준에 맞추기 위하여, 혹은 교과 전문 지식이 부족하거나 실기 및 실험 시설이 미비하여 단원이나 단원의 일부 내용 혹은 종목을 생략
내용 축약	전체 영역을 다루기에는 시수가 부족하여 일부 단원의 내용을 축약
타 교과 융합	학습 주제와 관련되는 여러 교과내용을 통합적으로 구성한 경우 - STEAM 융합교육과정

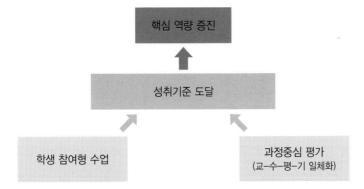

[그림 3-3] 2015 개정 교육과정 특징

(2) 시·도 교육청 수준 교육과정

시·도 교육청에서는 앞과 같은 국가 수준 교육과정을 바탕으로 각 지역별 특성과 지역사회의 교육적 요구를 반영하여, 시·도 교육청 수준의 '교육과정 편성·운영 지침'을 마련하여 매년 2월에 공시하며 각 시·도 교육청 홈페이지에 공개한다.

(3) 단위학교 교육과정

단위학교에서는 '국가 수준 교육과정'과 '시·도 교육청 교육과정 편성·운영 지침'을 바탕으로 각 단위학교의 특색, 학생의 특성 및 교육적 요구 등을 반영하여 자율적으로 학교 교육과정을 마련하여 운영한다. 이러한 단위학교별 교육과정 수립과 운영은 '학교 교육과정 편성·운영'에서 자세히 살펴보기로 한다.

(4) 특수학교 교육과정

특수학교에서 사용되는 교육과정은 앞서 살펴본 단위학교 교육과정과 같이 국가 수준 교육과정과 시·도 교육청 교육과정 편성·운영 지침을 바탕으로 정해진다. 특수학교 교육과정은 2015 개정 교육과정 중 특수교육 교육과정을 기반으로 운영되는 반면, 특수학급은 소속된 일반학교의 해당 학년 교육과정을 적용하되 장애학생의 장애 특성, 교육적 요구, 학습수행 능력 등을 고려하여 특수교육 교육과정상 기본교육과정, 공통교육과정, 선택교육과정을 고려하여 편성할 수 있다. 이는 특수학급 교육과정을 다룬 다음 장에서 자세히 살펴보도록 하겠다.

(5) 교육과정 관련 사이트의 활용

국가교육과정 정보센터(www.ncic.re.kr/)나 한국교육과정평가원(www.kice.re.kr/)의 사이트를 활용하여 국가 수준, 지역 수준, 학교 수준 교육과정을 살펴볼 수 있다. 특히 국가교육과정 정보센터 사이트에서는 우리나라와 외국의 교육과정뿐 아니라 우리나라의 각 단위학교별 우수 교육과정도 살펴볼 수 있다.

3. 학교 교육과정 편성 · 운영의 실제

일반적인 학교 교육과정의 편성 및 운영 절차는 교육과정의 준비, 편성, 운영 그리고 평가의 4단계로 나눌 수 있다. 각 단계별 시기와 주요 내용은 〈표 3-1〉과 같다.

〈표 3-1〉 학교 교육과정 편성 · 운영 절차

단계	시기	주요 내용
준비 단계	11월~1월	• 학교 교육과정 편성 · 운영 위원회 조직 • 기초조사 실시를 통한 결과분석 및 시사점 반영
편성 단계	1월~2월	• 학교 교육과정 기본 방향 설정에 따른 편성안 작성 • 학교 교육과정 편성안 심의 및 확정
운영 단계	3월~익년 2월	• 교과운영: 교과시수 증감, 자유학기(년)제, 진로교육, 집중이수제, 블록타임제 운영 등 • 창의적 체험활동 운영
평가 단계	11월~익년 1월	• 학생 평가: 교과 평가, 창의적 체험활동 평가 • 학교 교육과정 평가: 계획, 실행, 활용

1) 준비 단계

다음 연도에 적용할 학교 교육과정의 준비 시기는 대체로 당해 연도 11월~1월 경이며, 먼저 학교 교육과정 편성 · 운영 위원회 조직에서부터 시작된다. 이 기간은 다음 연도 교육과정 수립을 위한 기초조사 활동을 통해 당해 연도의 평가와 다음 연도의 준비가 동시에 진행된다.

(1) 학교 교육과정 편성·운영 위원회 조직

학교 교육과정 편성·운영 위원회는 국가 교육과정에 명시된 조직으로, 일반적으로는 교장, 교감, 관련부서 부장 및 관련 교과목 대표 교사 등으로 구성된다. 준비 단계에서 학교 교육과정 편성·운영 위원회의 주요 역할은 학교 교육과정 편성 방향을 협의하고 학교 교육과정의 편성 및 운영 계획을 수립한다.

학교 교육과정 편성·운영 위원회는 일반적으로 기획조정분과, 교과 혹은 학년분과, 교재개발분과, 평가분과 등으로 조직된다. 농어촌 학교나 소규모 학교 등에서는 학교 교육과정 편성·운영 위원회의 규모보다 지역이나 학교의 특색을 살리는 특색 있는 학교 교육과정 운영계획을 수립할 수 있도록 학내 교과연구회 등 실질적인 조직이 교과분과 등을 대신할 수도 있다.

일반적인 학교 교육과정 편성·운영 위원회의 조직도는 [그림 3-4]와 같

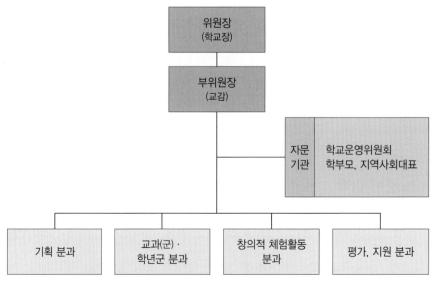

[그림 3-4] 학교 교육과정 편성·운영 위원회 조직도(예)

다. 하지만 지역적 특성이나 학교의 규모, 교육과정의 중점사항을 어디에 두느냐 등에 따라서 조직도가 달라질 수 있다는 점을 명심하기 바란다.

 참고 ≫ 학교운영위원회 vs. 학교 교육과정 편성 · 운영 위원회

1. 학교운영위원회

학부모, 교원, 지역 인사가 참여하여 학교운영에 관한 중요한 사항을 결정하는 교육 자치 기구이다. 학교운영위원회는 심의기구로서 「초 · 중등교육법」 제32조의 규정에 따라 다음을 심의(사립학교: 자문)하는 기능을 갖는다.

〈「초 · 중등교육법」 제32조〉

① 국 · 공립학교에 두는 학교운영위원회는 다음 각 호의 사항을 심의한다.

　　1. 학교헌장 및 학칙의 제정 또는 개정에 관한 사항

　　2. 학교의 예산안 및 결산에 관한 사항

　　3. 학교 교육과정의 운영 방법에 관한 사항 등

② 사립학교의 장은 제1항 각 호의 사항에 대하여 학교운영위원회의 자문을 거쳐야 한다. 다만, 제1호의 사항에 대하여는 학교법인의 요청이 있는 경우에 한한다.

2. 학교 교육과정 편성 · 운영 위원회와의 비교

	학교운영위원회	학교 교육과정 편성 · 운영 위원회
설립 근거	초 · 중등교육법	국가 수준 교육과정
위원회의 역할	학교 교육과정의 운영 방법에 관한 사항을 심의: 교육과정 운영 방안, 교과용 도서 및 교육자료 선정, 정규 학습 종료 후 또는 방학 기간의 교육 활동 및 수련 활동에 관한 사항에 대하여 심의하는 기능	학교장이 교육과정 운영에 관한 의사결정을 하는 데 도움을 주는 자문 역할을 수행

(2) 기초조사

교육과정 편성을 위한 기초조사는 학교 구성원인 학생, 학부모, 교원의 교육적 요구와 교육과정 운영에 대한 의견을 구하며, 특히 지역 실태와 학교의 특수성을 반영하기 위해서 필수적으로 거쳐야 하는 절차이다.

기초조사 자료를 얻기 위해 일반적으로 학생, 학부모, 교원 등을 대상으로 면담 혹은 설문조사를 실시하며 당해 연도에 운영한 교육과정과 교육활동의 평가 중 다음 학년도 교육과정에 반영하여야 할 사항에 대한 자료를 수집하고 분석한다. 이렇게 수집한 자료는 다음 학년도 교육과정 편성 단계에서 기본적인 분석자료로 활용된다.

[그림 3-5]에는 교육과정 수립을 위한 기초조사 단계에서 이루어지는 활동이 잘 나타나고 있다(경상남도교육청, 2019).

계획 수립	조사 실시	결과 분석	시사점 반영

• 11월
• 문헌 검토
  – 국가 수준, 시·도 지침
• 조사 대상, 요소 선정
  – 학생, 학부모, 교원, 지역사회 등
• 조사방법 결정
  – 설문지, 면접 등
  – 설문지 작성
	• 11월~12월
	• 설문조사
	  – 학생, 학부모, 교원
	• 면담
	  – 학교 구성원, 지역사회
	• 협의회 의견수렴
	  – 워크숍, 학부모 협의회 등
	• 우수학교사례 벤치마킹
		• 12월
		• 분석방법
		  – 설문지 분석
		  – 관찰, 면접결과 등
		• 학교 교육과정 평가 자료
		• 시사점 도출
			• 각 영역별 학교 교육과정 반영사항 종합
			• 학교 교육과정에 관련 부분 반영 전략 선정
			• 교육과정위원회 검토, 자문
			• 반영사항의 영역별 구체화
			• 학교 교육과정 기본 방향 설정

[그림 3-5] 교육과정 수립을 위한 기초조사 단계 활동

2) 편성 단계

교육과정의 편성 단계 시기는 대체로 새 학기가 시작되기 전인 1~2월이며, 이 시기 동안 학교 교육과정 편성안 작성과 편성안에 대한 심의 및 확정

이 이루어진다.

(1) 학교 교육과정 편성안 작성

기초조사 자료의 분석 결과를 바탕으로 교육과정에 반영해야 할 사항을 종합하고 구체화하여 편성안을 작성하는 단계이다. 편성안 작성은 주로 교육과정위원회의 기획분과가 중심이 되어 작성한다. 일반적으로 편성안은 교육과정의 밑그림이 되므로 여러 차례의 수정과 보완을 거쳐서 이루어진다.

기본적으로 편성안에 포함하여야 할 내용은 다음과 같다.

- 학교와 지역적 특색을 살리는 특색 있는 교육계획(학교 비전) 수립
- 각 학년별 편제와 시간배당, 수업일수 및 수업시수 확보계획 수립
- 각 교과 및 창의적 체험활동의 연간운영계획 수립
- 개별화교육 및 진로교육 계획 수립
- 중학교 과정의 자유학기(년)제 계획 수립
- 유치원 및 전공과 운영계획 수립
- 교육평가계획 수립(평가 시기, 평가방법, 기록, 결과 활용, 통지방법 등)
- 운동장, 강당, 체육관, 특별실 등의 활용계획 수립

(2) 학교 교육과정 편성안 심의 및 확정

편성안이 완성되면, 학교 교육과정 편성 · 운영 위원회의 검토, 수정 및 보완 후에 학교운영위원회의 심의를 거쳐 확정된다. 이때 학교운영위원회 심의과정에서 수정이나 보충 사항이 있으면 다시 학교 교육과정 편성 · 운영 위원회를 통해서 재작성이 이루어진 후 재심의할 수 있다.

이렇게 학교운영위원회에서 당해 연도 교육과정에 대한 심의가 확정되면, 대개 3월 학년 초에 학교별로 학교 교육과정 설명회를 개최하여 학교 구성원들에게 안내한다. 또한 학교 홈페이지에 학교 교육과정 또는 학교 교육계

획이라는 이름으로 탑재하여 공개한다.

3) 운영 단계

교육과정의 운영 단계 시기는 3월부터 다음 해 2월까지이다. 교육과정의 운영은 크게 교과활동 운영과 창의적 체험활동 운영이 실질적으로 이루어진다. 교과활동 운영은 각 교과별 시수의 증감 운영, 교과별 집중이수제 운영, 블록타임제 운영, 수준별 수업 운영, 자유학기(년)제 운영 등과 같은 활동이 특색적으로 이루어진다. 반면에 창의적 체험활동 운영은 자율활동, 동아리 활동, 봉사활동, 진로활동으로 나누어 운영된다.

4) 평가 단계

교육과정의 평가 시기는 11월부터 다음 해 1월까지이며, 평가는 주로 당해 연도 학교 교육과정의 편성과 운영에 대한 평가로 이루어지고, 단위학교는 연 1회 이상 의무적으로 자체 평가를 실시하여 문제점과 개선점을 추출하여 그 결과를 다음 학년도의 교육과정 편성과 운영에 환류하여 반영한다. 평가방법은 학교 구성원인 교사, 학생, 학부모를 대상으로 설문지와 면담 등의 방법으로 이루어진다. 평가결과는 다음 학년도 교육과정의 기초자료로 활용되며, 학교 홈페이지나 학교정보공시인 '학교알리미' 사이트를 통해서 공개된다.

4. 특수학교 교육과정 편성 · 운영의 실제

앞서 설명한 대로 특수학교 교육과정은 일반학교와 같이 국가 수준 교육과정인 '특수교육 교육과정'과 '시·도 교육청 특수교육 교육과정 편성·운영 지침'을 바탕으로 각 학교에서 학교 교육과정을 편성하여 운영한다. 단, 여기서는 특수학교 교육과정의 편성과 운영에 있어서 일반학교와 다른 점을 설명하고자 한다.

1) 장애 특성을 고려한 교육과정 편성과 운영

특수학교 교육과정의 편성과 운영에서는 일반학교와는 달리 각 학교별로 지적장애, 청각장애, 시각장애 등 각 장애의 특성에 맞는 교육과정을 고려한다. 특수교육 교육과정에서는 교육목표, 교과 및 교과별 내용체계뿐 아니라 교육방법과 평가방법에 있어서도 각 장애 유형과 장애 정도를 충분히 고려하여 편성하도록 규정하고 있다. 예를 들어, 청각장애학생이 재학 중인 청각장애학교에서는 청각장애의 유형과 정도를 충분히 고려한 교육목표, 교과와 시간편제 그리고 교수방법 및 평가방법까지 구체적으로 학교 교육과정에 편성해야 한다는 것이다.

2) 개별화교육 실시를 위한 교육과정의 편성과 운영

일반학교 교육과정이 보편성을 추구하는 반면에 특수학교 교육과정은 일반학교 교육과정의 보편성에 더해 개별성을 함께 추구하고 있다. 다시 말해서, 장애학생의 장애 특성상 그 유형과 정도가 다양하므로 특수교육 대상자의 교육적 요구를 만족하기 위해서 학생 개인의 특성과 상황에 맞는 개별화교육계획이 필요하다. 특수학교에서 개별화교육계획을 원활하게 수립·운영할 수 있도록 학교 교육과정에 개별화교육지원팀의 구성 및 운영, 개별화교육의 내용과 평가방법 등 개별화교육과 관련된 전반적인 내용이 필수적으로 반영되어야 한다.

3) 기본교육과정의 편성 및 운영

일반 초·중등학교 교육과정은 초등학교 1학년부터 중학교 3학년까지의 공통교육과정과 고등학교 1학년부터 3학년까지의 선택중심교육과정으로 편성·운영하지만, 특수교육 교육과정은 '공통교육과정(국어, 영어, 체육)'과 '선택중심교육과정(전문교과Ⅲ-직업, 이료)' 외에 '기본교육과정'을 별도로 마련하고 있다. 기본교육과정은 장애로 인하여 특수교육 공통교육과정과 선택중심교육과정을 적용할 수 없는 경우 사용할 수 있는 일종의 대안적인 교육과정이다. 이 교육과정에서는 그 적용 대상을 중도의 지적장애를 가진 특수교육 대상자로 초등학교 1학년부터 고등학교 3학년까지로 한다. 그러므로 중도의 지적장애를 가진 특수교육 대상자를 배치받은 학교에서는 공통교육과정, 선택중심교육과정, 기본교육과정 중에서 선택하여 편성·운영하여야 한다.

또한 학교나 학생의 특성에 따라 교과(군)별 시수를 증감 편성·운영할 수 있는데, 기본교육과정은 교과(군)별 30%, 공통교육과정은 20% 범위 내에서 시수 증감이 가능하다. 단, 체육, 예술(음악/미술) 교과목은 기준 수업시수를 감축하여 편성할 수 없다.

4) 중도·중복장애학생 교육과정의 편성

각 학교는 중도·중복장애학생의 특성과 교육적 요구를 고려한 생활기능 중심의 교육과정을 편성·운영할 수 있다. 이는 중도·중복장애학생이 포함된 학급에서 예체능을 제외한 교과(군)별 50% 범위 내에서 시수를 감축하여 창의적 체험활동으로 편성·운영하는 것이다.

5) 진로교육, 순회교육 등을 고려한 교육과정의 편성

일반교육과정과는 달리 특수학교 교육과정에서는 장애학생의 진로교육, 순회교육 등의 요소를 필수적으로 편성하여 운영하고 있다. '진로와 직업' 교과 내에서 또는 일반교과 및 창의적 체험활동과 연계한 학교교육 활동 전반에 걸친 진로 중점 교육과정을 운영하거나 진로집중학년제를 운영할 수 있으며, 중학교 과정에서는 학생들의 미래 진로를 위해 꿈과 끼를 키울 수 있는 자유학기(년)제도 운영한다. 또한 순회교육의 교육과정 편성에 관한 사항은 시·도 교육청에서 정하는데, 대체로 장·단기 결석이 불가피한 특수교육 대상자의 교육을 위해 필요한 경우 순회교육 또는 원격수업을 지원하게 된다.

6) 유치원, 전공과 교육과정의 편성

특수학교에 따라서는 유치원 학급이나 전공과를 운영할 수 있다. 이에 대해 유치원 학급이나 전공과 등의 운영 방향과 내용을 학교 교육과정에 기재하여야 한다. 유치원에서부터 초등학교, 중학교, 고등학교, 전공과까지 학생들의 학령기 전반에 걸친 교육이 특수학교에서 효과적으로 이루어지기 위해서는 학교 교육과정상 운영 기본방향과 방법 등의 내용이 명확히 표시되어야 한다.

📌 부록

실습 1) 다음은 기본교육과정을 운영 중인 초등학교 교육과정 편제표의 예시이다. 빈칸에 들어갈 용어를 넣고 시수 감축이 가능한 교과에 ○로 표시하며, 교육과정 편제의 구성을 이해해 보자.

구분 \ 학년		__ 학년	__ 학년	__ 학년	시수 감축 가능 여부
교과 (군)	국어	국어 448	408	408	
	사회/도덕		272	272	
	수학	수학 256	272	272	
	과학/실과	바른 생활 128	238	340	
	체육	슬기로운 생활 192	204	204	
	예술(음악/미술)	즐거운 생활 384	272	272	
소계		1,408	1,666	1,768	
창의적 체험활동		336 / 64	306	408	
학년군별 총 수업시간 수		1,744	1,972	2,176	

실습 2) 다음은 기본교육과정을 운영 중인 중학교 교육과정 편제표의 예시이다. 빈칸에 들어갈 용어를 넣고 시수 감축이 가능한 교과에 ○로 표시하며, 교육과정 편제의 구성을 이해해 보자.

구분		중학교 1~3학년	시수 감축 가능 여부
		2015 개정 특수교육 교육과정	
	국어	442	
	사회	442	
	수학	374	
	과학	238	
	진로와 직업	612	
	체육	340	
	예술(음악/미술)	306	
	선택	204	
소계		2,958	
⬚ (자율/동아리/봉사/진로)		408	
총 수업시간 수		3,366	

실습 3) 다음 주제를 중심으로 기본교육과정 중학교 '국어' 교과에서 3개 단원을 골라 교육과정 재구성을 구상해 보자.

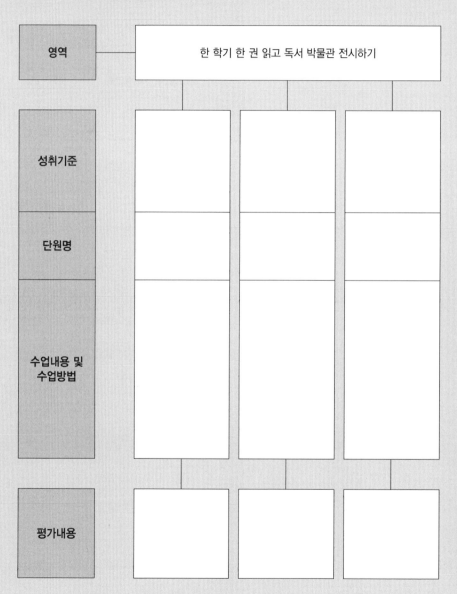

참고문헌

경상남도교육청(2019). 학교교육편성·운영을 위한 도움 자료.

교육부(2015). 2015 개정 특수교육 교육과정 총론.

부산광역시교육청(2021). 부산광역시교육청 특수교육 교육과정 편성
　　운영 지침.

부산광역시동래교육지원청(2020). 바른 즐거운 슬기로운 교사생활.

서울특별시교육청(2021). 서울특별시교육청 특수교육 교육과정 편성
　　운영 지침.

| 제4장 |

특수학급의 조직 및 운영

1. 특수학급의 의의 및 관련 법규

1) 특수학급의 의의

특수학급이란 특수교육 대상자가 고등학교 이하의 일반학교에서 일반학생과 함께 통합교육을 받을 수 있도록 일반학교에 설치된 학급을 의미한다. 특수학급의 의미를 「장애인 등에 대한 특수교육법」 등 관련규정과 함께 살펴보면 다음과 같다.

첫째, 특수학급은 「장애인 등에 대한 특수교육법」 제2조 및 제21조에서 언급하고 있는 '통합교육'을 실현하기 위해서 일반학교에 설치된 학급이다. 「장애인 등에 대한 특수교육법」에 따르면, 특수교육 대상자를 배치받은 일반학교의 장은 교육과정의 조정, 보조인력의 지원, 학습보조기기의 지원, 교원연수 등을 포함한 통합교육계획을 반드시 수립·시행하도록 되어 있다(제

21조 제2항 참조). 또한 통합교육을 실시하는 일반학교의 장은「장애인 등에 대한 특수교육법」제27조의 기준에 따라 특수학급을 설치·운영하고, 대통령령으로 정하는 시설·설비 및 교재·교구를 갖추어야 한다(제21조 제3항 참조).

둘째, 특수학급은 고등학교 이하의 각급 학교에 설치된다. 일반학생을 위한 유치원에서부터 고등학교에 이르기까지 모든 학교는「장애인 등에 대한 특수교육법」제17조에 의해서 특수교육 대상자가 배치되면 그 통합교육을 받고자 하는 특수교육 대상자의 인원수에 따라서 특수교육 대상자를 위한 학급을 설치하여야 한다(제27조 참조).

2) 특수학급 관련 법규

(1) 특수학급 설치기준

특수학급의 설치기준은 특수학교와 동일하게「장애인 등에 대한 특수교육법」제21조에서 배치받은 특수교육 대상학생의 수에 따라 다음과 같이 제시하고 있다.

- 유치원 과정의 경우: 특수교육 대상자가 1인 이상 4인 이하인 경우 1학급을 설치하고, 4인을 초과하는 경우 2개 이상의 학급을 설치한다.
- 초등학교·중학교 과정의 경우: 특수교육 대상자가 1인 이상 6인 이하인 경우 1학급을 설치하고, 6인을 초과하는 경우 2개 이상의 학급을 설치한다.
- 고등학교 과정의 경우: 특수교육 대상자가 1인 이상 7인 이하인 경우 1학급을 설치하고, 7인을 초과하는 경우 2개 이상의 학급을 설치한다.
  ※ 단, 순회교육의 경우 장애의 정도와 유형에 따라 학급 설치기준을 하향 조정할 수 있다.

3) 특수학급의 시설 및 설비 기준

(1) 특수학급의 위치

특수학급 교실은 장애학생이 쉽게 접근할 수 있고 보행이 안전한 곳에 위치하여야 한다. 특히 화재나 긴급 사태에 대처할 수 있도록 비상 출입구에 쉽고 빠르게 접근할 수 있는 1층 주 출입구 부근에 위치하는 경우가 많다. 그리고 보건실이나 장애인 화장실 등이 가까운 곳에 위치하는 것이 좋다. 만약 2층 이상에 특수학급이 위치할 경우에는 원활한 이동을 위한 경사로, 보도블록, 엘리베이터 등 이동 보조장치가 마련되어야 하며, 학급의 창문과 계단에 안전 예방책이 마련되어야 한다. 특수교육 대상학생의 수가 많아서 특수학급이 2개 이상일 경우에는 효과적인 교육활동을 위해서 가능한 한 가까이 배치하는 것이 좋다.

(2) 특수학급의 크기

통합교육을 위한 시설과 설비에 관한 규정은 「장애인 등에 대한 특수교육법 시행령」 제16조 통합교육을 위한 시설·설비 등에서 제시하고 있다, 특수학급의 크기는 보통교실을 기준으로 면적기준이 $66m^2$ 이상이어야 하고, 학교의 여건 등을 고려하여 시·도 조례로 정하는 바에 따라 $44m^2$ 이상의 교실에 학급을 설치할 수 있다. 또한 「장애인 등에 대한 특수교육법」 제21조 제2항에 따라 학생의 성별, 연령, 장애의 유형·정도 및 교육활동 등에 맞도록 정보 접근을 위한 기기, 의사소통을 위한 보완대체기구 등의 교재·교구도 갖추어야 한다.

(3) 특수학급 교구·설비 기준

특수학급에 갖추어야 할 교구·설비는 「특수학교 시설·설비 기준령」 제5조에 따라서 다음의 내용을 포함하고 있다. 신설학교나 신설학급으로 통합학급이 설치될 때는 다음의 시설·설비 기준을 꼭 참고하는 것이 좋다.

〈표 4-1〉 안전 및 편의를 위한 시설·설비의 종류 및 기준(제5조 관련)

시설·설비의 종류	설치기준
1. 보행로	가. 다음의 장소에는 통행에 장애가 없도록 연속된 보행로를 설치하여야 한다. 　1) 교문에서 주된 교사의 주 출입구까지 　2) 통학차량 승하차구역에서 주된 교사까지 　3) 교사와 교사 사이 나. 주 보행로 유효 폭은 1.8미터 이상이어야 한다. 다만, 가목 2)에 설치하는 보행로의 경우에는 유효 폭을 1.2미터 이상으로 할 수 있다. 다. 바닥면의 높이 차이가 있는 경우 휠체어의 통행에 지장이 없는 수준이어야 하고, 바닥면의 기울어진 부분은 그 기울기가 18분의 1 이하이어야 한다. 다만, 지형 등을 이유로 그 기울기를 18분의 1 이하로 하기 곤란한 경우에는 12분의 1 이하로 하여 설치할 수 있다. 라. 차도보다 10센티미터 이상 높게 하거나, 연석·화단 또는 안전난간 등을 설치하는 등의 방법으로 차도와 분리되어야 한다. 마. 가목 2) 및 3)에 설치하는 보행로에는 비 가림 시설을 설치하여야 한다.
2. 통학차량 승하차 구역	가. 통학차량이 주차 또는 회차하는 경우 보행로와 간섭이 발생하지 않을 위치에 설치하여야 한다. 나. 승하차구역 끝부분에 충돌 방지를 위한 장치를 설치하여야 한다. 다. 휠체어 출입이 가능한 교사의 출입구 또는 승강설비에 쉽게 접근할 수 있는 장소에 설치하여야 한다. 라. 승하차구역 주변에 승하차구역임을 알리는 입식 기둥형 또는 벽면 부착형의 안내판을 설치하여야 한다. 마. 휠체어 탑승자가 승하차 및 승하차 대기를 할 수 있는 공간이 확보되어야 하고, 바닥면이 폭 4.5미터 이상(차량 주차 구역 3.3미터 이상, 승하차 대기 구역 1.2미터 이상), 길이 13미터 이상이어야 한다. 바. 바닥면의 높이 차이가 있는 경우 승하차에 지장이 없는 수준이어야 하고, 바닥면의 기울기가 50분의 1 이하이어야 하며, 바닥면에 아래 그림과 같이 승하차구역을 구분할 수 있는 표시를 하여야 한다. 승하차구역 바닥표시방법

3. 교사 등의 주 출입구	가. 바닥면의 높이 차이가 없어야 한다. 나. 진입구간은 가급적 별도의 경사로와 계단이 없이 설치하되, 바닥면이 기울어진 경우에는 그 기울기가 18분의 1 이하이어야 한다. 다. 문은 학교의 특성을 고려하여 설치하되, 손 끼임 방지장치를 부착하여야 하고, 유리문인 경우에는 부딪힘 방지를 위해 색띠 등을 설치하여야 한다.
4. 복도	가. 유효 폭이 2.4미터 이상이어야 한다. 나. 통행을 방해하는 고정 장애물이 없어야 한다. 다. 휠체어 보관함, 재활도구 보관함, 소화기 보관함, 음수대 또는 신발장 등의 설비를 복도에 설치하는 경우에는 벽면에 매립하는 등으로 통행에 지장을 주지 않도록 해야 한다. 라. 복도에 노출되는 벽 모서리나 기둥 모서리는 안전사고를 최소화할 수 있도록 둥근 형태로 하거나, 별도의 충돌 방지장치 또는 안전장치를 부착하여야 한다. 마. 손잡이는 학생의 성장·발달 과정을 고려하여 설치하며, 필요한 경우 2중으로 설치할 수 있다.
5. 교실 출입문	가. 미닫이 또는 미세기 구조로 하고, 유효 폭이 1.0미터 이상이어야 한다. 나. 문에는 문턱이 없어야 하고, 손 끼임 방지장치를 부착하여야 한다. 다. 출입문 손잡이는 돌출형으로 설치하여야 한다. 라. 출입문에 투시 가능한 재료를 부분적으로 사용하여 출입문을 통해 반대편을 볼 수 있게 하여야 한다.

6. 계단	가. 계단 및 계단참(계단 마지막 디딤판 부분은 제외한다)의 유효 폭은 1.5미터 이상으로 하여야 한다.
	나. 계단코는 미끄러짐을 방지할 수 있는 재질로 마감하고, 계단의 디딤판과 색을 달리하여 계단 모서리를 쉽게 인식할 수 있게 하여야 한다.
	다. 계단 손잡이는 계단의 양쪽에 벽면 부착형 또는 난간 일체형으로 설치하여야 하고, 손잡이 끝부분이 옷소매 등이 걸리지 않는 구조로 마감하여야 한다.
	라. 난간
	  1) 난간과 손잡이가 일체형인 경우에는 난간 살이 없는 판형 또는 난간 살 수직형(계단 마지막 디딤판 부분을 제외한 부분의 난간 살 사이의 간격이 10센티미터 이하인 것으로 한정한다)으로 설치하여야 한다.
	  2) 난간의 높이는 바닥면 기준 1.2미터 이상이어야 하고, 계단참 및 계단 마지막 디딤판 부분의 난간 높이는 바닥면 기준 1.5미터 이상이어야 한다.

7. 승강기	가. 승강기 중 1대 이상은 그 바닥면이 폭 1.6미터 이상, 길이 2.3미터 이상이어야 한다. 나. 승강기 출입문 일부 또는 전부를 투명하게 설치하여 승강기 출입문을 통해 반대편을 볼 수 있게 하여야 한다. 다. 승강기 출입문에 충격 센서와 적외선 센서가 모두 있어야 한다.

8. 경사로	가. 경사로 유효 폭은 1.5미터 이상이어야 한다. 나. 경사로에 굴절 부분이 있는 경우 그 바닥면의 폭과 길이가 각각 2미터 이상이어야 한다. 다. 경사로의 진행방향을 고려하여 통행자가 충돌할 가능성이 있는 벽면 및 난간 등에 충격방지매트를 설치하여야 한다. 라. 경사로 바닥면은 미끄럽지 않은 재질로 하여야 한다.
9. 긴급 대피공간	가. 건축물 구조를 고려하여 교실과 연결된 발코니 또는 층별 공용 테라스 형태의 긴급 대피공간을 설치하여야 한다. 나. 구조차량 및 구조장비 등의 접근이 용이한 위치 및 구조이어야 한다.
10. 창문	긴급 상황 시 용이하게 바깥으로 피난이 가능하되, 평상시 창 바깥으로 떨어지는 것을 방지할 수 있는 구조이어야 한다.
11. 그 밖의 시설 · 설비	가. 실내 강당, 체육관의 무대 · 단상 또는 운동장의 구령대 등은 휠체어 이용자가 직접 접근할 수 있는 구조이어야 한다. 나. 경비실(수위실 및 안내실을 포함한다)은 교문이 잘 보이도록 교문과 인접한 위치에 설치하여야 한다. 다. 화장실의 경우 대변기는 2학급당 1개 이상, 소변기는 학생 수를 고려하여 필요한 적정 수만큼 설치하여야 한다. 라. 교원휴게실, 탈의실, 목욕실 및 학부모 대기실의 경우 각 1실 이상씩 설치하는 것을 원칙으로 하되, 학교 실정에 따라 일부 또는 전부를 설치하지 않을 수 있다.

비고: 위 시설 외에 교원사택 등 학생 등의 안전 및 편의에 필요한 시설 · 설비를 둘 수 있다.

2. 특수학급 교육과정의 편성 및 운영

특수학급도 특수학교에서 학교 교육과정을 마련하는 것과 마찬가지로 통합학급에 배치받은 특수교육 대상자를 위한 특수학급 교육과정을 마련하여야 한다. 그러나 그 교육과정은 일반학교 교육과정에 포함되는 교육과정이라는 점에서 특수학교 교육과정과 다소 그 성격이 다르다. 그리고 특수학급 교육과정의 원칙은 특수학급이 소속된 일반학교 교육과정을 바탕으로 편성 · 운영하며, 매년 발표되는 시 · 도 교육청 특수교육 교육과정 편성 · 운영지침을 반영하여 학교 실정에 맞게 조정 · 운영한다. 다음에서는 특수학급 교육과정의 편성과 운영에 대해서 알아보기로 한다.

1) 특수학급 교육과정의 편성

(1) 소속된 일반학교 교육과정을 원칙적으로 적용한다

일반학교에 배치된 특수교육 대상자를 위한 특수학급의 교육과정은 원칙적으로 소속된 일반학교의 교육과정으로 운영하도록 되어 있다. 즉, 일반학교의 학교교육 교육과정상 제시하고 있는 편제와 시간배당, 학년 교육과정 등에 따라서 특수학급 교육과정이 운영되어야 한다. 그러나 배치된 특수교육 대상자의 장애 특성이나 교육적 요구를 고려하여 필요할 때는 특수교육 교육과정(공통교육과정, 선택중심 교육과정, 기본교육과정)을 참조하여 일반학교 교육과정을 조정하거나 재구성하여 편성할 수가 있다.

(2) 특수교육 대상자의 교육적 요구를 바탕으로 재구성할 수 있다

특수교육 대상자의 교육적 요구를 만족시킬 수 있는 특수학급 교육과정을 편성하기 위해서 특수학급 교사는 특수교육 교육과정을 참고하여 일반학교 교육과정을 학급에 맞게 재구성하는 방법으로 편성할 수 있다. 그러나 특수학급 교육과정에 특수교육 교육과정을 일부 적용하여도 특수교육 대상자의 학적, 학교생활기록부, 성적처리 등은 일반학교 교육과정에 따라서 적용 · 처리한다.

(3) 특수학급 교육과정 편성은 개별화교육지원팀의 심의를 거쳐야 한다

효과적인 특수학급 교육과정의 편성과 운영을 위하여 교육과정 편성 · 운영에 관한 사항은 반드시 각 학교의 개별화교육지원팀에서 심의한다. 개별화교육지원팀에서는 특수교육 교육과정의 적용 정도, 교과구성(편제), 시간배당 및 통합학급에서 이루어지는 통합교육계획, 개별화교육의 실시, 학교 평가의 조정사항 등을 포함한 특수학급 교육과정이 편성되도록 심의한다. 특히 특수교육 대상자에 대한 각종 평가(지필평가, 수행평가 등)에서 평가 내용, 방법, 도구, 장소, 시간 등을 수정하여 제공할 필요가 있을 때는 학교의 학업성적관리위원회에서 수정방법을 결정하고 개별화교육지원팀 회의를 거쳐 특수학급 교육과정에 반영하여야 한다.

(4) 개별화교육계획, 통합교육계획, 진로교육계획 등이 특수학급 교육과정에 포함되어야 한다

특수학급 교육과정에는 장애학생의 장애 정도와 교육적 요구에 따라 각 학생별로 차별화된 교육과정인 개별화교육계획이 적용되도록 개별화교육의 내용도 함께 편성하여야 한다. 또한 통합교육계획에는 특수교육 대상자가 통합교육을 받을 때, 일반학교 교육과정의 조정, 특수교육 보조인력 및 학습보조기기의 지원, 통합담임교사나 보조인력의 연수계획뿐 아니라 일반학생과 학부모 그리고 일반교사들을 위한 장애이해교육이나 연수계획도 포함하여야 한다. 그리고 중등학교 특수학급에서는 진로교육계획이 교육과정에 포함된다.

2) 특수학급 교육과정 편제 및 교과운영

(1) 특수학급 교육과정 편제 및 시간배당

앞서 설명한 대로, 특수학급의 교육과정 편제 및 시간배당은 학급이 소속된 일반학교 교육과정의 각 학년군 편제와 시간배당을 원칙으로 적용하나, 교육적 요구가 다양한 특수교육 대상자에게 개별화된 교육을 제공하기 위해 개별화교육지원팀의 심의를 거친 개별화교육계획에 의거하여 각 특수교육 대상자별로 서로 다른 편제 및 시간배당을 할 수 있다.

(2) 특수학급 교과운영

특수학급에서 가르치는 교과는 특수교육 대상자의 교육적 요구나 장애 특성 등에 따라서 그 내용을 생활기능 및 진로교육 등으로 교육과정을 재구성하여 운영할 수 있다. 여기서 생활기능 중심과 진로교육 등의 내용으로 편성되는 교과 영역과 내용은 장애학생의 장애 특성 및 정도를 반영하여 개별화교육지원팀에서 정하고 특수학급 교육과정에 명시한다.

(3) 시간표 운영

특수학급의 시간표는 학교의 여건, 학부모와 학생의 요구 등을 바탕으로 개별화교육지원팀에서 협의 후 조정하여 다양하게 운영할 수 있다. 보통은 통합학급의 시수확보 방안으로 국·영·수 교과 중심 또는 국·영·수 교과와 타 교과로 구성하여 운영할 수 있고, 여러 학년이 함께 수업하는 복식학급으로 운영할 경우 교과별, 학년별, 수준별로 묶어서 시간표를 편성·운영할 수도 있다.

(4) 특수학급에서의 교육과정 재구성

2015 개정 교육과정에서 강조되었던 역량과 성취기준 중심의 교육과정 운영에 따라 특수학급에서도 교육과정을 재구성하여 운영할 수 있다. 이때의 방법은 특수학교 교육과정에서의 교육과정 재구성과 같이 주제나 영역 중심으로 교과 내, 교과 간, 교과와 창의적 체험활동 연계 통합수업의 다양한 형태로 진행할 수 있다. 교육방법은 통합교육을 위한 협력교수, 협력학습을 포함하여, 실험·실습, 프로젝트학습, 토의·토론, 하브루타, STEAM 융합수업 등 다양한 방법으로 실시할 수 있다.

(5) 특수학급에서의 교육과정 평가

① 평가 근거

특수학급의 모든 교육활동에 대한 평가는 「장애인 등에 대한 특수교육법」

제4조(차별의 금지), 동법 시행규칙 제4조(개별화교육지원팀의 구성 등)와 「장
애인 차별 금지 및 권리 구제 등에 관한 법률」 제13조(차별금지)와 제14조(정
당한 편의제공 의무)에 따라 실시되어야 한다.

② 방침

특수학급 교육과정 평가관리는 학교의 학업성적 관리규정에 따라 실시하
며, 특수교육 대상자가 수행평가, 정기고사, 진단평가 및 학력평가의 모든
교육과정상의 평가에서 제외되지 않도록 일반학생과 동일하게 평가를 실시
하는 것이 원칙이다. 다만, 특수교육 대상자의 평가는 장애 유형과 특성에
따라 평가조정 방안을 마련하여 실시할 수 있다. 예를 들어, 평가시간, 평가
방법, 평가 장소의 변경 및 확대활자 제공, 특수교사의 지원 등을 부분적으
로 조정할 수 있다. 장애학생의 평가조정 규정을 정하여 시행할 때는 국립특
수교육원에서 발행한 '장애학생 평가조정 매뉴얼'과 '대학수학능력시험 시험
편의제공 대상자 규정'을 참고하여 시행한다.

학교생활기록부 기재에 있어서는 일반학생과 동일한 방법으로 통합학급
교사 또는 교과전담교사가 기술하는 것이 원칙이며, 특수교사는 종합란(특
기사항)에 학생에 대한 평가 의견을 제시할 수 있다.

특수학급 내에서의 교육과정 평가는 개별화교육계획에 의거하여 실시하
며, 학생의 학습 수준 및 능력에 대해서 다양한 평가방법을 활용하여 서술형
으로 기록한다. 그리고 「장애인 등에 대한 특수교육법 시행규칙」 제4조에 의
거해 특수교육 대상자는 매 학기 개별화교육계획에 따른 학업성취도 평가를
실시하고, 특수교사는 그 결과를 통합학급 교사, 특수교육 대상자 또는 그
보호자에게 통보하여야 한다.

3. 특수학급 교육과정 운영의 실제

1) 특수학급 운영계획서란

학교의 모든 활동은 철저하게 계획에 의거하여 실행하고 평가한다. 특수학교를 포함한 모든 학교가 매년 학교 교육과정 및 교육계획을 세워 실행하듯, 일반학교 안의 특수학급도 일 년의 흐름을 원활하고 효과적으로 운영하기 위해서 실제로 대부분의 특수교사들은 특수학급 교육과정은 물론 여러 가지 특수학급의 세부 운영계획을 포함한 '특수학급 운영계획서'를 작성한다. 물론 특수학급 운영계획서를 필수적으로 작성해야만 하는 것이 아니지만, 일 년 동안 특수학급 교사가 학급을 어떻게 운영하고자 하는지를 보여주는 연간계획인 동시에 학급을 체계적이고 효율적으로 운영하기 위해 꼭 필요한 로드맵 역할을 하므로, 특수교육 대상자는 물론 특수교사 자신을 위해서도 특수학급 운영계획서 작성은 강력하게 권장되고 있다.

2) 특수학급 운영계획서 작성의 실제

특수학급 교육과정의 편성을 포함한 특수학급 운영계획서를 작성하는 방법이나 절차는 특별히 정해진 것이 없지만 시·도 교육청 수준에서 '특수학급 운영 매뉴얼'이나 '특수학급 운영계획 지원'과 같은 이름으로 기준을 제시하고 있다. 이 장에서는 서울특별시의 특수학급 운영계획 도움자료와 부산광역시의 특수학급 운영 매뉴얼을 참고하여 특수학급 운영계획서의 기본적인 사항을 제시한다.

(1) 특수학급 운영계획서 작성 절차

특수학급 운영계획서는 시·도 교육청의 특수학급 또는 특수교육 교육과정 편성·운영 지침에서 제시하고 있는 특수교육 기본 방향과 특수교육과정을 참조하고, 특수학급이 소속된 일반학교의 학교 교육목표와 교육과정 등 주요 교육활동계획을 확인한 후 작성하여야 한다. 특히 특수학급이 있는 일반학교에서는 학교 교육과정에 특수학급 교육과정이 포함되어야 하므로 일반학교의 학교목표 및 학교운영계획을 충분히 감안하여 관련성을 가지도록 작성하여야 한다.

① 전년도 특수학급 운영 평가자료 분석

↓

② 특수학급 소속 일반학교 교육과정 분석
(시·도교육청 교육과정 편성운영지침 학교 교육과정 계획, 연간학사일정)

↓

③ 특수교육 대상학생 요구 파악
(장애 유형, 장애 정도, 기초학습 진단평가 결과, 학생의 교육적 요구, 학부모·학교·지역사회의 요구)

↓

④ 특수학급 운영목표 설정

↓

⑤ 특수학급 교육과정 편성

↓

⑥ 특수학급 연간 운영 및 평가계획 마련

↓

⑦ 학급운영계획서를 바탕으로 매월 학급 운영 및 예산 실행

↓

⑧ 특수학급 운영에 대한 평가 실시 및 다음 연도 편성에 반영
(학생, 학부모, 교사 대상)

[그림 4-1] 특수학급 운영계획서 작성 및 운영

전년도에 실시하였던 특수학급 운영에 대한 평가자료가 있다면, 그 자료를 분석하여 전년도에 부족했던 부분과 신학년에 새롭게 추가해야 할 부분을 찾아내는 작업을 먼저 하는 것이 좋다. 일반적으로 다음과 같은 절차로 특수학급 운영계획서가 작성될 수 있다.

(2) 특수학급 운영계획서의 구성

특수학급 운영계획서에는 편제 및 시간배당 등의 특수학급 교육과정 편성 · 운영 방법, 개별화교육계획, 통합교육계획, 장애이해 교육계획, 진로교육계획 등 중점적인 학급교육 활동사항을 포함하여야 한다. 또한 장애학생의 등 · 하교지도나 인성교육, 성교육 계획도 포함되어야 한다. 그리고 때에 따라서는 학적이나 출결 관리 및 나이스 평가기록 등의 업무를 통합학급 교사에게 분담하게 하는 등 특수교사와의 업무 분담 내용을 제시하기도 한다. 특수학급 운영계획서의 구성은 학교마다 다르지만, 시 · 도 교육청에서 제시하는 것은 대체로 다음의 순서로 구성된다.

Ⅰ. 특수학급 운영계획의 기저
1. 시 · 도 교육청 특수교육 방향
2. 학교 교육과정 방향
3. 본교 특수교육 방향
4. 전년도 교육활동 평가결과
5. 특수학급 현황

Ⅱ. 특수학급 교육과정 편성 · 운영
1. 특수학급 교육과정 편성 · 운영 방침
2. 특수학급 교육과정 편제 및 시간배당
3. 특수학급 교육과정 평가계획

III. 교육활동 세부 추진계획

1. 개별화교육계획

2. 생활지도 및 안전교육

3. 인권 · 성 교육

4. 장애이해교육

5. 현장체험학습

IV. 교육활동지원 세부 추진계획

1. 방과후학교

2. 치료지원

3. 통학비 지원

4. 특수교육 보조인력

V. 특수학급 예산 관리 및 운영

1. 특수학급 운영비 편성 방침

2. 특수학급 예산 편성안

3) 특수학급 운영계획서의 구성별 특징

(1) 특수학급 운영계획의 기저

특수학급 운영계획서의 가장 첫 부분에 오는 것은 특수학급 교육과정을 정하기 전에 고려해야 할 사항을 시 · 도 교육청-학교-학급 차원의 하향식으로 제시하며 일 년의 특수학급 운영에서 무엇을 중점적으로 추구해야 할 것인가를 하나의 흐름으로 제시하는 부분이다. 또한 전년도 교육활동 평가의 내용을 바탕으로 신학년도에 반영해야 할 사항을 분석 · 파악하여 반영할 수 있다.

(2) 특수학급 교육과정 편성·운영

시·도 교육청의 특수교육 교육과정 편성·운영 방침과 통합학급이 있는 학교의 학교 교육과정 편성·운영을 기준으로 특수학급 교육과정의 편성·운영을 계획해야 한다. 이는 특수학급의 교육과정 편성, 운영 및 평가에 이르기까지 전반적인 세부 내용이 포함된다.

특별히 시수확보나 시간표 운영 형태에 있어서 정해진 방침은 없으나 학교의 여건, 학부모·학생의 요구, 특수교사의 교육관 등을 바탕으로 개별화교육지원팀에서 최종 협의 후 결정해야 한다.

(3) 교육활동 세부 추진계획

특수학급에서 일 년 동안 꼭 진행해야 하는 주요 활동은 세부 추진계획에 포함한다. 보통 세부 추진계획의 항목은 법적 근거와 함께 활동의 목적, 방침, 세부 추진계획의 순으로 작성한다. 법적인 테두리 안에서 학교와 학급의 상황, 학부모와 학생의 요구에 따라 다양하게 계획할 수 있으며 가장 학생에게 도움이 되는 현실적이고 효율적인 운영방안을 작성하도록 해야 한다.

개별화교육계획의 경우 현재는 나이스 개별화교육계획을 활용하여 작성하지만, 특수학급이나 학생의 상황에 따라 별도의 개별화교육계획 양식을 만들어 사용할 수 있다. 이에 대해서는 제6장 '개별화교육계획'에서 자세히 살펴보도록 하겠다.

특수학급에서도 인권교육, 성교육, 장애이해교육 등을 실시해야 하는데, 이는 일 년 또는 학기 단위로 몇 회 이상 실시해야 한다는 기준이 매년 시·도 교육청 특수교육 교육과정 편성·운영 지침에 제시되므로 꼭 확인해야 한다.

(4) 교육활동 지원 세부 추진계획

특수교육의 교육활동 지원은 「장애인 등에 대한 특수교육법」 제28조(특수교육 관련서비스)에 보장되어 있으므로 특수학급에서도 세부 추진계획을 세워 추진해야 하는 사항이다. 필수적으로 방과후학교, 치료지원, 통학비 지원, 특수교육 보조인력이 포함되며, 이는 개별화교육계획 협의록에도 포함되어야 하는 사항이다.

(5) 특수학급 예산 관리 및 운영

특수학급 예산은 시·도 교육청 '학교회계 예산 편성 기본지침'에 따라 운영되고, 크게 특수학급 운영비와 방과후학교 운영비로 나뉘며, 고등학교의 경우 직업교육 운영비가 추가로 포함된다. 학교에서 운영하는 모든 예산은 철저하게 '학교회계 예산 편성 기본지침'과 학교 교육과정 운영계획에 따라 사용되므로 특수학급 운영계획서에 예산 편성안을 작성할 때는 법적 테두리 안에서 예산 사용 용도를 명확히 하여 집행할 수 있도록 해야 한다.

📌 부록

실습 1) 특수학급에서 실시하는 현장체험학습의 교육활동을 구성할 때에도 교과와 관련된 내용과 목표를 정하여 교육과정 재구성 내용을 포함하면 더욱 체계적인 활동이 된다. 다음 활동을 보고 초등학생이 지역사회에서 갈 수 있는 현장체험학습 장소를 고르고, 이와 관련 내용을 각 교과에서 추출하여 제시해 보자.

주제	장소	일시	내용	교과
동물원 탐방하기		20○○년 ○월 ○일 9:00~ 12:00		국어
				과학
가을 작물 수확하기		20○○년 ○월 ○일 9:00~ 12:00		사회
				과학
안전생활		20○○년 ○월 ○일 9:00~ 12:00		국어
				사회

실습 2) 다음은 특수학급 운영계획서에 들어갈 특수교육 보조인력의 세부 운영계획 중 일부이다. 보조인력의 시간표 운영을 보고 쉬는 시간과 점심시간에 지원할 수 있는 내용을 작성해 보자.

	월	화	수	목	금
1교시	김○○ 영어보조	특수학급 국어보조	김○○ 미술보조	특수학급 직업보조	이○○ 음악보조
2교시	김○○ 체육보조	이○○ 체육보조	특수학급 국어보조	특수학급 직업보조	특수학급 국어보조
			……		
6교시	특수학급 국어보조	박○○ 음악보조	이○○ 미술보조	특수학급 직업보조	특수학급 수학보조
방과 후	방과 후 체육보조		방과 후 직업보조		
쉬는 시간					
점심시간					

실습 3) 특수교육 보조인력이 지원할 수 있는 영역과 활동은 어떤 것들이 있을지 다섯 가지 이상 나열해 보자.

예) 개인욕구 지원-신변처리(식사 후 양치질 확인 및 지도)

① _____

② _____

③ _____

④ _____

⑤ _____

참고문헌

교육부(2015). 2015 개정 특수교육 교육과정 총론.

부산광역시교육청(2021). 특수학급 운영 매뉴얼.

서울특별시교육청(2015). 특수학급 운영계획 도움자료.

| 제5장 |

특수교육관련 서비스

1. 특수교육관련 서비스의 정의

특수교육관련 서비스의 정의 및 근거

특수학교나 특수학급 등 특수교육이 이뤄지고 있는 학교현장에서는 특수교육을 담당하는 특수교사 외에 관련서비스를 지원하는 전문인력을 만날 수 있다. 학교 유형이나 특수교육 대상자의 장애 정도에 따라 조금씩 차이가 있으나 교실에서 학습 보조·지원을 하는 특수교육실무원이나 자원봉사자, 사회복무요원, 치료지원을 담당하는 치료사, 통학지원을 하는 행정 담당자를 만나게 된다. 그 외 상담지원, 가족지원 보조공학기기나 정보접근 지원 등을 위해 특수교육지원센터 및 교육청 담당자와도 계속적으로 연락을 취하게 된다. 이는 모두 특수교육관련 서비스를 필요로 하는 특수교육 대상자에게 다각적인 지원을 하기 위함이다. 이러한 모든 지원을 학교현장에서 관리하고 연결해 주는 역할을 하는 것이 특수교사이기 때문에 특수교육관련 서비스에 대해 자세히 알 필요가 있다. 그럼 특수교육관련 서비스란 무엇이고 어떤 것들이 있는지 지금부터 자세히 살펴보도록 하자.

특수교육관련 서비스란 특수교육 대상자의 교육을 효율적으로 실시하기 위하여 제공되는 서비스로서 상담지원, 가족지원, 치료지원, 보조인력지원, 보조공학지원, 학습보조기지원, 통학지원 및 정보접근지원 등을 말한다(「장애인 등에 대한 특수교육법」 제2조). 그리고 교육감은 가족지원과 치료지원을 제공하여야 하며, 각급 학교의 장은 보조인력, 장애인용 각종 교구, 각종 학습보조기, 보조공학기기 등의 설비를 제공, 특수교육 대상자의 취학 편의를 위한 통학지원 대책을 마련하여야 한다(「장애인 등에 대한 특수교육법」 제28조). 또한 특수교육관련 서비스의 제공에 있어서 차별한 자는 300만 원 이하의 벌금에 처하도록 정하고 있다(「장애인 등에 대한 특수교육법」 제38조).

실제 학교현장에 가 보면 이 모든 서비스가 시행되고 있다. 학교에서 학급 단위에서 실시하거나, 시 · 도 교육청 단위에서 지원하거나 부속기관인 특수교육연수원에서 연계하여 지원하기도 한다. 지원서비스 관련 계획 및 안내는 학교업무 포털 공문으로 확인할 수 있다. 그래서 학교현장에서 근무하는 특수교사들은 학교업무 포털에 접수되는 다양한 공문을 꼼꼼히 읽어 보고 체크하여 해당 특수교육 대상자에게 적용되는 서비스인지 정확히 판단해야 하며 문의가 필요한 경우 공문 담당자 연락처로 전화를 하거나 해당 특수교육지원센터에 문의할 수 있다. 대다수가 매년 진행되는 사업이나 프로그램이므로 미리 관련 내용을 파악하고자 할 때는 학교업무 포털에서 작년 공문을 확인해 본다면 관련서비스에 대한 정보를 알 수 있다. 이 모든 특수교육관련 서비스는 다음 법령에 근거하여 실시되고 있고, 기본적으로 관련 법령은 숙지할 필요가 있다. 「장애인 등에 대한 특수교육법 시행령 · 시행규칙」에 명시된 특수교육관련 서비스에 대한 세부적인 사항은 다음과 같다.

〈표 5-1〉 「장애인 등에 대한 특수교육법 시행령·시행규칙」의 특수교육관련 서비스

구분		특수교육관련 서비스
가족지원	법 제28조	• 교육감은 특수교육 대상자와 그 가족에 대하여 가족상담, 부모교육 등 가족지원을 제공하여야 한다.
	시행령 제23조	• 법 제28조 제1항에 따른 가족지원은 가족상담, 양육상담, 보호자 교육, 가족지원프로그램 운영 등의 방법으로 한다. • 제1항에 따른 가족지원은 「건강가정기본법」 제35조에 따른 건강가정지원센터, 「장애인복지법」 제58조에 따른 장애인복지시설 등과 연계하여 할 수 있다.
치료지원	법 제28조	• 교육감은 특수교육 대상자가 필요로 하는 경우에는 물리치료, 작업치료 등 치료지원을 제공하여야 한다.
	시행령 제24조	• 제28조 제2항에 따른 치료지원에 필요한 인력은 「의료기사 등에 관한 법률」 제4조에 따른 면허 또는 「자격기본법」 제19조 제1항에 따라 주무부장관이 공인한 민간자격을 소지한 사람으로 한다. • 교육감 또는 특수학교의 장은 특수교육지원센터 또는 특수학교에 치료실을 설치·운영할 수 있다. • 교육감은 「공공보건의료에 관한 법률」 제2조에 따른 공공보건의료기관 및 「장애인복지법」 제58조에 따른 장애인복지시설 등과 연계하여 치료지원을 할 수 있다.
보조인력	법 제28조	• 각급 학교의 장은 특수교육 대상자를 위하여 보조인력을 제공하여야 한다.
	시행령 제25조	• 교육감은 법 제28조 제3항에 따라 각급 학교의 장이 특수교육 대상자를 위한 보조인력을 원활하게 제공할 수 있도록 보조인력 수급에 관한 계획의 수립, 보조인력의 채용·배치 등 보조인력의 운영에 필요한 업무를 수행한다. • 교육감 또는 교육장은 보조인력의 자질 향상을 위하여 특수교육에 관한 연수를 실시하여야 한다. • 보조인력의 역할 및 자격은 교육부령으로 정하고, 그 밖에 운영방법에 관한 세부 사항은 교육감이 정하여 고시한다.
	시행규칙 제5조	• 법 제28조 제3항에 따라 학교에 배치되는 보조인력은 교사의 지시에 따라 교수학습 활동, 신변처리, 급식, 교내외 활동, 등하교 등 특수교육 대상자의 교육 및 학교 활동에 대하여 보조 역할을 담당한다. • 보조인력의 자격은 고등학교를 졸업한 자 또는 이와 같은 수준 이상의 학력이 있다고 인정된 자로 한다.
각종 교구 및 학습보조기 등 지원	법 제28조	• 각급 학교의 장은 특수교육 대상자의 교육을 위하여 필요한 장애인용 각종 교구, 각종 학습보조기, 보조공학기기 등의 설비를 제공하여야 한다.
	시행령 제26조	• 교육감은 법 제28조 제4항에 따라 각급 학교의 장이 각종 교구·학습보조기·보조공학기기를 제공할 수 있도록 특수교육지원센터에 필요한 기구를 갖추어 두어야 한다.

통학지원	법 제28조	• 각급 학교의 장은 특수교육 대상자의 취학 편의를 위하여 통학차량 지원, 통학비 지급, 통학 보조인력의 지원 등 통학지원 대책을 마련하여야 한다.
	시행령 제26조	• 교육감은 각급 학교의 장이 법 제28조 제5항에 따른 통학지원을 원활하게 할 수 있도록 통학차량을 각급 학교에 제공하거나 통학지원이 필요한 특수교육 대상자 및 보호자에게 통학비를 지급하여야 한다. • 각급 학교의 장은 특수교육 대상자가 현장체험학습, 수련회 등 학교 밖 활동에 참여할 수 있도록 조치를 취하여야 한다.
기숙사의 설치·운영	법 제28조	• 각급 학교의 장은 특수교육 대상자의 생활지도 및 보호를 위하여 기숙사를 설치·운영할 수 있다. 기숙사를 설치·운영하는 특수학교에는 특수교육 대상자의 생활지도 및 보호를 위하여 교육부령으로 정하는 자격이 있는 생활지도원을 두는 외에 간호사 또는 간호조무사를 두어야 한다. • 제6항의 생활지도원과 간호사 또는 간호조무사의 배치기준은 국립학교의 경우 교육부령으로, 공립 및 사립 학교의 경우에는 시·도 교육규칙으로 각각 정한다.
	시행령 제28조	• 교육감은 법 제28조 제6항에 따른 기숙사의 운영에 필요한 경비를 예산의 범위에서 부담하거나 보조할 수 있다. • 공립 및 사립 학교의 기숙사 시설·설비 기준은 시·도 교육규칙으로 정한다.
각종 정보 제공	법 제28조	• 각급 학교의 장은 각급 학교에서 제공하는 각종 정보(교육기관에서 운영하는 인터넷 홈페이지를 포함한다)를 특수교육 대상자에게 제공하는 경우 특수교육 대상자의 장애유형에 적합한 방식으로 제공하여야 한다.

출처: 국가법령정보센터(http://www.law.go.kr).

2. 특수교육관련 서비스의 종류 및 실제

1) 가족지원/상담지원

가족지원 및 상담지원은 특수교육 대상자의 부모나 형제에게 직접적인 서비스를 제공하는 것이 아니라, 가족구성원들이 특수교육 대상학생이 가진 장애를 인식하도록 도와주고 가족기능을 강화하여 가족이 장애를 이해 및 조정할 수 있는 것을 의미한다(윤명희, 2008). 다시 말해, 가족들이 특수교육 대상학생을 이해할 수 있도록 장애에 대한 정보 및 올바른 양육방법을 지원 및 상담하며 가족구성원 간의 소통과 공감을 강화하여 특수교육 대상학생과 가족구성원이 안정적인 가정생활을 할 수 있도록 하는 것이다. 이러한 가족지원 및 상담지원으로, 각 시·도 교육청에서는 지역적 특성 및 요구에 맞게 부모·형제 상담 및 부모교육, 외부체험학습, 가족문화체험, 동아리활동 등 다양한 형태로 지원되고 있다. 최근 코로나19로 인해 외부 체험활동이 제한되고 비대면 활동이 활성화되면서 프로그램 참여인원을 소규모로 또는 개별활동으로 계획하거나 원격으로 상담, 지원을 하는 방법을 강구하며 진행되고 있다.

특수교육지원센터에서 실시하는 가족지원 프로그램 지원 절차의 예는 [그림 5-1]과 같다.

1. 상담 신청	교육지원청 ➡ 단위학교 단위학교 ➡ 교육지원청	• 특수교육지원센터: 상담 신청 안내 – 단위학교로 상담 신청 안내 공문 발송 – 상담 운영 계획 및 신청방법 안내 • 학교: 센터로 유선 문의 후 공문을 통한 신청 – 신청자는 상담 신청서류 작성하여 첨부 – [특수교육지원센터]로 신청공문 발송
2. 대상자 선정	특수교육지원센터 ➡ 단위학교	• 대상자 선정 협의회를 통한 대상자 선정 – 대상자 선정을 위한 사전상담 실시 – 위기가정 및 중증장애 순으로 선정 • 대상자 선정명단 및 세부 일정 공문으로 안내
3. 상담 진행	특수교육지원센터	• 전문상담사에 의한 부모 개별상담 진행 • 주1회, 10회기 실시(예산에 따라 다를 수 있음) – 부모상담 및 부모교육 실시 – 상담 실시 확인서 기록
4. 상담 종결	특수교육지원센터	• 만족도 조사 • 필요시 추수상담 연계

[그림 5-1] 특수교육지원센터에서 지원하는 가족지원의 예-부모 개별상담

2) 치료지원

(1) 치료지원이란

특수교육 대상학생의 부모 입장에서 치료지원 서비스는 학교교육에 못지
않게 큰 비중을 차지하고 있다. 아이가 만 3세 이전이라도 발달지연을 인지
한 순간부터 부모는 병원 진단과 동시에 여러 사설치료센터를 다니며 다양
한 치료교육을 받게 한다. 장애가 심할수록 치료교육을 받게 되는 시기가 빨
라지며 치료 영역도 다양하기를 바란다. 하지만 사설치료센터 비용을 가정
에서 오롯이 감당하기에 만만찮은 금액이므로 많은 부담을 느낄 수밖에 없
다. 실제로 중도에 치료를 포기하는 것은 치료 효과를 보기까지 오랜 기간
동안 치료비를 감당하기에 어려움이 있는 경우가 많다. 이러한 교육적 수요
와 경제적 어려움을 해소하고자 치료지원이 시작되었다.

치료지원은 특수교육관련 서비스 중 특수교육의 욕구를 충족하기 위해 다
양한 영역의 치료를 지원하는 것이며 특수교육 대상학생의 치료비 부담을
경감시키고 다양한 치료 서비스를 선택할 수 있도록 도와주는 것이다.

시·도 교육청에서 제공하는 치료지원은 특수교육 대상자의 장애 교정,
장애 경감 및 2차 장애 예방을 하기 위함이며, 특수교육 대상자의 장애 개선
을 통한 사회 적응력을 향상시키고 특수교육 대상자 교육의 효율성 증대에
목적을 두고 있다.

(2) 치료지원의 실시 유형

치료지원 실시 유형은 특수교육 대상자의 장애 영역, 치료기관, 시·도 교
육청의 정책에 따라 조금씩 다르다. 국립특수교육원에서는 치료지원 실시
유형으로 특수교육지원센터에 치료실 설치 및 운영, 특수학교에 치료실 설
치 및 운영, 유관기관과 연계하여 실시의 세 가지 유형을 제시하였다(국립특
수교육원, 2009).

① 특수교육지원센터에 치료실 설치 · 운영

특수교육지원센터에 치료실을 설치하고 치료사를 배치하여 실시하는 형태이다. 이는 일반학교에 소속된 특수교육 대상학생이 특수교육지원센터로 내방하여 치료지원을 받는 것이다. 지역적 특성에 따라 치료사가 소속 교육기관에 방문하거나, 중증장애일 경우 가정방문을 하여 순회치료지원을 하기도 한다. 외부 치료기관의 접근성이 떨어지는 지역이나 이동에 어려움이 있는 학생들에게는 유용한 형태이다(이보옥, 2013). 실제 특수교육지원센터 치료지원은 대략 학년 말에 내년도 치료지원 대상자를 선정하고 다음 해 일 년 동안 치료사에 의한 치료지원을 운영하게 된다. 치료지원 대상학생들은 주 2회 정도 치료지원을 받게 되고, 치료사들은 주당 20~22시간으로 치료지원을 실시하고 있다. 구체적인 치료지원 시수는 시 · 도별로 조금씩 차이가 있다(경상남도교육청, 2021).

② 특수학교에 치료실 설치 · 운영

특수학교에 치료실을 설치 · 운영하는 형태이다. 특수학교에 재학 중인 특수교육 대상학생의 효율적인 치료지원을 위해 특수학교 내 치료실을 설치하고 치료사들에 의한 치료지원을 실시한다. 특수학교에 입학하거나 전입하는 학생은 필요한 치료지원 영역을 학교에 요구하고 그에 맞는 치료지원을 받게 된다(국립특수교육원, 2009).

③ 유관기관에 연계하여 치료지원

병원 및 치료센터와 같은 유관기관에 연계하여 치료를 받고 치료비를 지원받는 형태이다. 외부 치료지원 제공기관에서 치료받기를 희망할 경우 시 · 도 교육청 치료지원비를 신청할 수 있다. 치료지원비 대상자에 대한 선정 절차를 거쳐야 하고, 이후 발급되는 전자카드로 치료비를 결제할 수 있다. 또한 전자카드를 이용할 수 없는 의료기관일 경우는 현금지원도 가능하다. 다만, 지역마다 치료지원비를 신청할 수 있는 치료 영역이 다를 수 있기 때문에 특수교육지원센터에 문의한 후 신청하는 것이 좋다. 보건복지부 발달재활 서비스에서 제공하는 동일 치료 영역을 받고 있을 시 중복 지원이 안 되며, 「장애인 등에 대한 특수교육법」 제2조 제10항의 특수교육기관이 아닌 어린이집 등의 기관에 재원 중인 원아 및 취학 연기・유예자는 치료지원 서비스를 받을 수 없다(서울특별시교육청).

(3) 치료지원의 제공 영역 및 운영

치료지원 영역은 치료사 국가면허 또는 국가공인민간자격 소지자가 제공하는 영역으로 실시한다. 현재 지원되고 있는 치료지원 제공 영역은 〈표

〈표 5-2〉 치료지원 제공 영역

종류		정의
치료지원	물리치료	신체적・정신적 손상으로 저하된 신체적 잠재능력을 최대한 발휘할 수 있도록 신체의 기능 회복 및 운동발달을 증진시키고 불필요한 신체적 움직임을 최소화하여 독립적인 일상생활을 수행하고 보행을 할 수 있도록 돕는 치료
	작업치료	일상생활을 원활하고 독립적으로 하는 데 초점을 둔 치료로 신경발달과 손동작 기능향상과 일상생활 활동 훈련
기타 특수교육 관련 서비스	언어치료	언어장애가 있어서 의사소통이 어려운 사람들이 발달상태 및 언어능력을 평가하여 언어의 발달을 유도하고 원활하게 의사소통이 이루어지도록 돕는 치료
	청능훈련	청각장애인의 남아 있는 청력을 최대한으로 활용하여 음 및 말소리를 수용하는 능력을 신장시켜서 원활한 의사소통을 촉진하는 치료
	심리・행동 치료	심리・행동 적응상의 문제로 인한 대인관계 실패와 이에 따른 자아상실감 등의 문제에 대처하기 위해 행동 교정 및 환경 적응력을 강화시킴으로써 원만한 사회생활을 영위할 수 있도록 하는 치료
	감각・지각 훈련	감각조절, 실행 장애가 있는 아동들에게 발달단계에 맞는 적절한 감각자극을 제공하여 신경계를 효율적으로 조직화하도록 도와 적응 반응을 유도하는 치료

출처: 대구광역시교육청(2021).

5-2)와 같다.

　치료지원 대상은 공립 또는 사립 유 · 초 · 중 · 고등학교에 재학하는 특수교육 대상자 중 치료지원이 필요한 학생으로 특수교육 대상자의 장애영역 및 요구에 따라 지원 형태는 달라진다. [그림 5-2], [그림 5-3], [그림 5-4]는 치료지원 실시 유형에 따른 절차이다.

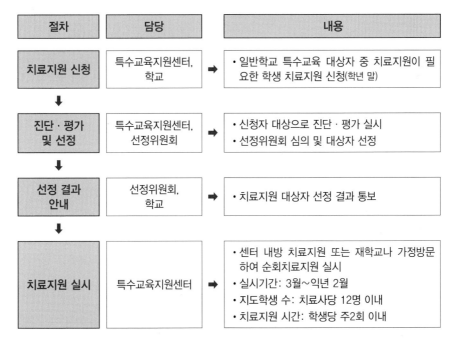

절차	담당	내용
치료지원 신청	특수교육지원센터, 학교	• 일반학교 특수교육 대상자 중 치료지원이 필요한 학생 치료지원 신청(학년 말)
진단 · 평가 및 선정	특수교육지원센터, 선정위원회	• 신청자 대상으로 진단 · 평가 실시 • 선정위원회 심의 및 대상자 선정
선정 결과 안내	선정위원회, 학교	• 치료지원 대상자 선정 결과 통보
치료지원 실시	특수교육지원센터	• 센터 내방 치료지원 또는 재학교나 가정방문하여 순회치료지원 실시 • 실시기간: 3월~익년 2월 • 지도학생 수: 치료사당 12명 이내 • 치료지원 시간: 학생당 주2회 이내

[그림 5-2] 특수교육지원센터의 치료실 운영(치료사에 의한 치료지원) 절차

출처: 경상남도교육청(2021).

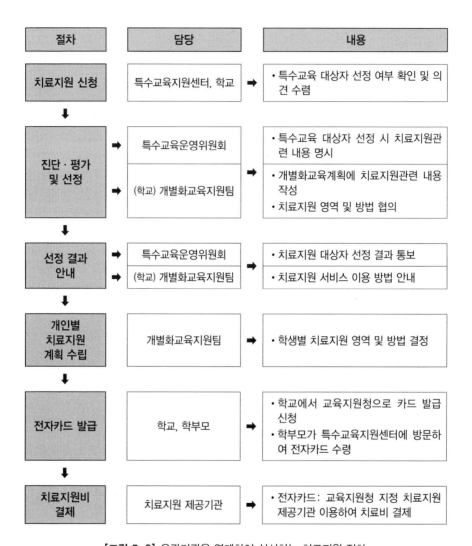

[그림 5-3] 유관기관을 연계하여 실시하는 치료지원 절차

출처: 서울특별시교육청(2021b).

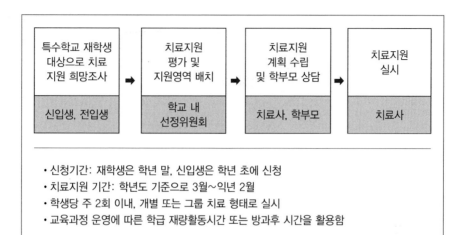

[그림 5-4] 특수학교에서의 치료지원 절차

출처: 지역 특수학교(2021).

유관기관에 연계한 치료지원 운영은 특수교육지원센터나 특수학교에서 지원하는 치료지원과 조금 다르게 운영된다. 유관기관에 연계한 치료지원은 연중 신청이 가능하고 치료 영역도 다양한 편이다. 다만, 시·도별로 신청 가능한 치료 영역 및 유관기관도 다르니 해당 특수교육지역센터에 문의할 필요가 있다. 지원금액은 월 12~15만 원으로 시·도별로 조금씩 차이가 있다. 지원방법은 전자카드를 발급하여 사용하도록 하고 전자카드 사용이 안 되는 의료기관일 경우 현금지원을 하기도 한다.

이렇게 다양한 형태로 운영되고 있는 치료지원은 2019년 4만 7,514명, 2020년에는 4만 8,763명의 특수교육 대상자에게 물리치료, 작업치료 등 치료지원과 보행훈련, 심리·행동 적응훈련 등 기타 특수교육관련 서비스를 제공하였고 치료지원의 폭이 점차 늘어나는 것을 알 수 있다.

〈표 5-3〉 2019년과 2020년 치료지원 현황

(단위: 명, 천 원)

구분	지원 인원		지원 예산	
	2019년	2020년	2019년	2020년
서울	9,719	8,574	11,304,072	12,236,796
부산	3,578	3,724	5,014,080	5,186,880
대구	4,599	4,809	5,810,688	5,963,632
인천	3,081	4,206	3,193,100	6,131,956
광주	2,290	2,368	3,095,040	3,363,600
대전	1,424	1,484	1,530,431	1,954,765
울산	1,020	1,045	1,941,851	2,772,585
세종	454	482	633,294	768,400
경기	2,748	3,117	4,909,360	6,000,778
강원	2,174	2,306	1,252,790	3,246,000
충북	3,010	2,975	3,968,414	3,825,262
충남	. 2,528	2,688	3,430,841	4,034,104
전북	2,992	2,806	4,140,852	3,823,909
전남	1,338	1,450	3,232,550	3,593,671
경북	3,581	3,746	5,193,617	6,075,701
경남	2,055	2,082	4,256,554	5,540,588
제주	923	901	1,216,800	1,313,402

출처: 국립특수교육원(2019~2020).

(4) 치료지원과 발달재활 서비스(바우처)

특수교육 대상자 학부모들이 치료지원비를 신청할 때 교육부의 치료지원
과 보건복지부의 발달재활 서비스(바우처)를 혼동하는 경우가 있어 지원신
청 및 행정적 처리에 어려움을 겪기도 한다. 이에 두 가지 경우의 지원 서비
스를 비교 분석하여 명확히 구분할 필요가 있다. 참고로 발달재활 서비스는
교육부에서 지원하는 특수교육관련 서비스가 아니다.

〈표 5-4〉 치료지원과 발달재활 서비스의 운영 비교

	치료지원	발달재활 서비스(바우처)
주관 기관	교육부	보건복지부
지원 대상	공/사립 유 · 초 · 중 · 고등학교에 재학하는 치료지원이 필요하다고 진단된 특수교육대상 학생	만 18세 미만의 뇌병변장애, 시각장애, 청각장애, 언어장애, 지적장애, 자폐성장애를 가진 아동 ※ 영유아(만 6세 미만)의 경우 발달재활 서비스가 필요하다고 인정한 의사진단서와 검사자료로 대체 가능
지원 영역	물리치료, 작업치료, 언어재활 등	언어, 청능, 미술, 음악, 행동, 놀이, 심리, 감각, 운동 등
신청 및 선정절차	부모가 학교 또는 특수교육지원센터로 신청 – 선정위원회 심의로 선정	읍 · 면 · 동 주민센터(시 · 군 · 구청)에 신청 – 가구 소득 조사 과정을 거쳐 대상자 선정
치료지원 제공기관	민간 치료지원 제공기관, 발달재활서비스 제공기관, 특수교육지원센터, 특수학교	민간 발달재활서비스 제공 기관
제공인력 기준	국가 자격 또는 국가 공인 민간자격 소지자(특수교육관련 서비스의 경우 민간자격자도 가능)	한국직업능력개발원에 등록된 민간 자격자(발달재활 서비스 제공 인력 자격 인증서 취득자)

출처: 국립특수교육원(2021).

3) 특수교육 보조인력

특수교육 보조인력이란 특수교육이 이루어지는 곳에서 담당교사를 도와 특수교육 대상자 및 교육활동을 지원하는 인력이다. 이는 특수교육의 질 향상 및 중증장애학생의 교육활동 참여 보장 및 교육 효과를 높이기 위해 지원되는 서비스이다.

특수교육 보조인력은 특수교육보조원, 사회복무요원, 자원봉사자로 나눌 수 있다. 먼저, 특수교육보조원은 시 · 도 교육청 교육공무직원 신분으로 공무원 근무시간에 준하며 근무시간 내 학교장이 명하는 교육활동을 지원한다. 「장애인 등에 대한 특수교육법 시행규칙」 제5조(지원인력의 역할 및 자격)

에서 그 역할을 명시하고 있으며 그 구체적인 내용은 다음과 같다.

- **교수 · 학습활동**: 학습자료 및 학용품 준비, 이동보조, 교실과 운동장에서의 학생활동 보조, 학습자료 제작 지원 등
- **개인욕구**: 용변 및 식사지도 등 신변처리, 보조기 착용, 착 · 탈의, 건강보호 및 안정된 학교생활 지원
- **적응행동**: 적응행동 촉진 및 부적응 행동관리 지원, 또래와의 관계형성 지원, 행동지도를 위한 프로그램 관리 등

그 외 방과후학교(교육부, 2020b) 지원은 특수교육 보조인력이 담당하는 '특수교육 대상자의 교육 및 학교활동'에 해당된다. 다만, 교사의 고유 업무인 수업이나 학생지도, 평가, 상담 등은 대신할 수 없다(교육부, 2021).

[그림 5-5]는 특수교육 보조인력의 역할에 대해 이해를 돕기 위한 예시자료이다.

[이렇게 하면 안 돼요!]   [이렇게 해 주세요!]

근처에 준서와 함께 퍼즐을 맞추고 싶어 하는 친구와 있는데도 관심을 기울이지 않고 준서와 함께 단둘이 퍼즐 맞추기를 한다.

준서가 친구와 함께 퍼즐을 맞출 수 있도록 옆에서 지켜본다. 유아들이 조각 찾기를 어려워하면 살짝 밀어 주는 등 즐겁게 활동하도록 분위기를 조성한다.

점토놀이 중인 준서에게 친구가 "뭐 만들어?"라고 말을 걸자 "준서 지금 자동차 만들어."라고 대신 대답한다. 준서는 계속해서 혼자 점토놀이를 한다.

은수가 준서에게 말을 걸자 준서에게 친구를 쳐다보도록 언어 촉진을 제공하고 "자동차 만들어."라고 대답하도록 알려주어 친구와 간단한 대화를 나누게 한다.

바깥놀이를 가기 위해 열매반 친구들이 짝꿍과 두 줄로 설 때 준서의 손을 잡고 맨 뒤에 선다. 준서는 친구의 손을 잡고 싶지만 항상 선생님의 짝꿍이다.

준서는 친구의 손을 잡고 줄을 선다. 준서가 계속해서 손을 잡고 있기 어려워하므로 가까이 있으면서 손을 놓으려고 하는 모습이 보일 때 "친구 손잡고 가자."라고 언어 촉진을 제공한다.

[그림 5-5] 특수교육 보조인력의 역할에 대한 예시

출처: 국립특수교육원(2018).

둘째, 사회복무요원은 병무청 소속으로 근무지를 학교로 배치받아 특수교육 대상학생의 학습보조 및 신변자립 등을 지원한다. 사회복무요원은 전공

및 적성, 특수교육 대상학생 장애 유형 및 특성, 성별 등을 종합적으로 고려하여 시·도 교육청과 병무청이 협의하여 배치한다. 장애학생 폭행 등 사회적 물의를 일으킨 사회복무요원은 학교 또는 교육청에 재배치되지 않도록 관리규정을 강화하고 있다(병무청, 2018). 사회복무요원의 복무는 복무관리규정에 준해야 하며, 복무 포털사이트에서 근무 상황을 기록하도록 되어 있다. 또한 사회복무요원 직무교육 실시 강화를 위해 시·도 교육청에서는 신규 사회복무요원 대상으로 배치 3개월 이내 장애인권 내용이 포함된 특수교육 관련 직무교육을 16시간 이상 실시하도록 되어 있다. 기배치된 사회복무요원 대상으로도 연 2회 이상 직무교육(장애인권, 직무역량교육)을 학교에서 실시하도록 되어 있다(교육부, 2021).

셋째, 자원봉사자는 해당 학교에서 자원봉사자를 위촉하여 특수교육 대상학생을 지원한다. 특수교육 전공 대학생 현장실습 확대 및 봉사학점제 등으로 실시하고 있으며 재능기부 등을 통한 자원봉사 영역 및 지원인력을 확대하고자 노력하고 있다(교육부, 2021). 또한 자원봉사자를 공개 모집하여 학교단위 선정위원회에서 자원봉사 활동에 적합한 대상자를 선정하기도 한다. 이렇게 선정된 자원봉사자는 보조인력 역할을 수행하고 봉사료를 지급받는다.

〈표 5-5〉는 2021년 특수교육 보조인력 배치 현황이다.

〈표 5-5〉 특수교육 보조인력 배치 현황

(단위: 명)

특수학교						특수학급						일반학급					
실무원	공공근로(자활후견단체)	자원봉사	공익요원	기타	소계	실무원	공공근로(자활후견단체)	자원봉사	공익요원	기타	소계	실무원	공공근로(자활후견단체)	자원봉사	공익요원	기타	소계
2,789	3	158	1,653	11	4,614	5,568	104	555	2,644	9	8,880	112	4	73	80	–	269

출처: 국립특수교육원 특수교육통계(2021).

4) 보조공학·학습보조기기 지원 및 정보접근지원

특수교육 대상자 중에서 휠체어를 타고 있거나, 점자정보단말기, 높낮이 조절 책상, 쓰기 보조도구인 연필홀더, 보완대체 의사소통기기 등을 사용하는 학생들을 볼 수 있다. 이 모든 기기는 보조공학·학습보조기기에 속한다. 보조공학기기란 장애학생이 과제나 직업을 수행할 때 재활 및 신체적 불편함을 개선하여 교육과 일상생활에서 장애학생의 기능적인 능력의 개선, 유지, 확대에 필요한 기기나 물품을 말하고, 학습보조기기란 장애학생이 학습활동을 하는 데 도움을 주는 보조 도구나 물품을 말한다(서울특별시교육청, 2019).

보조공학 유형은 기술 접근 방식에 따라 첨단공학기기부터 일반공학기기, 기초공학기기, 무공학기기까지 다양하다. 구체적으로 살펴보면, 먼저 첨단공학(high technology)기기는 컴퓨터와 같은 디지털 기반으로 운영되는 기기나 시스템으로 다른 유형보다는 상대적으로 정교하게 제작되었으며, 가격도 높은 특징을 가지고 있다. 그 예로는 멀티미디어 컴퓨터 시스템, 하이퍼는 미디어 기반 교수-학습 프로그램, 태블릿에서 작용하는 보완대체 의사소통 시스템, 전자적인 제어 시스템으로 움직이는 로봇, 장애학생을 위한 스마트폰이나 애플리케이션 등이 있다. 일반공학(medium technology)기기는 첨단공학기기와 비교하여 정교함이나 복잡함이 덜한 기기로 비디오나 오디오 기기, 그리고 휠체어와 같은 전기제품이나 기계적인 요소가 가미된 기기류 등이 포함될 수 있다. 기초공학(low technology)기기는 일반적인 도구나 기구에 약간의 수정이나 변화가 가미된 기기이다. 구체적인 예를 들면, 지체장애학생을 위한 손잡이가 변형된 숟가락, 컵, 약간 개조된 책상, 휠체어를 사용하는 데 필요한 액세서리 등이 있다. 마지막으로, 무공학(no techology)은 기기 혹은 도구의 사용에 대한 것이 아니라 체계적인 교수-학습과정, 물리치료 혹은 작업치료와 같은 관련서비스들로 설명할 수 있다(경상남도특수교육원, 2017).

　보조공학기기 및 학습보조기기 지원 대상은 공·사립 특수학교와 일반학
교 재학 중인 유·초·중·고등학교 특수교육 대상자이며 지원기기의 종류
및 운영은 〈표 5-6〉과 같다.

　보조공학 및 학습보조기기 지원 형태는 시·도 교육청에 따라 다를 수 있
으나 기기대여 또는 예산지원을 할 수 있다. 특수교육지원센터에서 기기를
보유·관리하는 경우는 대여 시스템을 구축하고 있어 기기대여가 가능하며,
예산지원만 가능한 교육청인 경우는 지원 대상자를 선정하고 예산을 지원하

〈표 5-6〉 보조공학기기 및 학습보조기기의 종류

	종류	품목 및 제품(예시)	장애 영역
보조공학기기	컴퓨터 보조기기	빅 트랙마우스, 조이스틱 롤러, 터치모니터, 킹 키보드, 젤리빈 스위치 등	지체장애, 지적장애, 자폐성장애
	이동 보조기기	수동 휠체어, 워커 등	지체장애
	자세유지 보조기기	스탠더, 틸팅테이블, 킨더체어, 베이직체어, 틸트체어, 코너체어, 파더시트, 로호쿠션, 공기젤 쿠션, 체간고정벨트, 이너, 훈련용 벤치의자, 높낮이 각도조절 책상 등	지체장애
	시각장애인 보조기기	탁상용 독서확대기, 휴대용 독서확대기, 음성출력기, 망원경 등	시각장애
	청각장애인 보조기기	FM송수신기(송신기, 수신기, 어댑터) 등	청각장애
학습보조기기	의사소통 학습보조기	GOTALK, 이지컴, 위드톡 10.1, 키즈보이즈, 4종 스캐닝 커뮤니케이터, 미니컴, 플랫폼 커뮤니케이터, 싱글메시지 커뮤니케이터, 칩톡, 말하는 책 book worm, 모모야 모모 언어훈련 패키지, 솔이가 있는 세상, 킹킹아 학습별 패키지 등	지체장애, 지적장애, 자폐성장애, 의사소통장애
	감각훈련 학습보조기	애듀메쓰 액션B세트, EZ손조작운동기 등	지체장애, 지적장애, 자폐성장애

출처: 서울특별시교육청(2019).

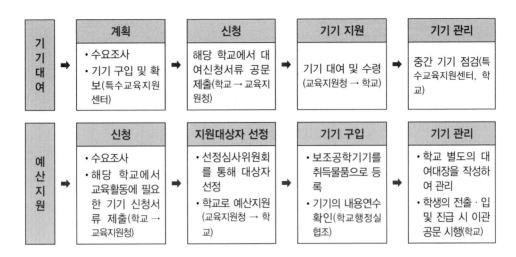

[그림 5-6] 보조공학 및 학습보조기기 지원 절차

출처: 경상남도교육청(2021), 서울특별시교육청(2021a).

여 학교에서 기기를 구입 및 관리하도록 되어 있다.

　정보접근지원은 인터넷 사용을 포함한 PC · 시설, 설비 등과 같은 특수교육 대상자를 둘러싸고 있는 환경에서의 정보 접근을 보장하는 것이라 할 수 있다(손가화, 2010). 저시력의 특수교육 대상자의 경우 확대화면, 청각장애학생의 경우는 보조적인 음성지원 또는 시각적 지원, 컴퓨터에 접근하기 위한 IT 기술로는 발 마우스, 헤드 마우스, 에어큐션 스위치 등이 포함되며 컴퓨터 교육 및 사이버 학습망도 정보접근지원에 포함된다. 이에 국립특수교육원에서는 장애학생 온라인 학습방을 운영하여 장애 유형별 온라인 교수-학습 자료를 지원하며, 에듀에이블에서는 다양한 교수 · 학습 자료, 사이버 재택교육 자료, 교육용 프로그램 및 특수교육관련 정보를 탑재하고 있다. 또한 시각장애학생을 위한 EBS 수능 방송교재와 학습관련 참고서 및 문제집 점역 자료도 지원한다. 시 · 도 교육청에 따라 홈페이지 웹 접근성을 확보하기 위해 사용자 편의에 따른 특수교육 정보 제공 이원화로 구축하기도 하고, 모바일 애플리케이션을 통한 장애학생 인권정보를 제공하기도 한다.

5) 통학지원

통학지원은 특수교육 대상학생의 통학 및 교외 체험활동 시 이동권을 확보해 주고 교육과정 운영을 정상화하기 위해서 학교에서 통학차량을 지원해 주거나 필요시 통학비 지급기준에 따라 통학비를 지급하도록 되어 있다.

지원 대상은 통학버스가 있으나 통학버스 이용이 어려운 특수교육 대상학생, 실제 통학거리가 원거리이거나 근거리이지만 독립적인 보행이 어려운 특수교육 대상학생, 독립적인 통학이 불가능한 학생의 통학을 보조하는 보호자에 대해 지원한다. 학교장은 특수교육 대상자의 취학 편의를 위해 통학차량 지원, 통학비 지원, 통학보조인력 지원 등의 통학지원계획을 수립하여 지원하도록 되어 있다. 교통비는 버스요금 기준으로 1일 왕복요금을 지급하고 있다(서울특별시교육청, 2021).

실제 2021년 4월 기준 특수교육 대상자 통학 현황을 살펴보면, 통학버스를 이용하는 특수교육 대상학생 수는 61% 정도이다. 통학버스를 이용하지 않는 학생들의 경우 경중장애로 대중교통이나 도보가 가능한 학생들도 있겠지만, 통학버스 이용이 어려운 학생들도 많은 편이다. 이 학생들은 장애 정도가 심하여 자가용을 이용해야 하거나 통학버스가 갈 수 없는 원거리 통학

〈표 5-7〉 2021년 통학 현황

(단위: 명)

학교 통학버스 수	통학 수단별 학생 수						통학 소요시간별 학생 수(편도)				
	통학버스	자가용	대중교통	도보	기숙사	소계	30분 이내	1시간 이내	1시간 이내 2시간 이상	2시간 이상	소계
775	15,896	6,857	1,392	1,129	789	26,063	14,586	9,385	2,081	11	26,063

출처: 국립특수교육원 특수교육통계(2021).

인 경우는 자가용이나 대중교통을 이용하고 있다.

통학지원이 필요한 특수교육 대상학생에게는 「특수교육법」 제28조에 따라 교통비 지원을 하고 있다. 2020년에는 특수학교 및 특수교육지원센터 배치 학생 2만 6,615명 중 통학버스를 이용하는 학생을 제외한 1만 237명을 대상으로 학부모를 포함하여 1만 1,246명을 지원하였으며, 일반학교의 특수학급 및 일반학급 배치학생 6만 8,805명 중 통학버스를 이용하는 학생을 제외한 3만 1,362명(학부모 포함)을 지원하여 교통비로 약 349억 원의 예산을 지원하였다(국립특수교육원, 2020).

6) 기숙사 설치·운영

「장애인 등에 대한 특수교육법」 제28조(특수교육 관련서비스)에는 각급 학교의 장은 특수교육 대상학생의 생활지도 및 보호를 위하여 기숙사를 설치·운영할 수 있다고 되어 있다. 또한 기숙사를 설치·운영하는 특수학교에는 특수교육 대상자의 생활지도 및 보호를 위하여 교육부령으로 정하는 자격이 있는 생활지도원을 두는 외에 간호사 또는 간호조무사를 두어야 한다고 명시되어 있다. 제6항의 생활지도원과 간호사 또는 간호조무사의 배치기준은 국립학교의 경우 교육부령으로, 공립 및 사립 학교의 경우에는 시·도 교육규칙으로 각각 정한다.

「장애인 등에 대한 특수교육법 시행규칙」에는 생활지도원의 자격 및 배치기준이 다음과 같이 명시되어 있다.

제6조(생활지도원의 자격 및 배치기준)

① 법 제28조 제6항 후단에 따라 특수학교의 기숙사에 두는 생활지도원은 다음 각 호의 어느 하나에 해당하는 사람으로 한다.

1. 「초·중등교육법」 별표 2의 자격 기준에 해당하는 사람
2. 고등학교를 졸업한 사람 또는 이와 같은 수준 이상의 학력이 있다고 인정된 사람으로서 다음 각 목의 어느 하나에 해당하는 자격이 있는 사람
   가. 「의료기사 등에 관한 법률」 제2조에 따른 물리치료사 또는 작업치료사
   나. 「사회복지사업법」 제11조에 따른 사회복지사
   다. 「영유아보육법」 제21조 제2항에 따른 보육교사

② 법 제28조 제6항 후단에 따라 국립학교에 두는 생활지도원은 학생 5명마다 1명 이상 배치하여야 한다. 다만, 시각장애 또는 청각장애가 있는 특수교육 대상자를 교육하는 중학교 및 고등학교 과정의 경우에는 학생 7명마다 1명 이상을 배치할 수 있다.

제6조의2(간호사 등의 배치기준)

법 제28조 제6항 후단에 따라 국립학교에는 간호사를 1명 이상 배치하되, 기숙사에 기숙하는 학생이 50명을 초과하는 경우에는 그 초과인원 50명마다 간호사 또는 간호조무사를 1명 이상 추가로 배치하여야 한다.

출처: 국립특수교육원(2020).

　실제 기숙사를 운영하고 있는 특수학교의 경우, 통학이 힘든 학생이나 원거리 학생들에게 숙식을 제공하여 학생들의 교육받을 권리를 보장하도록 하고 있다. 해당 학교는 기숙사 운영계획에 입·퇴사의 절차 및 생활규정 등의 방침을 세우고 운영하고 있으며, 기숙사의 제반 행정 절차는 기숙사 운영위원회를 통해 처리하도록 하고 있다.

참고문헌

경남혜림학교(2021). 학교교육계획.

경상남도교육청(2021). 경상남도교육청 특수교육 대상자 치료지원 운영 계획.

경상남도창원교육지원청(2021). 특수교육지원센터 운영 계획.

경상남도특수교육원(2017). 보조공학기기 매뉴얼.

교육부(2020a). 2021학년도 특수교육 운영계획.

교육부(2020b). 방과후학교 운영 길라잡이.

교육부(2021). 2021 특수교육통계.

국립특수교육원(2009). 특수교육지원센터 운영 효율화를 위한 현장요구조사.

국립특수교육원(2018). 통합유치원 운영 모델.

국립특수교육원(2019). 2019 특수교육 연차보고서.

국립특수교육원(2020). 2020 특수교육 연차보고서.

대구광역시교육청(2021). 특수교육 대상자 치료지원비 지원계획.

병무청(2018). 사회복무요원 복무관리규정.

서울특별시교육청(2019). 학습보조기 및 보조공학기기 지원운영 가이드.

서울특별시교육청(2021a). 서울특별시교육청 특수교육 운영 계획.

서울특별시교육청(2021b). 특수교육 대상자 치료지원 운영 계획.

손가화(2010). 발달지체유아 담당 치료사의 관련서비스에 대한 요구조사. 단국대학교 대학원 석사학위논문.

윤명희(2008). 발달지체 영·유아의 가족지원을 위한 가족의 요구 조사. 단국대학교 특수교육대학원 석사학위논문.

이보옥(2013). 서울지역 장애학생 치료지원 서비스 이용실태와 어머

니의 만족도 및 개선방안. 우석대학교 대학원 석사학위논문.

국가법령정보센터 http://www.law.go.kr
국립특수교육원 http://www.nise.go.kr

| 제6장 |

개별화교육계획

개별화교육계획이란 장애를 가진 특수교육 대상학생에게 장애 특성과 개인적인 교육적 요구에 맞추어진 교육과 지원 서비스를 제공하기 위해 실행 절차와 방법을 포함한 공식적인 문서이다.

우리나라에서 개별화교육계획은 1994년에 「특수교육진흥법」이 개정되면서 실시되기 시작되었다. 1977년에 제정된 「특수교육진흥법」에서는 개별화교육 조항이 없었고, 1994년에 개정되면서 개별화교육에 대한 조항이 신설되었다. 그리고 2007년에 새롭게 마련된 「장애인 등에 대한 특수교육법」에서는 개별화교육에 대한 규정을 좀 더 구체적으로 명시하고 있다.

1. 개별화교육계획의 의미

개별화교육계획은 특수교육 대상학생의 능력을 계발하기 위해 학생의 장애 특성, 능력, 교육적 요구, 흥미 등을 고려한 교육과 지원 활동을 계획, 실행 및 평가하는 과정으로 이루어진다.

여기서는 서울특별시교육청에서 발간한 『개별화교육계획 수립 · 운영 자료집』(2016)에서 설명하는 개별화교육계획의 의미를 중심으로 살펴보기로 한다.

- '개별화'의 의미: 특수교육 대상자의 개별성을 의미하는 것으로, 각 장애별 특성만을 고려한 의미가 아니라 같은 장애를 가진 학생이라도 그 개인내 차와 개인외 차를 고려하고, 각 학생의 독특한 교육적 요구에 주목하고자 하는 것이다.
- '교육'의 의미: 일반교육의 의미와 다르게, 여기서 교육은 특수학교 교육과정 등에 바탕을 둔 교육활동과 특수교육관련 서비스를 의미한다. 교과 및 비교과 활동뿐만 아니라 특수교육관련 서비스, 행동지원, 전환교육 등을 포함한 의미이다. 일반 교육활동과 다르게 언어치료사와 물리치료사의 치료활동, 특수교육실무원 등의 보조지원 활동, 보조공학기기 지원, 나아가서는 통학지원까지도 개별화교육의 교육계획에 포함된다.
- '계획'의 의미: 특수교육 대상학생의 개별성에 초점을 두어서, 그 개별성에 기초한 각 학생의 교육적 요구를 만족시키기 위한 교육 및 지원 계획을 수립, 운영 및 평가해야 한다는 의미이다. 그리고 계획의 수립, 운영, 평가는 특수교사와 학부모을 포함한 개별화교육지원팀에 의해서 이루어진다.

2. 개별화교육계획의 법적 근거

개별화교육계획은 법적으로 작성이 강제되는 문서로, 법적 근거는 주로 다음과 같다.

「헌법」 제31조
모든 국민은 능력에 따라 균등하게 교육받을 권리가 있다.

「교육기본법」 제3조(학습권)
모든 국민은 평생에 걸쳐 학습하고, 능력과 적성에 따라 교육받을 권리가 있다.

「교육기본법」 제12조(학습권)
교육내용 · 교육방법 · 교재 및 교육시설은 학습자의 인격을 존중하고 개성을 중시하여 학습자의 능력이 최대한 발휘될 수 있도록 마련되어야 한다.

「장애인 등에 대한 특수교육법」 제2조(정의)
"개별화교육"이란 각급 학교의 장이 특수교육 대상자 개인의 능력을 계발하기 위하여 장애유형 및 장애특성에 적합한 교육목표 · 교육방법 · 특수교육관련 서비스 등이 포함된 계획을 수립하여 실시하는 교육을 말한다.

「장애인 등에 대한 특수교육법」 제22조(개별화교육)
① 각급 학교의 장은 특수교육 대상자의 교육적 요구에 적합한 교육을 제공하기 위하여 보호자, 특수교육교원, 일반교육교원, 진로 및 직업교육 담당 교원, 특수교육관련 서비스 담당 인력 등으로 개별화교육지원팀을 구성한다.
② 개별화교육지원팀은 매 학기마다 특수교육 대상자에 대한 개별화교육계획을 작성하여야 한다.
③ 특수교육 대상자가 다른 학교로 전학할 경우 또는 상급학교로 진학할 경우에는 전출학교는 전입학교에 개별화교육계획을 14일 이내에 송부하여야 한다.
④ 특수교육교원은 제1항부터 제3항까지의 규정에 다른 업무를 수행하기 위하여 각 업무를 지원하고 조정한다.
⑤ 개별화교육지원팀의 구성, 개별화교육계획의 수립 · 실시 등에 관하여 필요한 사항은 교육과학기술부령으로 정한다.

「**장애인 등에 대한 특수교육법 시행규칙**」제4조(개별화교육지원팀 구성 등)

① 각급 학교의 장은 법 제22조 제1항에 따라 매 학년의 시작일로부터 2주 이내
   에 각각의 특수교육 대상자에 대한 개별화교육지원팀을 구성하여야 한다.

② 개별화교육지원팀은 매 학기의 시작일로부터 30일 이내에 개별화교육계획을
   작성하여야 한다.

③ 개별화교육에는 특수교육 대상자의 인적사항과 특별한 교육지원이 필요한 영
   역의 현재학습 수행 수준, 교육목표, 교육내용, 교육방법, 평가계획 및 제공할
   특수교육관련 서비스의 내용과 방법 등이 포함되어야 한다.

④ 각급 학교의 장은 매 학기마다 개별화교육계획에 따른 각각의 특수교육 대상
   자의 학업성취도평가를 실시하고 그 결과를 특수교육 대상자 또는 그 보호자
   에게 통보하여야 한다.

3. 개별화교육계획의 일반적인 수립 절차

개별화교육계획은 특수교육 대상자가 학교에 새롭게 배치되거나 기존 특
수교육 대상자가 진학 및 진급한 경우에 작성된다. 먼저, 특수교육 대상자를
선정하고 배치하는 과정을 간단히 살펴본다.

1) 특수교육 대상자 선정 및 배치

(1) 진단평가의 의뢰

장애를 가졌거나 가진 것으로 추정되는 학생을 학부모나 학교장이 교육장
(감)에게 진단평가를 의뢰하고, 특수교육지원센터는 의뢰받은 진단평가를
30일 이내 실시하고 그 결과를 교육장(감)에게 보고한다. 단, 학교장이 진단
평가를 의뢰하는 경우, 학부모의 동의가 필요하다.

(2) 선정 및 배치

교육장(감)은 그 진단평가 결과를 통보한 날로부터 2주 이내 특수교육 대상자로서의 선정 여부를 결정하고, 동시에 제공해야 할 교육지원 서비스 내용을 결정하여 학부모에게 서면으로 통지하여야 한다.

일반적으로 선정 여부는 교육청별 특수교육운영위원회의 논의를 거쳐서 이루어지는데, 선정기준에 못 미친다고 판단되는 경우는 선정 대상에서 탈락하기도 한다. 선정이 되는 경우는 특수교육 대상자로 분류되며, 학부모 등의 신청에 따라 특수학교나 일반학교 특수학급에 배치 결정을 하여야 한다.

배치는 특수교육 대상자의 장애 특성, 정도, 보호자의 의견을 참조하여 거주지에서 가까운 학교로 결정된다.

2) 개별화교육지원팀 구성 및 개별화교육계획 작성

특수교육 대상자를 배치받은 각급 학교의 장은 매 학년의 시작일로부터 2주 이내 특수교육 대상자 개인별로 각각의 개별화교육지원팀을 구성해야 한다. 이렇게 구성된 개별화교육지원팀은 매 학기 시작일로부터 30일 이내 개별화교육계획을 각 특수교육 대상학생별로 작성하여야 한다. 개별화교육계획지원팀의 구성과 개별화교육계획의 작성은 법적인 강제사항이라 반드시 실시되어야 한다. 구체적인 사항은 뒤에서 다루기로 한다.

3) 개별화교육계획 실행과 평가

작성된 개별화교육계획은 개별화교육지원팀의 확인과 학교장의 결재를 거친 후, 시작일부터 종료일까지 개별적인 교육지원이 실시되며, 매 학기 말마다 학교장은 특수교육 대상자의 학업성취도를 평가하여 학부모 또는 특수교육 대상자에게 통보하여야 한다.

4. 개별화교육지원팀의 구성 및 역할

각급 학교의 장은 특수교육 대상자를 배치받으면, 매 학년 시작일로부터 2주 이내 개별화교육지원팀을 구성하여야 한다. 구체적인 내용은 다음과 같다.

1) 개별화교육지원팀 구성

「장애인 등에 대한 특수교육법」 제22조(개별화교육)에는 각급 학교의 장은 보호자, 특수교육교원, 일반교육교원, 진로 및 직업교육 담당 교원, 특수교육관련 서비스 담당 인력 등으로 개별화교육지원팀을 구성한다고 규정되어 있다.

그러므로 각급 학교의 장은 특수교육 대상자의 개인적인 교육적 요구를 지원하기 위해서 학생별로 지원팀 구성원을 다르게 구성할 수도 있다. 그리고 필요한 경우는 지원팀 구성원은 아니지만, 특수교육 대상학생 본인이나 특수보조인력이 개별화교육지원팀에 참석하여 장애학생에 대한 정보를 제공할 수도 있다.

또한 일반학교에 설치된 특수학급의 경우는 일반학교의 장은 특수교원의 도움을 받아 특수교육 대상자별로 개별화교육지원팀을 구성하며, 이때 구성원도 제22조에 언급한 구성원을 중심으로 이루어진다. 만약 특수학급이 없는 일반학교에 배치된 특수교육 대상자가 있는 경우는 일반학교의 장은 지역 내 특수교육지원센터의 지원을 받아서 개별화교육지원팀을 구성할 수 있다. 특히 건강장애 등을 가진 특수교육 대상자인 경우는 일반학교 내 일반학급 소속으로 배치받는 경우가 많은데, 이런 경우도 특수교육 대상자이므로 반드시 개별화교육지원팀이 구성되어야 하며, 개별화교육계획서가 작성되

어야 한다. 왜냐하면 제22조에서는 개별화교육지원팀의 구성과 개별화교육
계획 작성 대상이 '특수교육 대상자'라고 규정하였고, 그 특수교육 대상자에
는 일반학급에 배치된 특수교육 대상자도 포함한 의미이기 때문이다.

2) 개별화교육지원팀의 역할

개별화교육지원팀은 일반적으로 개별화교육계획을 작성하고 실행하며 평
가하는 활동의 중심 역할을 한다. 개별화교육지원팀의 각 구성원별 역할을
살펴보면 다음과 같다(서울특별시교육청, 2016).

(1) 각급 학교의 장
- 매 학기 시작일로부터 2주일 이내에 개별화교육지원팀을 구성해야 한다.
- 각 특수교육 대상자의 개별화교육계획을 매 학기 시작일로부터 30일 이
  내에 작성해야 하며, 실행 및 평가에 대한 전반적인 책임을 진다.
- 개별화교육계획 수립과 실행을 위한 행정적·재정적 지원 책임을 진다.
- 개별화교육지원팀 구성원들 간의 협력을 촉진하여야 한다.

(2) 교원
특수학교 교사와 일반학교의 특수학급 교사뿐만 아니라 일반학급 담임교
사와 일반교과 담당교사도 개별화교육지원팀의 구성원이 될 수 있다. 개별
화교육지원팀에 소속된 교원들(진로 및 직업교육 담당교원 포함)은 기본적으
로 다음과 같은 역할을 수행한다.

- 각 담당교과에 대한 전반적인 정보를 제공한다.
- 각 교과에서의 특수교육 대상자가 가지는 강점과 흥미, 요구 등에 대한
  정보를 제공한다.

- 각 교과에서 특별한 교육적 지원이 필요한 영역의 현재 수행 수준을 파악하기 위한 평가를 실시한다. 단, 일반학급 담임교사와 일반교과 교사는 특수교사나 지역 특수교육지원센터의 지원을 받아 수행한다.
- 개별화교육계획에 따라 지원되는 담당교과의 교육목표, 교육방법, 교육내용, 평가계획을 작성하고 실행한다. 단, 일반학급 담임교사와 일반교과 교사는 특수교사나 지역 특수교육지원센터의 지원을 받아 수행한다.
- 원활한 개별화교육계획의 실시를 위하여 모든 교원은 특수교육 대상자의 보호자, 다른 교원 및 전문가와 지속적인 의사소통 유지 및 협력을 하여야 한다.

이러한 역할 이외에도 특수학교(급)나 일반학교의 담임교사는 〈표 6-1〉과 같은 추가적인 역할을 수행한다.

〈표 6-1〉 개별화교육지원팀의 역할과 책임

교원별	역할과 책임
특수학교 담임교사	• 학급운영계획에 대한 정보를 제공 • 개별화교육지원팀 구성 및 개별화교육계획 수립을 위한 지원
특수학급 담당교사	• 특수학급운영계획에 대한 정보를 제공 • 개별화교육지원팀 구성 및 개별화교육계획 수립을 위한 지원 • 일반교원에게 교수적 지원에 대한 정보를 제공
일반학급 담임교사	• 학급운영계획에 대한 정보를 제공

(3) 특수교육관련 서비스 담당인력

지역 내 특수교육지원센터 등에서 제공하는 언어치료, 물리치료, 행동치료, 작업치료 등 특수교육관련 서비스를 각 특수교육 대상자에게 적절하게 제공하기 위해서 특수교육관련 서비스 담당인력도 개별화교육지원팀의 구성원이 될 수 있다. 이들은 주로 다음과 같은 역할을 수행한다.

- 특수교육 대상자의 교육을 위해 필요한 각종 특수교육관련 서비스 내용 결정
- 특수교육관련 서비스의 제공 일정 및 횟수 결정
- 교과수업과 관련서비스의 연계성을 갖추기 위한 자문 제공
- 개별화교육지원팀과의 지속적인 의사소통 유지 및 협력

(4) 보호자

개별화교육계획이 성공하기 위해서는 무엇보다도 가장 중요한 것이 학부모와의 협력이다. 특수교육 대상자에 대해서 가장 잘 알고 있는 구성원이 학부모이며, 그 학부모로부터 제공되는 특수교육 대상자에 대한 다양한 정보와 협력은 개별화교육계획을 수립하고 실행·평가하는 과정에서 매우 중요한 역할을 한다. 만약에 보육시설에 재학 중이거나 부모가 없는 경우는 법적으로 보호자가 그 구성원이 될 수 있다. 개별화교육지원팀에 반드시 구성원으로 포함되어야 하는 학부모는 주로 다음과 같은 역할을 한다.

- 개별화교육지원팀 회의에 참석하여 개별화교육계획의 수립을 위한 특수교육 대상자에 대한 다양한 정보 제공
- 학부모 또는 자녀에게 제공되었으면 하는 교육적 지원에 대한 요구 표명
- 담임교사나 교과교사 등 학교와 지속적인 의사소통 유지 및 협력

(5) 특수교육 대상자 본인

경우에 따라서는 특수교육 대상자 본인도 개별화교육지원팀의 구성원이 되어 다음과 같은 역할을 수행할 수 있다.

- 개별화교육계획상 교육목표 설정에 대한 본인의 요구사항 표현
- 본인이 선호하는 학습 양식에 대한 정보 제공

• 본인에게 제공되는 교수적 지원 내용과 방법에 대한 의사표현

(6) 특수교육 보조인력

특수교육실무원 등 특수교육 보조인력은 개별화교육지원팀의 구성원이
될 수는 없으나, 개별화교육지원팀 회의에 참여하여 다음과 같은 역할을 수
행할 수 있다.

• 개별화교육지원팀의 요청 시 회의에 참석하여 특수교육 대상자에 대한
  필요한 정보 제공
• 특수교육 대상자의 담당교사와 지속적인 의사소통 유지 및 협력

(7) 기타 지원 인력

방과후 강사, 돌봄교실 강사, 담당 사회복지사, 의사, 상담사 등도 개별화
교육지원팀에 참석하여 필요시 그 의견을 표현할 수 있다. 이들은 주로 다음
과 같은 역할을 수행한다.

• 개별화교육계획을 위한 회의에 참여하여 도움 제공
• 특수교육 대상자의 학습 강점과 요구 결정에 도움 제공
• 치료와 지원에 대한 조언 제공
• 개별화교육지원팀과의 지속적인 의사소통 유지

5. 개별화교육계획의 작성 절차

개별화교육계획의 작성은 주로 '특수교육 대상학생에 대한 정보 수집 →
(개별화교육계획 초안 작성) → 개별화교육지원팀 회의 → 개별화교육계획 작

성 → 개별화교육지원팀의 승인' 절차로 진행된다.

1) 특수교육 대상학생에 대한 정보 수집

개별화교육계획의 작성을 위해 가장 먼저 해야 할 일은 특수교육 대상학생의 교육적 요구를 사정하고 현행 학습 수준을 파악하는 것이다.

각 특수교육 대상자마다 독특한 교육적 요구를 지원하기 위해서 특수교육 대상학생의 교육적 요구를 사정하여야 한다. 주로 학생의 장애 유형 및 특성, 흥미와 선호, 생활연령에 근거한 과제의 중요성이나 긴급성, 보호자의 교육적 요구사항 등을 고려하여 교육적 요구를 파악한다.

이렇게 파악한 학생의 교육적 요구를 바탕으로, 우선적으로 실시되어야 할 교육 활동과 지원이 학교 교육과정에서 충분히 이루어질 수 있는지를 살펴보아야 한다. 만약 학교 교육과정에서 충분히 그 교육적 요구를 충족시킬 수 없을 경우는 해당 교과나 지원활동을 개별화교육계획에 포함시켜서 실시하여야 한다.

다음으로는 특수교육 대상학생의 교육적 요구에 따라 수립할 교과와 지원활동별로 현행 학습 수준을 파악해야 한다. 현행 학습 수준의 평가는 주로 표준화 검사를 통한 진단평가로 이루어지나, 관찰이나 면담 같은 비형식적인 검사를 통해서 이루어지기도 한다. 현재의 학습기술, 인지능력, 사회성 기술, 의사소통 능력, 운동능력 등에 초점을 두고 현행 학습 수준을 파악한다.

이러한 교육적 요구 및 현행 학습 수준의 평가는 주로 학기 초 개별화교육지원팀이 구성되면서 이루어지는데, 개별화교육계획이 학기 시작일로부터 30일 이내 작성되어야 하므로 그 전에 충분히 수집되어야 한다. 이를 위해서 일반학교의 특수학급을 담당하는 특수교사들은 주로 3월 개학 후 2주 동안을 '일반학급 적응기간'으로 정하여, 특수교육 대상학생들이 새로운 통합학급의 학우나 교사들에게 적용할 시간을 주면서 지능검사, 사회성숙도검사 등 진단평가나 관찰과 면담을 실시하기도 한다.

그리고 학교현장에서 특수교육 대상자에 대한 정보를 빠르게 얻을 수 있는 방법 중 하나로 전년도에 그 학생을 담당했던 교사들로부터 정보를 수집하는 것이 매우 효과적이다. 그러나 유의해야 할 사항은 특수교육 대상자에 대한 정보가 대부분 개인정보이므로, 수집 시뿐만 아니라 개별화교육지원팀의 구성원들에게 학생에 대한 정보를 제공할 시에도 개인정보 누출금지를 반드시 고지하여야 한다.

2) 개별화교육계획 초안 작성

개별화교육지원팀 회의를 개최하기에 앞서 개별화교육계획을 실질적으로 작성하는 특수교사가 수집된 정보와 특수교육 대상자의 교육적 요구를 바탕으로 개별화교육계획 초안을 작성해서 회의에 참석하기도 한다. 이 초안은 개별화교육지원팀 구성원의 이해를 돕기 위한 것이지, 개별화교육계획의 작성이라고 볼수는 없다. 물론 이 단계를 생략하고, 바로 개별화교육지원팀 회의 결과를 바탕으로 개별화교육계획을 작성하기도 한다.

3) 개별화교육지원팀 회의

개별화교육지원팀 회의는 주로 각 장애학생을 담당하는 특수교사가 회의를 준비하면서 시작된다. 특수교사는 회의 일자, 장소와 시간 그리고 회의의 목적과 안건을 지원팀의 각 구성원에게 통보하며, 회의가 잘 진행될 수 있도록 개별화교육계획 기초자료 등 회의자료를 사전에 준비한다.

개별화교육지원팀 회의는 일반적으로 전년도 개별화교육계획의 실시에 따른 평가를 간단히 보고하면서 시작한다. 전년도 평가결과에 따라 필요한 보완이나 수정을 바탕으로, 당해연도 재학생의 개별화교육계획 작성을 위한 논의를 한다. 논의는 주로 장애학생의 장애 특성에 따른 강점과 약점, 개별화교육이 필요한 교과, 장애학생이나 보호자가 원하는 교육적 요구 등을 바탕으로 교육목표와 교육내용, 교육방법 그리고 평가방법까지 이루어진다. 또한 장애학생에게 필요하다고 인정되는 치료교육, 통학지원, 순회교육 등 특수교육관련 서비스 등도 같이 논의되어야 한다.

특수교사는 회의가 진행되는 동안 그 회의과정을 간단하게 기록한 후, 추후에 개별화교육지원팀 회의록을 작성해 두어야 한다. 작성된 개별화교육지원팀 회의록은 참석한 각 지원팀 구성원에게 서명을 받아서 보관하여야 한다.

만약에 공무상 출장 등으로 지원팀 회의에 참석하지 못하는 경우에는 서면으로 안건에 대한 의견을 제출할 수 있으며, 서면으로 제출한 의견도 회의록에 서면제출 내용으로 별도로 기록하여야 한다.

개별화지원팀 회의록은 법적으로 반드시 작성해야 하는 문서이므로 보관에 유의해야 한다. 대부분의 교사는 회의록을 스캔하여 내부 공문으로 결재를 받아 전자문서로 보관하는 방법을 많이 사용한다.

4) 개별화교육계획 작성

개별화교육계획서 작성은 크게 두 가지 방법으로 이루어지고 있다. 하나는 주로 특수학교에서 활용하는 방법으로, 교육행정정보시스템(NEIS)에 마련된 개별화교육계획서 양식에 해당 사항을 입력하는 방법이다. 둘째는 특수교사가 별도로 양식을 만들어서 개별화교육계획서를 작성하는 방법이다. 이 방법은 주로 일반학교에서 특수학급을 맡고 있는 특수교사들이 사용하는 경우가 많다.

여기서는 개별화교육계획 작성을 효과적으로 설명하기 위해 일반학교에서 특수교사가 개인적으로 만든 개별화교육계획서를 예시로 든다. 참고로 교육행정정보시스템(NEIS)에 마련된 개별화교육계획서 양식은 부록으로 제시한다.

「장애인 등에 대한 특수교육법 시행규칙」 제4조 제3항에는 개별화교육계획서에 반드시 포함되어야 하는 항목을 다음과 같이 제시하고 있다.

(1) 특수교육 대상자 인적사항

학생 이름, 학번, 주소, 보호자 이름, 연락처, 가족관계, 장애 종류 및 특성, 부수장애 여부, 현재 받고 있는 특수교육관련 서비스, 지능검사나 사회성검사 등의 진단평가 결과의 요약, 약물 복용 여부, 학교생활 시 유의사항, 학부모 요구사항 등이 기록된다.

〈표 6-2〉 특수교육 대상자 인적사항(일반초등학교 통합교육 대상학생)(예시)

인적사항					
성명	김○○	성별	남	생년월일	2012. 8. 25
학교	○○초등학교			완전통합학급	
				특수학급(시간제)	○
주소	부산광역시 ○구 ○○로 1234				
선정 유형	지적장애	등록 장애 유형	지적장애 3급	특수교육 대상자 선정일	2016. 10. 12
부수 장애 사항	시각장애(약시)		과거병력	미숙아망막증 수술	
가족 관계	관계	이름	연락처		비고
	부	김○○	010-1234-1234		자영업
	모	박○○	010-1234-6789		주부
입학 전 교육경력	○○유치원 졸업				

진단평가		
검사명	**검사일**	**검사결과**
지능검사(K-ABC)		
사회성숙도검사		
기초학습기능검사		

학부모 요구 및 상담내용	

시작·종료일	IEP 시작일: 2018. 3. 2.	IEP 종료일: 2018. 7. 28.

영역별 수행 수준	일상생활	
	인지능력	
	사회성 및 정서 행동	
	의사소통	
	신체발달	

특수교육관련 서비스				
관련서비스명	**활동내용**	**장소와 시간**	**담당자**	**연락처**
치료지원	언어치료	특수교육지원센터 매주 월, 수, 금 오후 2시~4시	김○○	236-7894
특기적성교육비	미술학원	단비미술학원 화, 목, 토 오후 4시~6시	최○○	123-9630
보조공학기기 지원	묵자 확대기	학습도움실 매일 지원함	이○○	459-8796
기타사항	학부모 차량을 통한 등하교로 통학비 지원			

(2) 현행 학습 수준

장애학생에게 개별적인 지도가 필요한 교과의 현재 학습 수준, 과목별 장점과 단점 등이 기술된다. 현행 학습 수준은 교사의 관찰이나 학습기능 평가, 보호자 면담, 표준화된 검사도구 등을 통해서 파악할 수 있으며, 전 학년도에 학생을 담당했던 교사로부터 학생의 학습 수준에 대한 정보를 얻는 것도 매우 중요하다.

〈표 6-3〉 수학교과: 수와 연산 영역(예시)

연간목표	기간	학기별 목표
	1학기	
	2학기	
현행 학습 수준	(연산) 두 자릿수의 덧셈과 뺄셈을 할 수 있다. 단, 받아올림과 받아내림의 문제는 다소 어려워한다.	

(3) 교육목표

각 특수교육 대상학생별로 각 교과별로 교육목표를 반드시 제시해야 한다. 이때 연간 교육목표와 학기별 교육목표를 같이 제시해야 한다. 단, 2학기 교육목표는 1학기 개별화교육계획을 실시한 결과를 바탕으로 수정할 수있다. 수정할 때도 개별화교육지원팀 회의를 통하여 이루어진다.

개별화교육계획상 교육목표는 특수교육 대상학생에게 적용하는 교육과정을 고려하여 구체적으로 설정되어야 한다. 연간 교육목표는 개별화교육 기간(일반적으로 1년) 동안 달성되기를 기대하는 수준을 의미하며, 각 학기별 교육목표는 연간 교육목표를 달성하기 위해 설정하는 하위목표들이다.

〈표 6-4〉 수학교과: 수와 연산 영역(예시)

연간목표	기간	학기별 목표
• 두 자릿수 범위 내 받아올림 있는 덧셈과 받아내림이 있는 뺄셈 문제를 수식으로 제시하면 5문제 중 4문제 이상 풀어 정답을 쓸 수 있다.	1학기	두 자릿수 범위 내 받아올림 있는 덧셈 문제를 수식으로 제시하면 5문제 중 4문제 이상 풀어 정답을 쓸 수 있다.
• 두 자릿수 범위 내 받아올림 있는 덧셈과 받아내림이 있는 뺄셈 문제를 수식으로 제시하면 5문제 중 4문제 이상 풀어 정답을 쓸 수 있다.	2학기	두 자릿수 범위 내 받아내림이 있는 뺄셈 문제를 수식으로 제시하면 5문제 중 4문제 이상 풀어 정답을 쓸 수 있다.
현행 학습 수준	(수와 연산) 세 자릿수의 덧셈과 뺄셈을 할 수 있다. 단, 받아올림과 받아내림의 문제는 다소 어려워한다.	

　이렇게 교육목표는 장애학생이 개별화교육 기간 내 도달할 것으로 기대되는 수준으로, 구체적으로 명료하게 관찰 가능한 행동 용어로 진술해야 한다. 또한 목표 진술에는 목표행동이 수행되는 조건, 목표행동의 내용과 그 달성 기준이 포함되어야 한다. 여기서 유의할 것은 교육목표는 가르치는 교사입장이 아니라 '무엇을 배우는가' 하는 학생 입장에서 서술되어야 하며, 목표행동의 달성기준은 객관적인 단위인 시간, 빈도, 비율 등으로 제시해야 한다는 것이다.

〈표 6-5〉 교육목표(예시)

'(정보교과의 경우) 인터넷 검색엔진을 사용하여 제시하는 10개의 용어 중 6개 이상의 용어를 찾고, 올바른 용어의 뜻을 답지에 적을 수 있다.'
➡ 위의 교육목표에서는 '찾고' '적는다'라는 행동용어로 진술하고 있고, 6개 이상이라는 횟수로 그 달성기준을 제시하고 있다. 또한 '인터넷 검색엔진을 사용하여'라는 조건을 진술하고 있다.

(4) 교육내용

　교육내용은 교육목표를 달성하기 위한 구체적인 교과 영역의 내용을 의미하는 것으로, 특수학교(급)에서 적용하는 기본교육과정이나 공통교육과정과 교과서를 참고하여 기재한다. 그리고 학생의 교육적 요구나 강점과 약점 등에 따라서 교육목표를 달성하기 위해 필요한 경우 교육과정을 참고하여 교과서의 단원이나 주제를 변경하여 기재할 수 있다. 그러나 그 교육내용은 반드시 실제 실천 가능한 내용으로 정해져야 한다.

　그리고 교육내용은 주별 혹은 월별로 학습내용이 구체적으로 기재되고, 교육 실시 후에는 주별 혹은 월별로 그 실시 결과를 평가란에 누가적으로 기록해야 한다.

〈표 6-6〉 수학교과: 수와 연산 영역(예시)

1학기별 목표	월	교육내용
두 자릿수 범위 내 받아올림 있는 덧셈문제를 수식으로 제시하면 5문제 중 4문제 이상 풀어 정답을 쓸 수 있다.	3	• 반구체물 조작을 통하여 자릿값의 10배수 관계를 나타내기 • 주어진 두 자릿수의 숫자 5개 중 3개 이상을 반구체물로 10배수 관계를 표시하기
	4	• 배수관계가 그림으로 표시된 두 자릿수의 받아올림 있는 덧셈 문제를 5문제 중 3문제 이상 답을 구하기
	5	• 배수관계를 교사의 설명을 들으며, 두 자릿수의 받아올림 있는 덧셈 문제를 5문제 중 3문제 이상 답을 구하기
	6	• 수식으로 제시한 받아올림 있는 두 자릿수의 덧셈 문제를 5문제 중 3문제 이상 답을 구하기
	7	• 수식으로 제시한 받아올림 있는 두 자릿수의 덧셈 문제를 5문제 중 4문제 이상 답을 구하기

(5) 교육방법

교육방법에는 교육내용을 가르치기 위한 주로 교수방법과 교수자료 등을 기재한다. 교육방법으로는 직접교수법, 또래교수법, 모델링, 문제해결법, 토론식수업, 자기교수법 등을 다양하게 적용할 수 있으며, 교수자료로는 교육에 실제적으로 사용되는 학습도구나 학습지, 학습재료 등을 기재한다. 특히 촉각자료나 묵자카드, 의사소통 보조기구 등 장애학생을 위해 사용되는 특수교육 자료 등을 충분히 활용하여야 한다.

〈표 6-7〉 수학교과: 수와 연산 영역(예시)

월	월별 교육내용	교육방법	
		교수방법	교수자료
4	배수관계가 그림으로 표시된 두 자릿수의 받아올림 있는 덧셈 문제를 5문제 중 3문제 이상 답을 구하기	• 직접교수법 • 또래 협력학습법	• 연산그림카드 • 수 모형블록 및 자석보드
5	배수관계를 교사의 설명을 들으며, 두 자릿수의 받아올림 있는 덧셈 문제를 5문제 중 3문제 이상 답을 구하기	• 직접교수법 • 최소촉진법	• 수학학습지 • 수 모형블록 및 자석보드

(6) 교육평가계획과 평가결과

평가계획에는 교육목표의 달성 여부를 판단할 수 있는 평가준거와 평가방법, 평가시기, 평가자에 대한 정보를 기재하여야 한다. 그리고 학기말 등 평가시기에는 평가결과를 반드시 기록하여야 한다. 이 평가결과는 학부모나 특수교육 대상자에게 반드시 교부되어야 한다.

〈표 6-8〉 수학교과: 수와 연산 영역(예시)

5월 교육내용	교육방법		평가계획		평가결과
	교수방법	교수자료	평가준거	평가방법, 평가시기, 평가자	
배수관계를 교사의 설명을 들으며, 두 자릿수의 받아올림 있는 덧셈 문제를 5문제 중 3문제 이상 답을 구하기	• 직접교수법 • 최소촉진법	• 수학학습지 • 수모형블록 및 자석보드	배수관계를 교사의 설명을 들으며, 두 자릿수의 받아올림 있는 덧셈 문제를 5문제 중 3문제 이상 답을 구할 수 있는가?	• 평가방법: 지필법 • 평가시기: 학기말 • 평가자: 특수교사	일자리와 십자리의 배수관계에 대한 교사의 설명을 듣고, 수식으로 된 받아올림 있는 문제를 5문제 중 3문제 이상 정답을 구한다.

(7) 특수교육관련 서비스

특수교육 대상학생이 개별화교육을 충분히 그리고 효과적으로 받을 수 있도록 교육관련 지원 서비스가 필요하다. 이에 따라서 「장애인 등에 대한 특수교육법 시행령」 제23조부터 제29조까지는 가족지원, 치료지원, 보조인력 및 학습보조기구 지원, 통학지원, 기타 특수교육관련 서비스에 대해서 규정하고 있다. 자세한 내용은 제5장에서 별도로 특수교육관련 서비스를 설명하고 있으니 참조하기 바란다.

특수교육관련 서비스는 개별화교육이 원활히 이루어지도록 지원하는 사항이므로 당연히 개별화교육계획에 포함되어야 한다. 그러나 모든 특수교육 대상학생에게 특수교육관련 서비스가 제공되는 것은 아니다. 개별화교육계획이 작성되는 연도에 필요하다고 인정되는 통학지원, 특기적성교육비 지원, 치료지원 특수교육관련 서비스는 학생이 그 해당 요건을 충족하는 경우에 한해서만 제공하는 것이 결정된다. 현실적으로 특수교육관련 서비스 항목은 개별화교육지원팀에서 지원 결정을 하여 개별화교육계획에 기재하여도 지역교육청에서 다시 그 해당 요건을 검토하여 지원 여부를 결정하는 경우가 많다. 그러므로 특수교사는 관련서비스의 수혜 여부에 해당하는 요건을 사전에 충분히 검토하여 개별화교육지원팀 회의에서 논의해야 한다.

(8) 기타 기재사항

앞에서 살펴본 일곱 가지 항목은 필수적으로 기재해야 하며, 기타사항으로 각 학생에 대한 보충적인 사항을 추가적으로 개별화교육계획에 기재할 수도 있다. 예를 들면, 학교 방과 후 활동을 하거나 외부 방과 후 활동, 외부기관의 교육활동 등을 기재할 수 있다.

〈표 6-9〉 기타사항(예시)

기타사항	활동명	활동내용	장소 및 시간	담당자	담당자 연락처
교내 방과 후 활동	사물놀이반	풍물익히기	음악실 월~금 3시 30분~5시	○○○ 음악선생님	010-1234-5678
외부기관 방과 후 활동	미술치료	정서치료	○○복지관 화요일 5시~6시	○○○치료사	010-9876-5432

6. 개별화교육계획의 실행 및 평가

특수교사는 개별화교육지원팀 회의를 거쳐 작성되고 서명된 개별화교육계획서에 따라서 실제로 교육을 실시하여야 한다. 특히 특수교사는 학기별 혹은 월별로 제시된 교육목표를 달성하기 위하여 실시된 교육내용과 방법에 대한 결과를 개별화교육계획서상 월별 혹은 학기별로 누가적으로 기록해 나가야 한다.

만약에 개별화교육계획을 실시하던 학기 중에 교육목표나 교육내용이나 방법 등에 수정할 필요성이 있으면, 개별화교육지원팀 회의를 개최하여 수정하면 된다.

그리고 학기말에는 해당 학기 전체에 대한 교육목표 달성 여부를 평가하는 학업성취도 평가를 실시하여야 한다. 이 평가는 각 특수교육 대상학생별로 이루어지며, 평가결과는 학기별로 보호자나 특수교육 대상자에게 통보하여야 한다.

7. 개별화교육계획의 보관과 송부

평가까지 완료된 개별화교육계획서는 각 특수교육 대상자별로, 학기별로 보관한다. 개별화교육계획에는 많은 개인정보가 기재되어 있으므로, 잠금장치가 있는 공문 보관함에 따로 보관한다. 그리고 특수교육 대상자가 다른 학교로 전학을 가거나 상급학교로 진학할 경우, 전출일(진학일)로부터 14일 이내 전입학교로 개별화교육계획서를 등기로 보내야 한다.

📌 부록 나이스 개별화교육계획서 양식

국립특수교육원의 개별화교육계획 운영 가이드북(2019)에 제시한 나이스(NEIS) 개별화교육계획의 양식과 작성 절차 중 일부를 예시로 든다.

1. 인적사항관리

1) 기본사항 I

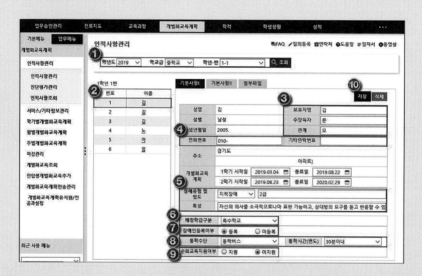

❶ 개별화교육계획-인적사항관리-인적사항관리]에서 '학년도' '학교급' '학년-반' 확인 후 {조회}함

❷~❺ 특수교육 대상학생을 선택하고 해당 학생의 '보호자명' '주양육자' '관계' '전화번호' '기타연락번호' '장애유형 및 정도' '특성'을 입력함

❻ '배정학급구분'에서 '일반학급' '특수학급' '순회학급' '파견학급' '특수학교' 중 실제 배정된 학급을 선택함

❼~❿ '장애인등록여부' '통학수단' '통학시간(편도)' '순회교육지원여부'를 선택하고 {저장}함

2) 기본사항 II

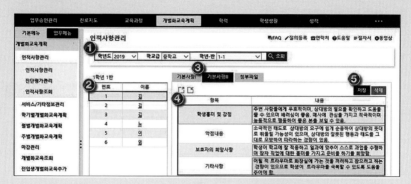

❶ [개별화교육계획–인적사항관리–인적사항관리]에서 '학년도' '학교급' '학년–반' 확인
후 {조회}함

❷~❸ 해당 학생을 선택하고 {기본사항 II} 탭을 클릭함

❹~❺ '학생흥미 및 강점' '약점내용' '보호자의 희망사항' '기타사항'을 입력 후 {저장}함

3) 진단평가 관리

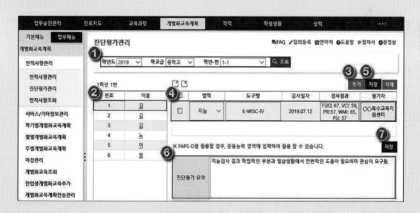

❶ [개별화교육계획–인적사항관리–진단평가관리]에서 '학년도' '학교급' '학년–반' 확인
후 {조회}함

❷~❺ 해당 학생을 선택하고 {추가}한 후 진단평가 '영역' '도구명' '검사결과' '평가자'를
입력하고 {저장}함

❻~❼ 검사도구의 검사결과를 바탕으로 진단평가 결과를 요약하여 '진단평가 요약'에 입
력 후 {저장}함

2. 서비스/기타정보 관리

1) 특수교육관련 서비스관리

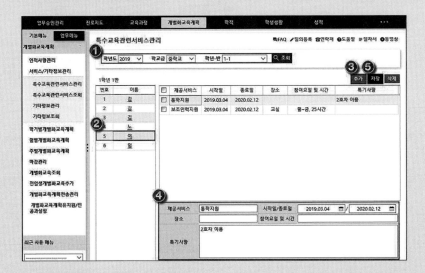

❶ [개별화교육계획–서비스/기타정보관리–특수교육관련 서비스관리]에서 '학년도' '학교급' '학년반' 확인 후 {조회}함

❷∼❺ 해당 학생을 선택한 후 {추가}를 클릭하여 '제공서비스' '시작일/종료일' '장소' '참여요일 및 시간' '특기사항'을 입력하고 {저장}함

2) 기타정보관리

❶ [개별화교육계획–서비스/기타정보관리–기타정보관리]에서 '학년도' '학교급' '학년–반' 확인 후 {조회}함

❷∼❺ 해당 학생을 선택한 후 {추가}를 클릭하여 '제공서비스' '시작일/종료일' '장소' '참여요일 및 시간' '특기사항'을 입력하고 {저장}함(삭제 시 삭제할 서비스를 선택한 후 {삭제}함)

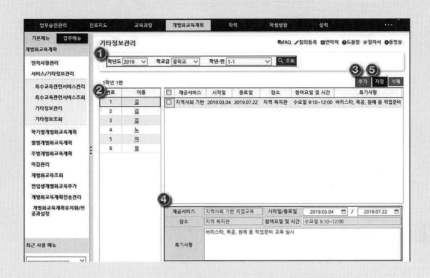

3. 학기별개별화교육계획

1) 학기별개별화교육계획관리

❶ [개별화교육계획−학기별개별화교육계획−학기별개별화교육계획관리]에서 '학년도' '학교급' '학기' '학년' '과목' '강의실' 확인 후 {조회}함

❷~❸ 해당 학생을 선택한 후 {과거학기별자료조회}를 클릭함

❹~❺ 조회하고자 하는 학년도를 선택 후 {조회}함

❻ 해당 과목에 대한 과거개별화자료를 참조하여 사용할 경우 {적용}을 클릭함

❼~❽ 해당 과목에 대한 '현행수준'과 '학기목표'를 입력 후 {저장}함

❾ 화면에 조회된 학생의 개별화교육계획 내용을 다른 학생들에게 일괄 복사하기 위해 학생들을 선택한 후 {일괄저장}함

❿ {마감}으로 마감하며, 마감된 이후에는 {마감취소}로 변경됨([학기별개별화교육계획관리]에서 마감한 것은 [개별화교육계획/평가마감관리(교과담당)]에서 마감한 것과 동일함)

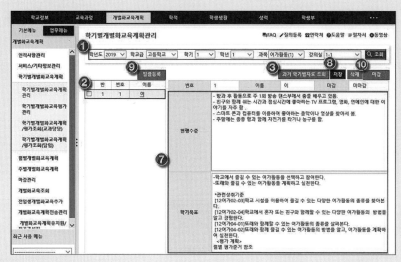

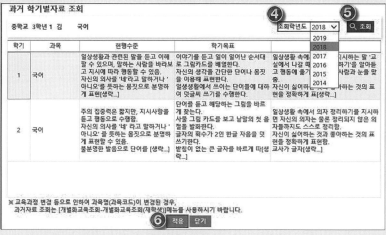

2) 학기별개별화교육평가관리

❶ [개별화교육계획–학기별개별화교육계획–학기별개별화교육평가관리]에서 '학년도' '학교급' '학기' '학년' '과목' '강의실' 확인 후 {조회}함

❷~❹ 해당 학생을 선택한 후 해당 과목의 학기별 개별화교육계획 '평가'를 입력하여 {저장}함('현행수준'과 '학기목표'는 [학기별개별화교육계획관리]에서 입력한 내용이 조회됨)

❺ {마감}으로 마감하며, 마감된 이후에는 {마감취소}로 변경됨([학기별개별화교육평가관리]에서 마감한 것은 [개별화교육계획/평가마감관리(교과담당)]에서 마감한 것과 동일함)

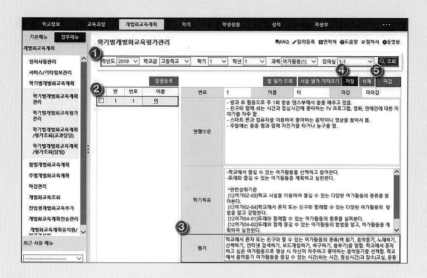

4. 월별개별화교육계획

1) 월별개별화교육계획관리

❶ [개별화교육계획–월별개별화교육계획–월별개별화교육계획관리]에서 '학년도' '학교급' '학기' '학년' '과목' '강의실' 확인 후 {조회}함

❷~❺ 해당 학생을 선택한 후 {추가}하여 '월' '교육목표' '교육내용' '교육방법' '평가준거' 를 입력 후 {저장}함

❻ 화면에 조회된 학생의 개별화교육계획 내용을 다른 학생에게 일괄 복사하기 위해 학생 들을 선택한 후 {일괄저장}함

❼ {월마감}으로 마감하며, 마감된 이후에는 {월마감취소}로 변경됨([월별개별화교육계획관 리]에서 마감한 것은 [개별화교육계획/평가마감관리(교과담당)]에서 마감한 것과 동일함)

2) 월별개별화교육평가관리

❶ [개별화교육계획–월별개별화교육계획–월별개별화교육평가관리]에서 '학년도' '학교급'
'학기' '학년' '과목' '강의실' 확인 후 {조회}함

❷~❹ 해당 학생을 선택한 후 해당 과목의 월별 개별화교육 평가를 입력 후 {저장}함

❺ {월마감}으로 마감하며, 마감된 이후에는 {월마감취소}로 변경됨([월별개별화교육평가관
리]에서 마감한 것은 [개별화교육계획/평가마감관리(교과담당)]에서 마감한 것과 동일함)

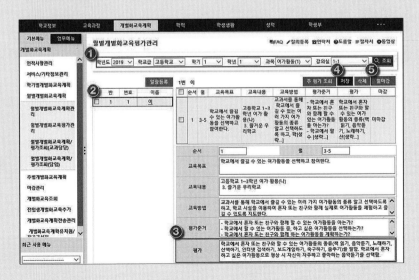

참고문헌

국립특수교육원(2019). 개별화교육계획 운영 가이드북.

서울특별시교육청(2016). 개별화교육계획 수립 · 운영 자료집.

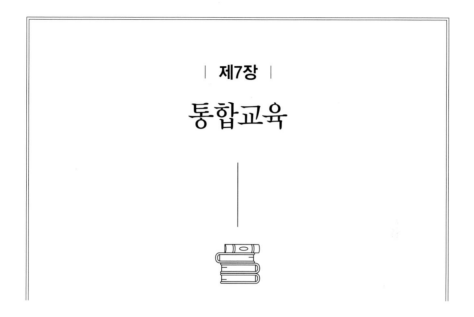

| 제7장 |

통합교육

1. 통합교육의 정의

    통합교육의 근본적인 법적 근거는 "모든 국민은 능력에 따라 균등하게 교육받을 권리를 가진다."라고 규정한 「헌법」 제31조에서도 제시하고 있으며 그 외 「초 · 중등교육법」 「특수교육법」 등에 관련 조항들이 규정되어 있다. 「장애인 등에 대한 특수교육법」에서는 통합교육을 "특수교육 대상자가 일반학교에서 장애유형 · 장애정도에 따라 차별을 받지 아니하고 또래와 함께 개개인의 교육적 요구에 적합한 교육을 받는 것"(제2조 제6항)으로 규정하고 있다.

    현재 우리나라 특수교육은 주류화(mainstreaming), 일반교육 주도(regular education initiative)의 개념을 넘어 완전통합(full inclusion)의 개념으로 통합교육 패러다임의 축이 이동하고 있으며 장애인과 비장애인이 더불어 살아가는 사회를 구현하며 궁극적으로 사회적 통합에 이르는 것을 그 목표로 하고 있다.

정대영(한국통합교육학회 편, 2018)은 통합교육의 목적이 공동체 교육 또는 교육공동체라고 하였다. 교육공동체란 누구도 분리시키지 않고 모두를 포함하며 구성원 각자에게 역할을 분담시켜 참여를 강조하고 상호 의존과 지원으로 공동체적 삶을 중시하며 구성원들 간의 조화를 극대화함으로써 더불어 잘 사는 사회를 지향한다고 하였다. 따라서 통합교육의 주 목적과 의미는 공동체 교육일 것이다.

통합교육의 목적

교육의 목적이 조화로운 인간 발달을 통해 개개인이 행복한 삶을 살아가도록 하는 데 있다면, 통합교육의 목적은 장애인이 개인차와 장애의 유형과 정도에 관계없이 사회의 주류에 완전히 포함되어 살아가도록 하는 데 있다. 이러한 통합교육의 목적이 실현되기 위해서는 사회구성원들이 갖춰야 할 목표가 있다.

(1) 다양성을 인정하고 수용하여야 한다

다양성은 차이를 인정하고 존중하는 것이 필수적이다. 사회구성원들은 외모와 개인이 가지고 있는 능력이나 성격이 각기 다르며 차이가 있다. 따라서 사회구성원들은 개인 간의 다양한 능력을 수용하고 개인차로 인한 독특한 욕구를 인정하여야 한다.

(2) 교육의 평등성이다

통합교육의 가장 근본적인 법적 근거는 "모든 국민은 능력에 따라 균등하게 교육받을 권리를 가진다."라는 「헌법」 제31조에 나타나 있다. 특히 「초·중등교육법」 제59조는 "국가 및 지방자치단체는 특수교육을 필요로 하는 자가 유치원, 초등학교, 중학교 및 고등학교와 이에 준하는 각종 학교에서 교육을 받고자 하는 경우에는 별도의 입학절차, 교육과정 등을 마련하는 등 통합교육 실시에 필요한 시책을 강구하여야 한다."라고 규정하고 있으며, 제12조는 의무교육에 대해 명시하고 있다. 교육의 평등성은 개인이 지닌 학습능력과 요구에 적합한 교육 서비스를 제공해 주는 것을 의미한다. 특히 장애로 인해 교육 서비스의 제공이 보장되지 않는 것은 교육의 평등성에 위배되는 것이라고 볼 수 있다.

(3) 교육의 수월성을 추구한다

교육의 수월성은 각 개인의 잠재력을 최대한 개발시켜 주는 것을 말한다. 흔히 영재교육과 체육특기자 교육과 같이 학생들을 발굴하여 교육하는 것도 이러한 교육목표에 근거한 것이다. 따라서 장애학생들의 잠재력을 최대한 개발하며 이를 보장하는 것도 근본적인 교육 수월성의 목적이라 볼 수 있다.

(4) 조화의 극대화를 추구한다

조화의 극대화는 공동체사회에서 모든 구성원이 한 사람도 소외받지 않고 각자가 역할을 맡아서 수행하며 기능을 발휘하고 집단의 공동목표를 위해 기여하고 더불어 살아가는 것을 말한다. 이러한 공동체사회는 능력, 성별, 종교, 인종, 빈부, 문화 등의 조건에 따라 편견과 차별이 이루어지지 않음을 의미한다. 따라서 통합교육은 일련의 단계와 과정을 통해 다양한 내용을 실천함으로써 교육이 목적하는 바를 이루는 수단인 동시에 과정이라 볼 수 있다.

이와 같이 우리나라는 통합교육을 실천하기 위해 일반인들이 갖춰야 할 사항뿐만 아니라 법적 근거 또한 마련하고 있다. 이로 미루어 볼 때 우리나라의 통합교육은 과거에 비해 현저하게 변화가 있었음에도 불구하고 여전히 학교현장 및 사회환경 등에서 장애에 대한 차별과 무관심 등이 여전히 남아 있어 이것이 해결해야 할 과제 중의 하나라고 볼 수 있다.

장애학생이 학교현장뿐만 아니라 사회환경에서도 교육받고 함께 생활할 수 있는 동등한 자격과 권리를 지니고 있음을 강조하고 있으며, 장애 인식의 변화로 인하여 장애학생도 일반 환경의 현장에 포함되어 생활할 수 있음을 알고 이를 실천해야 할 것이다.

2. 통합을 위한 준비

통합교육이 학교현장에서 완전통합(full inclusion)의 개념으로 실현되기 위해서는 통합교육을 해야 한다는 지지적 호소에 그치지 않고 실속 있게 통합교육이 실현되기 위한 준비를 해 나가는 것이 필요하다. 이에 장애학생이 준비해야 하는 사항과 일반학생이 준비해야 하는 사항, 특수교사와 일반교사가 준비해야 하는 사항 등에서 같이 이루어져야 하는 부분이 있다. 따라서 각급 학교와 사회에서는 통합교육의 준비사항이 잘 이루어지도록 노력해야 할 것이다. 이에 따른 사항을 구체적으로 살펴보고자 한다.

1) 통합교육을 위한 장애학생의 준비

장애학생이 일반학급의 통합된 환경에서 생활하기 위해서는 일반학급의 규칙과 일반학급 교사가 지도하는 전반적인 수업방식, 교육과정, 물리적인 환경에 적응하고 일반학급 친구들과 사회적 상호작용 등을 할 수 있는 능력이 필요하다. 장애학생들이 일반학급에서 생활하기 위해서 준비되어야 할 부분이 있다. 그러므로 학부모와 교사들은 장애학생들이 일반학급에서 교육받기 위해 필요한 기술을 미리 익히도록 지도하여야 한다. 통합교육을 준비하기 위해서 장애학생들이 먼저 준비해야 할 것은 학습준비 기술이다. 학습

준비 기술에 따른 구체적인 사항은 다음과 같다.

(1) 읽기기술

장애학생들이 일반학급에 통합되기 위해서는 일반학급에서 사용하는 교과서와 교수자료 등을 미리 접할 기회를 제공하여야 한다. 따라서 특수교사는 장애학생들에게 교과서에 나오는 단어와 개념의 수준 등을 사전에 검토하여 이러한 단어와 개념을 정리할 수 있도록 교육적 지원을 해야 한다.

예를 들면, 교사와 장애학생이 먼저 그날 배울 책의 각 단원의 내용을 검토한 후 책에서 나오는 용어를 컴퓨터 사전적 용어로 정리해 줄 필요가 있다. 그리고 교사들은 교과서의 내용을 장애학생들이 이해하도록 지도해야 한다. 책에서 나오는 내용을 미리 잘 살펴볼 수 있도록 지도하는 것을 시작으로 하여 학생들이 교과내용을 쉽게 알 수 있도록 설명해 주어야 한다.

(2) 듣기기술

듣기기술은 학생들이 학습을 수행할 때 기본적인 요소로서 지시를 따르거나 정보를 얻는 데 중요한 요소 중의 하나이다. 통합된 학생들에게 듣기기술의 사전 준비교육은 꼭 필요하다. 그러나 많은 장애학생은 일반학급에서 완전히 참여할 수 있을 정도의 충분한 듣기기술을 갖추고 있지 못한 것이 현실이다. 따라서 교사들은 장애학생들이 교사의 지시를 이해하고 따를 수 있도록 교수적 수정을 하여 지도하여야 한다. 예를 들면, 교사가 설명한 내용 중 듣지 못한 정보를 정확하게 알 수 있도록 질문을 통해서 알아보는 것도 한 예이다.

또한 일반학급에서 장애학생들이 듣기기술을 향상시키기 위해서는 시각적 단서를 활용하는 방법이나 언어적 촉구 등을 통해 중요한 정보를 이해할 수 있도록 지도가 이루어져야 할 것이다.

(3) 쓰기기술

일반학급에서 수업이 진행될 시 쓰기 기술은 필수적인 기술로서 갖춰야할 요건이다. 장애아동이 수업 중에 쓰기에 어려움을 겪을 수도 있기 때문에 교사는 수업 전에 사용할 자료들을 미리 살펴보거나 필요한 자료와 필기도구도 마련해야 한다.

또한 수업 중에는 장애학생들이 불필요한 자극에 주의를 빼앗기지 않도록 주의집중을 할 수 있도록 단서를 제공해 주며 중요한 내용은 간단히 메모할 수 있도록 지도해야 한다. 수업 후에는 빠뜨린 내용을 보충해 주고 학생이 필기한 내용을 다시 검토해 보고 내용에 대한 숙지 여부를 확인해야 한다.

(4) 기억기술

통합된 장애학생들은 일반학급의 다양한 정보를 습득할 수 있도록 기억기술을 지속적으로 지도할 필요가 있다.

장기기억으로 오랫동안 기억하도록 하는 방법 중에 반복 연습이 있다. 반복 연습은 집중력이 필요하기 때문에 교사는 집중력 향상과 더불어 기억기술력 향상을 위한 프로그램을 지속적으로 진행할 필요가 있다.

장애학생들의 기억에 도움을 줄 수 있도록 유목화하여 지도하기, 심상활용 전략 사용하기, 이야기 연결하기 등의 전략으로 지도할 수 있다.

(5) 학교·학급생활 기술

- 알림장 쓰기: 학교에서 배운 내용과 그에 관련된 과제를 기록하도록 하며, 학교 행사와 부모 전달사항 등의 내용을 적어 학부모와의 소통의 장으로도 활용하도록 하기 위해 교사들은 알림장을 쓸 수 있도록 지도해야 한다.
- 숙제하기: 장애학생들은 일반학생들과 동일하게 교사가 제공한 숙제를 할 수 있도록 노력해야 한다. 따라서 특수교사는 통합학급에 있는 장애

학생들의 숙제를 잘 살펴보고 이를 지도할 필요가 있다. 장애학생들이 숙제를 완성할 수 있도록 자료를 제공해 준다거나 자료를 사용하는 방법 등을 알려 줘야 한다.

2) 통합교육을 위한 일반학생의 준비

통합교육을 지향하는 이유 중 하나는 장애학생과 일반학생의 상호작용을 통하여 장애를 하나의 특징으로 받아들이면서 인간 다양성의 한 부분이라는 생각을 모두가 가지도록 하기 위함이다. 그리고 통합교육이 이루어짐으로써 장애학생에게는 사회적 기술능력 및 언어능력 향상 등에 효과가 있으며, 일반아동들은 통합교육을 통해 장애인에 대한 인식 개선과 상호 협력하는 태도를 발전시켜 사회적 책임감을 겸비한 예비사회인으로서 나아가도록 하는 데 의의가 있다.

그러나 우리나라의 경우 장애인에 대한 인식이 과거에 비해 개선되긴 했지만 완전통합의 길로는 아직 부족함이 많은 것이 현실이다. 학교 구성원 및 지역사회의 태도가 여전히 장애학생에 대해서는 긍정적이지 못한 부분이 남아 있으며, 따라서 이를 개선하기 위한 활동이 지속적으로 이루어져야 한다.

통합교육이 제대로 이루어지기 위해서는 장애학생들이 준비해야 하는 부분이 있지만 아울러 일반아동이 준비해야 하는 부분도 있다. 학교현장에서 장애학생들이 가장 많이 만나고 생활하는 것이 일반아동들이라고 볼 수 있다. 따라서 일반아동이 통합교육에서 중요한 요인이기에 일반아동에게 장애에 대한 인식 개선을 위해 제공해야 할 프로그램을 정리하고자 한다.

(1) 장애인식 개선전략

① 활동중심 태도 개선 프로그램

- 모의 장애체험: 일반아동에게 장애인들에 대한 긍정적인 태도를 지도하는 방법 중의 하나는 모의 장애체험을 해 보는 것이다. 이러한 활동은 일반아동에게 장애를 가졌을 때의 느낌이 어떤 것인지에 대해 생각해 보는 기회를 제공함으로써 장애인들을 이해하고 수용할 수 있도록 지도하고자 하는 것으로 볼 수 있다. 모의 장애체험 활동에는 휠체어를 타고 학교 안팎을 다녀 본다거나, 안대 끼고 밥 먹기, 안대 끼고 화장실 찾아서 가기, 쉬는 시간 동안 말하지 않고 친구들과 의사소통해 보기, 귀마개를 하고 아주 작은 소리 듣고 내용 알기, 아주 어려운 영어 해석해 보기, 팔을 묶고 바지 입어 보기 등이 있다.

  이때 중요한 것은 장애체험 후에 체험을 통해서 무엇을 배웠는지, 또한 장애인에 대해 어떤 태도를 지녀야 하는지에 대한 토론이 이루어져야 한다는 것이다.

  무엇보다도 모의 장애체험을 지도할 시에는 모의 장애체험을 통한 태도 개선이 일시적일 수 있으며, 장애인에 대해 동정심을 갖게 할 수도 있다는 점에 유의하고, 가능한 한 실제적인 체험을 한다거나 학생들에게 장난스럽지 않고 진지하게 활동할 수 있도록 지도하여야 한다. 그리고 교사는 일반학생들에게 이러한 경험이 일상적인 것은 아니라는 것을 알려 주고 재미있는 단순한 게임으로 진행되지 않도록 지도하는 것이 중요하다.

- 장애인과의 접촉 경험 제공: 일반아동이 장애인을 단순히 접촉함으로써 부정적인 인식을 가질 수도 있기 때문에 장애인과의 접촉을 제공할 때는 단순한 접촉으로 장애인을 불쌍한 존재, 내가 도와줘야 하는 존재, 사람의 도움이 필요한 존재, 나보다 못한 존재라는 생각을 가지지 않도록 다름에 대한 인식을 가질 수 있는 내용으로 구성해 주는 것이 필요하다. 또

한 장애인과의 만남도 물리적인 만남보다는 정서적인 만남이 가능한 프로그램을 구성하여 장애인에 대한 태도를 긍정적으로 변화시킬 수 있도록 제공하여야 한다.

② 이해중심 태도 개선 프로그램

• 장애인에 대한 미디어: 영화나 다큐멘터리 등 장애인들을 이해할 수 있는 미디어는 많이 소개되고 있다. 예를 들면, 초등 고학년의 학생들과 중ㆍ고등학교 학생들의 경우 〈아이보다 하루 더 살고픈 엄마〉는 장애 부모님들의 심정을 이해할 수 있는 미디어이며, 〈아름다운 눈〉은 시각장애, 〈자폐성장애 테츠유키〉는 자폐를 이해할 수 있는 미디어이다. 특히 〈하이테크가 가져온 희망〉이나 〈이제는 사회적 통합〉 프로그램은 시청 후 장애에 대한 인식이 개선된 효과를 보여 준 미디어이다(김두희, 2020). 특히 〈표 7-1〉에 제시된 미디어는 장애를 바라보는 장애관이 드라마틱하게 개선되는 영화와는 다르게 장애를 있는 그대로 보여 주고 있으며 다큐멘터리적인 요소를 가미한 사실적인 미디어로서 일반인들의 시각에서 장애에 대해 알고 현실적으로 고민해 볼 수 있는 내용을 제공하고 있다.

• 초청강사 활용하기: 일반학생들에게 장애인을 직접 접하게 하여 태도를 개선시킬 수 있는 방안 중에 하나는 장애인을 강사로 초청하여 그들의 삶을 직접 들어 보게 하는 것이다. 이러한 강사로는 지역사회단체나 학부모, 특수교사, 특수학교 학생 등을 추천받을 수 있다.

장애인이 초청될 경우에 교사는 초청강사와 직접 만나서 발표할 내용에 대한 계획을 세우는 데 도움을 주어야 한다. 초청강사는 자신이 당면한 문제들뿐만 아니라 학생 때의 경험, 자신의 취미나 직업, 직업을 구하기 위해 노력한 내용, 미래의 계획, 필요한 보조도구, 일반인들이 장애인을 위해 해 줄 수 있는 배려 등을 자신의 경험에 비추어 에피소드 등으로 강의한다면 장애 이해에 많은 도움이 될 것이다.

〈표 7-1〉 장애를 이해할 수 있는 미디어

미디어 제목	미디어 내용	출처
아이보다 하루 더 살고픈 엄마	장애 부모로서 가슴 아픈 내용을 공감하고 함께할 수 있는 방법 모색	SBS
자폐성장애 테츠유키	자폐성장애의 특성을 알고 어머님의 교육방침에 대해 알기	KBS
하이테크가 가져온 희망	하이테크가 장애인들에게 가져온 편리함	KBS
이제는 사회적 통합	우리나라의 장애현황을 알고 통합교육에 대한 발전 방향 생각해 보기	UBS
학교 가는 길	특수교육 대상학생들이 학교 가는 것은 욕심이 아니라 자신의 권리를 찾는 것이라고 외치는 부모들의 이야기	김정인 감독
어른이 되면	시설에서 살고 있던 여동생을 시설에서 데리고 나와 자신과 함께 세상에서 살아가는 이야기	장혜영 감독

3) 통합교육을 위한 일반교사와 특수교사의 협력하기

통합교육이 효율적으로 이루어지기 위해서는 교사와 학부모, 학교행정의 지원, 지역사회의 지원 등이 체계적으로 이루어져야 한다. 이에 교사와 학부모, 학교 행정가 및 지역사회와의 소통과 협력은 통합교육에 있어 중요한 역할을 담당한다고 볼 수 있다. 그중에서도 통합학급을 운영하고 있는 일반교사와의 소통은 아주 중요하다 할 것이다. 성공적인 통합교육을 위한 통합학급 교사와 특수학급 교사 간 협력으로는 장애학생에 대한 정보 제공의 협력, 교육과정 구성과 운영의 협력, 교수자료 수정에 대한 협력, 교수-학습 방법에 대한 협력 등이 있다(신현기, 최세민, 유장순, 김희규, 2005).

(1) 장애학생에 대한 정보 제공의 협력

통합학급 운영을 위해서는 통합학급 교사와 특수학급 교사가 교육과정의 전반적인 부분을 함께 의논해야 한다. 또한 통합교육을 위한 학생들의 준비

정도, 일반학생들의 태도 변화를 위한 인식개선 프로그램 실천, 장애학생들의 가족지원 서비스, 장애학생 평가 등 전반적인 부분을 함께 협력하여 운영해야 한다.

특히 특수교사가 일반학생들의 태도 변화를 위한 인식개선 프로그램을 3월 중에 학년별로 실시할 필요가 있다. 그리고 해당 학년에 장애학생이 있다면 장애학생의 특성, 장애학생을 대하는 태도, 장애학생의 장애 원인 등을 구체적으로 설명하여 일반학생들이 장애학생을 잘 이해할 수 있도록 이에 대한 지도를 겸해야 할 것이다. 이때 일반교사가 통합교육을 실천해 나가는 협력자로서 프로그램을 운영한다면 일반학생들이 장애학생을 바라보는 시각은 변할 것이며 함께 운영하는 학급이라는 공동체 의식도 가지게 될 것이다.

학급운영을 원활히 하기 위해서 특수교사는 장애학생의 장애 정도, 의료적인 요구사항, 보조도구에 대한 지식, 지원 정도 등을 파악하여 일반교사에게 정보를 제공해 주어야 한다. 예를 들면, 시각장애학생일 경우 시력에 대한 정보, 청각장애학생일 경우는 잔존청력뿐 아니라 손상의 정도에 대한 정보도 제공하여야 하며, 의사소통 능력이나 요구에 대한 정보를 가지고 있어야 한다.

(2) 장애학생 교육과정 구성과 운영의 협력

교육과정이란 학생이 학교에서 배우는 모든 교육의 과정을 의미하는 것으로, 특정 교과학습, 사회적 상호작용, 학습과정, 가치관과 사회적 규범을 가르치는 잠재적 교육과정까지 포함한다. 현재 통합학급에서 일반교사들이 장애학생에게 필요한 사회적 기술 및 기능적인 학업기술을 지도하고 있기는 하나 여전히 특수교육에 대한 이해가 부족한 현실이다. 따라서 특수교사는 통합학급을 지도하고 있는 일반교사와 함께 장애학생의 개별화교육 프로그램을 작성해야 한다. 물론 개별화교육 프로그램을 작성할 시 장애학생 부모의 동의를 구해야 함은 기본적인 사항이다.

  그리고 장애학생이 통합학급에서 교과학습을 하기 위해 특수교사와 일반
교사는 다음과 같은 사항을 고려하여 통합학급을 운영하여야 한다.

  첫째, 학습내용이 장애학생의 사전지식과 연계될 수 있도록 지도해야 한
다. 예를 들면, 교통안전에 대한 내용을 다룰 경우 일반 사람들이 이용하는
교통수단을 그림자료로 제시하고 또 자신들이 자주 이용하는 교통수단의 이
름을 말하게 한다. 그리고 자신이나 이웃이 교통사고를 당한 경험이 있는지
알아본 다음 '교통사고를 예방하려면 어떻게 해야 하나?'라는 문제를 제시하
는 단계로 구성하여 지도하는 것이 필요하다.

  둘째, 통합학급에서 장애학생들이 자신의 학습성취를 다양한 방법으로 표
현할 기회를 제공해야 한다. 예를 들면, '우리 가족'에 대해 알아본다면 우리
가족을 여러 가지 방법으로 표현하게 할 수 있다. 일반학생들이 가족의 기능
에 대해서 발표한다면, 장애학생들은 할아버지가 하는 행동을 흉내내거나,
어머니가 자신에게 하는 말들을 표현해 보는 것 등으로 구성할 수 있으며,
가족들과 함께 재밌게 놀았던 활동 등을 친구들과 함께 할 수도 있다. 이러
한 활동들을 일반학생과 장애학생들이 할 수 있는 연극, 포스터 전시, 학급
신문 만들기 등의 활동으로 구성하여 활동 후 발표하도록 지도할 수 있을 것
이다.

(3) 장애학생 교수자료의 수정에 대한 협력

  통합환경에서 장애학생이 교육내용을 이해하기 위해서는 교수자료를 다
양하게 수정하여 제시하는 것이 필요하다. 일반학생과 동일한 수준의 교수
자료를 사용하되 일부만 변경하여 사용할 수도 있고, 같은 수준의 정보를 다
른 형태로 제시할 수도 있으며, 대안적 교수자료를 사용할 수도 있다.

  예를 들어, 과학수업에서 실험보고서를 작성할 시 장애학생들은 실험보고
서를 작성하는 대신에 실험한 내용을 사진 찍어 사진보고서를 작성할 수 있
도록 지도하는 것도 하나의 대안이 될 수 있다. 그리고 교과서 외에 다양한

교재를 사용함으로써 장애학생들에게 적합한 자료로 수업을 지도하되, 생활 속에서 쉽게 접할 수 있는 도서자료나 영상 매체 등을 활용함으로써 수업의 참여도를 높일 수 있을 것이다.

(4) 다양한 교수-학습 방법에 대한 협력

교사는 학습자들이 흥미를 잃지 않고 학습할 수 있도록 교수-학습 방법 등을 다양하게 변화시킬 필요가 있을 것이다. 가장 많이 사용되고 있는 방법이 요즘은 협력학습, 또래교수, 협력교수 등이다.

협력학습은 학습능력과 사회적 관계 형성 측면에서 이질적 집단으로 구성하고 학생 간의 상호작용을 통해 사회성을 향상시키고 공동체 의식을 형성할 수 있도록 협력적 분위기를 조성하며 실시하는 교수-학습 방법이다. 특히 일반학생들은 협력학습을 통해 장애학생들의 학습을 최대화하기 위해 협력하며 자신에 맞는 역할을 부여받음으로써 사회적 책임감을 느낄 수 있는 장점이 있다.

또래교수는 교육내용을 잘 알고 있고 스스로 또래교사를 하고자 하는 학생을 중심으로 역할 훈련을 실시하고 진행하기 때문에 각자의 효율성이 아주 높은 교수-학습 방법이라고 보인다. 또한 교사는 정기적으로 또래교사와의 상담을 통해 또래교사를 감독하고 효율성을 평가하기 때문에 책임감을 느끼면서 지도할 수 있는 교수-학습 방법이라 볼 수 있다.

협력교수는 두 명 이상의 교사가 동일 집단의 학생들의 교수계획을 수립하고 교수활동을 수행함으로써 학생들이 다양한 지식과 교수 접근방법에서 혜택을 받을 수 있다. 협력교수가 원활히 수행되기 위해서는 무엇보다 교사간의 긍정적인 신뢰 관계가 중요하며 서로의 전문성과 능력을 인정하는 것이 필요하다.

(5) 부모의 협력

통합교육의 협력체계에서 중요한 요소는 부모의 협력이다. 장애를 가진 학생의 부모와 일반학생의 부모들이 가진 통합교육에 관한 인식은 어떤 부분보다 중요하다고 볼 수 있다. 따라서 통합교육에 관한 부모들의 이해도를 높이고 학교 프로그램을 함께 진행해야 할 것이다.

① 장애를 가진 학생의 부모들의 협력

장애를 가진 학생의 부모들은 간혹 자신의 아이들이 일반학생들에게 물리적(폭력, 왕따 등)으로 피해를 본다는 생각을 가진 경우가 많다. 하지만 장애를 가진 학생의 부모들도 통합학급에서 장애학생만을 위해 존재한다는 생각을 버리고 일반학생과 장애학생을 이해하고 협력하는 태도가 필요하다.

또한 장애를 가진 학생의 부모들은 학교중심의 프로그램에 적극 참여하여 아동에 관한 정보를 수집하고 다양한 전문가와의 교류를 통해 열린 마음으로 통합교육이 이루어질 수 있도록 스스로 노력해야 할 것이다.

② 일반학생을 둔 부모들의 협력

일반학생을 둔 부모들은 통합학급에서 장애학생이 일반학생들의 학업에 피해를 준다는 생각을 버려야 할 것이다. 부모들은 장애학생도 교육을 받을 권리가 있다는 것을 알아야 하며 아울러 인간의 다양성의 관점을 받아들여야 한다. 개개인의 특성이 다르며 장애학생도 일반학생들과 마찬가지로 장단점을 가지고 있다는 점을 알고 장애에 대한 편견을 버리고 통합학급에서 교육을 받을 수 있다는 점을 인식해야 한다.

특히 장애에 관한 잘못된 편견과 장애아동들의 반응에 대처하는 방법, 인간을 위한 서비스에 대한 이해, 장애학생의 요구와 미래에 대한 정보를 공유하면서 함께 아이를 키운다는 공동체 의식을 가져야 할 것이다.

3. 통합교육을 위한 교수적합화

통합교육 환경이 증가함으로써 '장애학생이 통합학급에서 교육받을 때 그들의 특별한 교육적 요구를 어떻게 충족시킬 수 있을까?'라는 문제에 직면하게 된다. 그리고 '일반교육과정 중심으로 이루어지는 수업 시간에 장애학생들을 어떻게 참여시킬 수 있을까?'라는 문제와 '수업 형태, 교육내용을 어떻게 해야 할 것인가?'라는 문제가 중요한 사안이다.

그러므로 장애학생이 통합학급에서 수업을 받게 되면 장애학생의 교육적 요구를 충족시키기 위한 여러 가지 문제를 고려할 필요가 있으며, 무엇보다도 이들의 학습활동이 의미 있게 이루어지기 위해서는 교수적합화가 필요하다.

장애학생은 통합학급에서 일반학생이 배우는 공통교육과정을 그대로 적용할 경우에 많은 애로사항이 있다. 이러한 문제를 해결하기 위해 장애학생의 능력에 맞게 교수내용, 교수환경, 교수방법, 교수집단화, 평가방법 등을 수정·보완하는 교수적합화가 필요한 것이다.

따라서 여기에서는 통합교육 환경에서 장애학생의 의미 있는 참여를 위해 교수적합화를 할 시 고려해야 할 요소에 대해 알아보고자 한다.

1) 교수환경의 수정

통합학급에서 교수환경은 물리적 환경과 사회적 환경으로 나누어 볼 수 있다.

첫째, 물리적 환경에 대한 수정은 교실의 물리적 상태로 조명, 소음 정도, 교실의 가구 배치 등을 수정하는 것을 의미한다. 따라서 물리적 환경은 장애학생의 특별한 요구에 적절하게 수정되어야 한다. 시각장애학생을 위해서는 조명과 교실의 물리적인 정돈 배열과 교수자료의 위치 및 접근성이 중요할 것이며, 청각장애 학생을 위해서는 교실 내외의 소음 통제와 시각적 주의력을 분산시키는 교실 환경을 억제하는 것이 중요하다.

둘째, 사회적 환경은 교실의 분위기에 의해 생성되고 교실구성원들의 사회적 규칙들과 연관된다고 볼 수 있다. 교실 내에서 학생들 사이의 갈등을 해결하기 위한 교사의 중재, 다른 사람에게 도움을 주거나 요청하는 교실구성원들의 참여와 격려 등을 말하는데, 이는 장애 인식과 상관성이 높다고 볼 수 있다.

2) 교수집단의 수정

교수집단의 수정이란 교사가 교육내용을 가장 적절하게 지도하기 위해 사용하는 학생들의 교수집단 형태를 수정하는 것을 말한다. 다양한 능력의 학생들이 한 공간에 공존하는 환경에서 장애학생들의 개별적 학습 요구와 특성을 고려하여 사용할 수 있는 교수집단 형태를 구성하여야 한다. 예를 들어, 대집단 혹은 3~5명 소집단 구성, 협동학습의 집단 구성, 또래교수 등의 형태로 구성할 수 있다.

이때 다른 형태의 수업에서 교육내용을 전달하기 위해 과제에 알맞은 시간, 효과적인 상호작용을 진행할 수 있는 일반적인 학습 분위기, 학생의 학습 스타일 등을 고려하여야 한다.

3) 교수내용의 수정

교수내용의 수정은 일반교육과정의 내용을 장애학생의 독특한 교육적 욕구와 기능의 수행 수준에 적합하게 수정하는 것을 의미한다. 일반학생이 배우는 교실에서 교육내용을 가르치는 가운데 특수학생들도 반드시 포함될 수 있도록 교육내용을 학생 수준에 맞게 조정한다는 것이다. 이러한 조정을 할 때는 각 단원에서 핵심이 되는 주요 내용을 초점으로 하여 그 내용을 단원의 큰 개념으로 간주할 때 특수학생도 그 주요 개념을 배울 수 있도록 교육내용을 쉽게 하거나 교육방법을 달리하여 가르쳐야 한다. 개별 장애학생의 요구에 맞추기 위해서 일반교육과정의 내용은 다양한 형태의 수정이 이루어질 수 있다.

교육과정의 내용을 수정하는 방법에는, 첫째, 교육과정 내용을 보충할 수 있는 것, 둘째, 교육과정 내용을 단순화하는 것, 셋째, 교육과정 내용을 변화시키는 것이 있다. 이러한 내용으로 구성하되, 교사들은 장애학생 개개인의 일반학급 교과 수업 참여를 실질적으로 계획할 때 일반교육과정의 학습목표를 수정할 필요가 있다.

이때 교수내용을 같거나 덜 복잡하게 구성해야 할 것이며, 특히 장애학생들에게는 기능적이고 지역사회 중심의 교수내용을 적용해야 할 것이다. 학생 개개인의 개별적 요구를 충족시키기 위해서 일반교육과정의 내용을 수정하는 것은 수정 정도에 차이를 둘 수 있다.

4) 교수방법의 수정

교수방법의 수정은 교수활동, 교수전략 및 교수자료의 수정을 포함한다. 교수활동의 수정은 교수내용의 난이도와 양을 수정하는 것을 의미하며, 교수전략의 수정은 수업 형태, 교육공학 및 특수교육공학의 수정, 행동강화 전략, 학생에 따른 반응 양식에서의 수정을 의미한다. 교수자료의 수정은 교사가 사용하는 모든 교수자료를 장애학생 개개인의 능력과 수준에 맞게 변화시키거나 새롭게 만드는 것을 포함한다고 볼 수 있다. 예를 들면, 일반학급에서 시각장애학생의 교수방법 수정으로 같은 수준의 정보를 다른 형태로 제시할 수 있다. 즉, 교과서 대신 녹음기로 수업내용을 알 수 있도록 교수자료를 수정하는 것이다.

또한 장애학생의 학습 양식에 따라 교과서 외에 다양한 교재를 사용할 수 있다. 신문, 잡지, 비디오, TV, 영화, 실험기구, 미술교재, 악기, 음식점 메뉴, 가족 앨범, 가족 쇼핑 목록 등을 다양하게 구성하여 지도할 필요가 있다.

5) 평가방법의 수정

일반학급에 통합된 장애학생의 성취 정도를 평가할 때는 일반학생들과 똑같은 기준으로 평가하기보다는 장애학생 개개인의 독특한 요구를 고려하고 성취기대 수준에 근거하여 평가해야 하며, 평가방법도 수정해야 한다. 예를 들면, 시험시간을 일반학생보다 길게 제시한다든지, 신체적 불편함으로 필기가 어려운 학생에게는 대안적 쓰기방법(컴퓨터)을 제공할 수 있다. 또한 대안적 평가방법으로 IEP 수행 수준에 따른 평가, 포트폴리오 평가 등을 들수 있다. 이때 교사들은 장애학생들이 목표를 성취했는지를 알아볼 필요가 있으며 이에 대한 근거를 마련하고 있어야 한다.

- 평가 수정을 통해 장애학생과 일반학생 간 상호작용이 증가했는가?
- 평가 수정을 통해 장애학생은 독립적인 기술이 증진되었는가?
- 평가 수정은 장애학생의 현재 혹은 미래 생활과 관련된 교육과정으로 이루어졌는가?
- 평가 수정은 장애학생의 학습 스타일에 적합했는가?

교사들은 각 장애학생들의 학습적 또는 행동적 요구에 적합한 수정을 제공하는 것이 무엇보다 중요하며 정기적으로 이러한 평가 수정의 효율성을 알아볼 필요가 있다.

4. 통합교육을 위한 협력교수

사회가 다변화되고 교육환경이 변함에 따라 특수교육 서비스 전달체계도 다양화되고 통합교육에 대한 요구가 증가함에 따라 장애학생과 일반학생에게 보다 질 높은 교육 서비스를 제공하기 위한 연구가 활발하게 전개되고 있다. 특히 학교현장에서 특수교사와 일반교사의 협력을 촉진하고 보다 효율적인 교수-학습 지도를 위한 대안으로 협력교수에 대한 관심이 증가하였다. 이에 따른 개념과 성격을 살펴보고자 한다.

1) 협력교수의 개념

협력교수(cooperative teaching)란 두 사람 이상의 교사가 교수활동에 참여하여 다양한 교육 대상 학생에게 질 높은 교육 서비스를 제공하는 것을 말한다. 협력교수는 일반교사와 특수교사가 교육적으로 통합된 상황에서 개인차가 심한 이질적인 학생의 집단을 공동으로 가르치기 위해 협력하며 동등하게 업무를 하는 교육적 접근이다(신현기 외, 2005). 이러한 협력교수를 진행할 때 일반교사와 특수교사는 일반학급에 동시에 존재하며 교실 내에서 발생하는 교육적 결정에 있어서는 공동으로 책임을 지는 것을 원칙으로 한다.

이와 같이 협력교수는 일반학급에서 공동으로 수업하며 일반학급 내의 모든 학생에게 질적인 교육을 제공하기 위해 평등한 입장에서 업무, 역할, 교수, 평가, 학급관리 등 제반 결정사항에 함께 참여하는 교수활동이라고 볼 수 있다.

2) 협력교수의 성격

협력교수는 일반학급 교실에서 일반교사와 특수교사가 전문적이고 구체적인 능력을 가장 효과적으로 사용할 수 있다. 예를 들면, 일반교사들은 교과교육의 전문가로서 교육과정과 교육내용을 위계적으로 계열화할 수 있으며 대집단을 관리하고 교육함에 있어 경험이 풍부하다고 볼 수 있다. 그리고 특수교사는 특수아동의 교육적 요구와 IEP를 구성하고 행동관리의 전략을 분석하고 적용하는 데 전문적인 능력을 갖추고 있다. 이 두 전문가가 자신의 강점을 가지고 이질적인 집단을 보다 효과적으로 가르치기 위해 교육목표를 공유하는 것이다.

그러므로 협력교수는 같은 공간에 다른 교사가 공존하지만 신뢰와 존중을 바탕으로 교육목표에 참여하며 적절한 교수활동에 있어서 역할 분담을 하고, 자료를 공유하면서 교수활동 결정에 대해 공동 책임을 가진다고 볼 수 있다.

또한 협력교수는 교사 개개인의 신념체계를 반영하는데, 1명의 교사가 학급에서 아동들을 독자적으로 지도할 때보다 모든 학생에게 더 효과적인 교육을 할 수 있다는 신념을 가지고 시작해야 한다. 상대교사가 갖고 있는 신념체계에 대해서도 이해하고 관심을 가지면서 서로 의사소통을 원활히 할 수 있도록 해야 한다. 즉, 아동의 요구에 대하여 상대방의 협력교사와 의견을 교환하며 교수-학습에 대한 상대방의 의견을 청취하면서 교육적으로 문제를 해결해 나가야 할 것이다.

따라서 협력교수는 학교 문화의 체계를 변화시키는 데 선구적인 역할을 할 수 있다. 교사들은 어느 누구도 소외되지 않는 학급환경을 구성할 필요가 있는데, 이는 협력적 체계를 갖춘 협력교수 형태로의 변화를 요구하는 것이다. 이것은 곧 학교 전체의 문화를 변화시키고 모두가 더불어 사는 공존의 원리 속에서 교육이 이루어지게 하는 방향으로 가는 지름길일 것이다.

3) 협력교수의 유형

통합교육을 위해 협력교수는 더 이상 선택할 수 있는 것이 아니라 필수적으로 진행되어야 하는 교수 형태이다. 학생들의 교육을 위해 공동 책임, 문제 해결책의 공동 추구, 능력과 자원을 함께 나누고 이루어 가는 것은 혼자가 아닌 함께일 때 그 효과성이 더 뛰어나다고 볼 수 있다. 이에 따라 다양한 사고가 강조되는 현장에서 융합적으로 가장 잘 이루어질 수 있는 협력교수를 지향하는데, 이에 따른 유형을 살펴보면 다음과 같다(신현기 외, 2005; 신진숙, 2014).

(1) 1교수-1지원 형태(one teaching, one support)

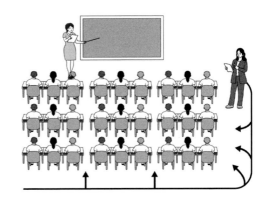

한 교사가 주로 활동을 진행하고 나머지 교사는 지원하는 교수 형태이다. 진행하는 교사는 수업시간에 진행될 모든 활동을 고안하고 모든 학생에게 그 내용을 전달한다. 지원을 맡은 교사는 적재적소에 주 교사와 학생들의 활동을 지원한다. 이 형태의 모델에서 주의할 점은 언제나 주 교사가 일반교사가 되고 특수교사가 지원 교사를 맡아서는 안 된다는 점이다.

또한 지원 역할을 맡은 교사는 보조 교사가 아니기 때문에 두 교사는 완전한 동질의 파트너 역할을 달리할 수 있어야 하며 특히 주 교사의 역할은 그날의 활동에 보다 많은 기능과 능력을 가지고 있는 사람이 누구냐에 따라서 분담되어야 한다.

(2) 스테이션 교수(station teaching)

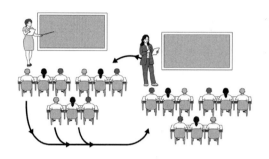

두 교사는 모든 학생의 활동과 학습을 위하여 2개 이상의 독립된 스테이션을 만들어 놓는다. 각각의 스테이션에는 모든 학생이 다른 경험의 학습을 할 수 있는 내용이 구성되어 있어야 한다. 두 교사는 독립된 스테이션을 하나 또는 둘씩 맡아서 운영하고 모든 학생은 소집단을 만들어 각 스테이션을 돌며 활동을 하게 된다. 이때 교사들은 소집단 학생이나 개별 학생들에게 새로운 내용을 제시하거나 검토하고 실제 활동을 감독하며 학생의 기술 수준을 점검한다.

예를 들어, 일반교사와 특수교사는 단원 주제를 보다 심층적으로 탐색하기 위해 스테이션 교수법을 활용하기로 하였다. 수질오염에 대해 알아본다면, 일반교사의 스테이션에서는 현미경으로 물에서 서식하는 박테리아를 관찰하고 기록하도록 하고 특수교사의 스테이션에서는 ph 정도를 검사하여 기록하도록 한다. 학생들은 각각의 스테이션을 돌면서 독립적으로 활동할 수 있다. 이때 교사들은 학생에게 다양한 학습을 제공할 수 있다는 이점이 있으나 스테이션 사이를 움직일 때 학생들이 스스로 통제를 하지 못한다면 많이 혼란스럽고 시끄러워질 수 있다는 점을 유의해야 한다.

(3) 평행교수

이 교수 모델에서는 두 교사가 같은 내용과 기술을 다루면서 각각 한 집단과 활동을 진행한다. 평행교수(parallel teaching)는 두 개의 이질적인 학습집단을 나눈 다음 주어진 활동이 끝날 때까지 특정한 집단만 책임지면서 활동하는 것이다.

가르치는 내용과 지식은 동일한 것으로 진행한다. 이 교수 모델은 한 교사에게 주어진 학습집단의 비율을 낮추는 것으로 두 교사가 서로 긴밀하게 협조하는 것이 무엇보다 필요하다.

(4) 대안교수

대안교수(alternative teaching) 모델은 한 집단은 6~7명의 소집단으로 구성하고 다른 한 집단은 학급의 나머지를 집단으로 구성하여 학생들을 가르치는 모델이다. 이때 소집단은 그 시간의 활동에서 뛰어난 집단이나 또는 저조한 이질집단으로 구성하게 되며, 대

집단에서는 교육 수준이 비슷한 동질집단이 구성된다.

대집단에서는 그날 진행되어야 할 새로운 학습이 이루어지고, 소집단에서는 수행능력이 저조한 학생들에게 복습이 이루어지고 우수한 학생에게는 예습의 형태로 수업이 이루어진다. 또는 소집단에서 수행이 어려운 학생에게는 그 시간에 대집단에서 진행되는 내용보다 수준이 낮은 수정된 학습이 이

루어지며, 우수한 학생에게는 보다 높은 난이도의 활동을 부여하기도 한다.

　이 교수 모델은 몇몇 학생이 중요한 내용을 배울 시간을 놓쳤을 때, 새로운 내용을 가르칠 때, 소집단의 학생에게 교사가 직접교수로 확실하게 할 필요가 있을 때, 또는 학급 전체의 수행 정도가 향상될 것으로 예상될 때 특히 유용하다.

　그리고 이 모델을 적용할 시 협력교사들은 학생들이 특정 집단에 참여함으로써 낙인이 찍히는 것을 예방하기 위해 학생들을 혼합집단으로 구성하여 교수활동을 할 수 있도록 진행해야 함을 유의하여야 한다.

(5) 팀 티칭

　팀 티칭(team teaching) 모델은 협력교수에서 가장 많이 볼 수 있는 이상적인 교수 형태라고 할 수 있다. 이 모델은 두 교사가 수업내용을 공동으로 구안하여 같은 학습집단을 동등하게 맡아서 가르치는 교수 모델이다. 두 교사는 학습활동이 전개되는 과정에서 동등하게 책임을 맡으며 역할을 분담하여 하나의 팀이 되어 학생들의 학습활동을 질적으로 높일 수 있도록 관리하고 중재한다.

　이상에서 살펴본 바와 같이 협력교수는 학생들의 요구와 특성을 알고 통합학급에서 모든 학생의 요구를 충족시키고 또한 교사들은 학생들에게 적합한 교수방법을 향상시킴으로써 공동체적 환경과 체계 속에서 교육이 이루어지는 디딤돌의 역할을 해야 할 것이다.

📌 부록 통합교육 활동계획서(예시)

1. 통합교육의 여건 조성

1) 목적

(1) 통합학급 학생과의 원만한 교류활동을 통한 사회적응 교육으로 특수교육 대상학생의 생활 경험을 넓혀 주고 사회성을 기르며 원만한 인간관계를 유지·정착시킨다.

(2) 적절한 통합교육이 이루어지도록 특수교육 대상학생이 참여할 수 있을 프로그램을 개발하여 통합학급 교사에게 제공하거나 사전지도를 함으로써 원활한 통합교육이 이루어지도록 도움을 준다.

2) 방침

(1) 장애별, 학습능력별로 통합학급과 상호교류를 원칙으로 통합교육을 실시한다.

(2) 통합학급와 특수교사는 지속적인 학생에 대한 논의와 소통을 통해 협력적인 관계를 유지한다.

(3) 통합학급 교사는 특수교육 대상학생의 개별학습 프로그램을 작성하고 사용하고 개별지도를 할 내용을 특수교사에게 지원받는다.

2. 장애이해교육

1) 목적

(1) 학생, 교직원, 학부모의 장애 인식 개선을 돕고 장애인에 대한 편견을 제거한다.

(2) 통합교육 분위기를 확산시켜 특수교육 대상자가 학교생활에 원만하게 적응할 수 있도록 한다.

2) 방침

(1) 장애이해교육은 전교생을 대상으로 연 2회 이상 실시한다.

(2) 장애인의 날 계기교육을 창의적 체험활동으로 학교 교육과정에 편성하여 실시한다.

(3) 장애이해교육이 교과와 연계하여 실시되도록 관련 자료를 교사에게 제공한다.

3) 세부 운영계획

시기	대상	항목	내용	장소	비고
3월	학부모	입학식	통합교육, 특수학급 안내	강당	
	통합담임	연수	장애 유형별 일반학급에서의 지도방법 인쇄물 제공	–	
4월	전교생	장애인의 날	장애인의 날 행사	특수학급 교실	
	학부모	장애인의 날	가정통신문을 통해 장애인의 날에 대한 안내, 「장애인차별금지 및 권리 구제 등에 관한 법률」 등의 정보 전달	가정	
	교직원	장애인의 날	장애인의 날에 대한 안내, 「장애인차별금지 및 권리 구제 등에 관한 법률」 등의 인쇄물 제공	–	
8월	교직원	통합교육	장애 이해를 위한 통합교육의 필요성과 중요성에 관한 연수	–	
10월	전교생	장애이해교육	장애 이해 도서를 선정해 독후감 대회 개최	각 학급	
12월	전교생	학급전시회	학급 전시회 초청	특수학급	

3. 장애인의 날 행사 계획

1) 목적

교사 · 학생 · 학부모를 대상으로 장애에 대한 편견이나 특수교육 대상학생에 대한 부정적 인식을 개선하고 학생들이 장애를 편견 없이 받아들여 도움이 필요한 친구와의 친밀한 관계 형성을 통해 더불어 살아가는 민주시민의 태도를 함양할 수 있도록 한다.

이러한 장애인의 날 행사를 통하여 통합교육 환경 내에서 특수교육 대상학생의 원만한 학교생활 적응 및 교육적 효과를 증진시키는 것에 그 목적을 둔다.

2) 세부 추진계획

일시	대상	내용	장소	비고
4월 20일 장애인의 날	전교생	장애 인식 개선과 인권에 대한 샌드아트 공연	강당	드림 공연팀
		'장애인의 날' 5행시 대회 개최	각 학급	총 5명 선정 상품 제공
	학부모	가정통신문을 통해 장애인의 날에 대한 안내, 「장애인차별금지 및 권리 구제 등에 관한 법률」 등의 정보 전달	–	
	교직원	장애인의 날에 대한 안내, 「장애인차별금지 및 권리 구제 등에 관한 법률」 등의 인쇄물 제공	–	

4. 교내 행사 및 체험학습 참여계획

교내 행사 및 체험학습은 원적 학급에서의 참여를 원칙으로 하며 부가적인 도움이 필요한 경우 특수교사나 실무원을 활용하여 지원한다.

(1) 전교생 운동회
- 일시: 5월 첫째 주 금요일
- 행사 전 미리 사전교육과 지켜야 할 규칙을 설명한다.
- 특수교사는 특수교육 대상학생이 속한 학급을 순회하며 필요한 도움을 제공한다.
- 장사랑(지체장애) 학생은 실무원의 도움을 받아서 이동할 수 있도록 하며 피로감을 느낄 경우 휴식을 제공한다.
- 이온유(청각장애) 학생을 앞자리에 배치하여 시각적인 촉구를 받을 수 있도록 한다.
- 홍기쁨(지적장애) 학생이 자리를 이탈하지 않도록 미리 통합학급 교사와 지도계획을 수립한다.
- 모든 학생이 적극적으로 참여하도록 칭찬하고 격려한다.

(2) 현장학습
- 현장학습 전 미리 사전교육과 지켜야 할 규칙을 설명한다.
- 장사랑(지체장애) 학생은 실무원의 도움을 받아서 이동할 수 있도록 하며 피로감을 느낄

경우 휴식을 제공한다.
- 홍기쁨(지적장애) 학생의 학부모님과 연락해 여분의 바지를 챙겨 오도록 한다.
- 특수교사는 학생의 상태를 수시로 확인하며 필요한 도움을 제공한다.
- 특수교사는 통합학급 교사와 미리 논의하여 각 학생에 대한 지도계획을 수립한다.
- 학생들이 자리를 이탈하거나 낙오되지 않도록 주의를 기울인다.

5. 장애학생 인권 지원계획

1) 목적

장애학생의 자기결정권을 기르고 자신의 권리를 알아 타인으로부터 자기를 보호하고 타인의 권리를 침해하는 일이 없도록 한다.

2) 중점추진 내용

(1) 학교 내 장애학생 인권존중 분위기 조성
① 학교폭력 가해 또는 피해 학생이 장애학생인 경우 전담기구 및 자치위원회에 특수교육전문가(위원 또는 참고인)가 참여하여 장애학생의 장애 정도, 특수성에 대한 의견 제시
② 관리자 및 통합학급 교사에 대한 장애학생 인권교육 연수 권장
③ 교직원 및 학부모를 대상으로 장애인권교육 실시

(2) 비장애학생 대상 장애인권교육 실시
① 학기당 1회 다양성 존중(장애학생의 인권)에 관한 교육 실시
② 학교폭력 예방교육 시 장애학생에 대한 학교폭력 예방 포함(외부강사 수업 시 안내하여 포함 요청)

(3) 장애학생 대상 인권교육 실시
① 장애학생 대상으로 자기보호 역량강화(성폭력 예방 및 인권) 교육 실시
② 장애학생지원부서를 지정하여 효과적으로 실시한다.
③ 구체적인 장애인권교육 실시계획은 다음과 같다.

구분	시기	내용	대상
통합교육을 위한 학교 문화 조성	학기 초 연중	• 특수교육 대상학생에 대한 교육적 요구와 장애 특성에 대한 안내 • 통합교육방법에 대한 안내 • 학기 초 적응에 대한 상담 • 통합학급 운영과 실제 안내	통합학급 담임교사
	연중	〈다양성 존중 교육〉 • 교육과정과 연계한 학년 수준에 맞는 교육 실시 • 장애를 가진 친구를 이해하는 방법에 대한 설명 • 나와 다른 친구를 바르게 도와주고 어울리는 방법 알려 주기	전교생 (창체 및 교과)
	연중	〈통합교육 분위기 조성〉 • 교직원, 학부모, 학생 대상 연수 실시 • 학교 방송을 통한 통합교육 연수 실시 • 통합교육 소식지(인권교육 및 장애학생 성폭력 예방 교육) 발간 • 장애 인식 개선 관련 도서 안내	전교생 학부모 교직원
	연중	〈또래관계 형성〉 • 쉬는 시간, 점심시간을 이용한 일상적인 어울림 • 특수학급의 친구 초대의 날 운영	통합학급학생 특수교육 대상학생
	연중	〈장애인권교육〉 • 자신의 소중함 알고 자존감 높이기 • 상황을 인식하고 스스로 결정하기	특수교육 대상학생
체험형 통합교육 프로그램 운영	연중	〈통합 현장체험학습〉 • 주제가 있는 통합 현장체험 프로그램 계획 실시 • 통합 현장체험 프로그램 실시 및 평가	미정

참고문헌

김두희(2020). 교양교과목(미디어를 통한 장애인의 이해)의 토의식수 업이 대학생들의 장애인식에 미치는 영향. 한국교양학회, 14(3), 111-126.

신진숙(2014). 통합교육. 경기: 양서원.

신현기, 최세민, 유장순, 김희규(2005). 통합교육의 이론과 실제. 서울: 박학사.

한국통합교육학회 편(2018). 통합교육. 서울: 학지사.

Causton, J., Chelsea, P., & Tracy-Bronson, M. A.(2018). 통합교육: 일반 교사와 특수교사를 위한 안내서(이효정 역). 서울: 학지사.

Salend, S. J. (2011). *Creating Inclusive Classroom* (7th ed.). Upper Saddle River, NJ: Merrill/Pearson Education.

| 제8장 |

교원 신분 및 교원 인사

1. 교원 신분

1) 교육공무원과 교원

우리나라는 교육공무원이 국가공무원에 속하는 전 세계에서 몇 안 되는 국가 중에 하나이다. 그것은 군사부일체(君師父一體), 즉 스승을 존중하는 우리나라의 전통이 반영된 것이라고 할 수 있지만 그만큼 교원들에게 공무원으로서의 높은 도덕성과 품위유지를 요구한다고 할 수 있다.

교육공무원은 교육을 통하여 국민에게 봉사하는 직무와 책임의 특수성을 가진 공무원으로서 그 자격, 임용, 보수, 연수 및 신분보장 등에 관하여「국가공무원법」및「지방공무원법」에 대한 특례를 규정한「교육공무원법」이 적용된다. 교육공무원은「교육공무원법」에서 [그림 8-1]과 같이 열거하고 있다.

여기서 교원은 교육기관(국공립 유, 초 · 중 · 고등학교, 대학교)에 근무하는

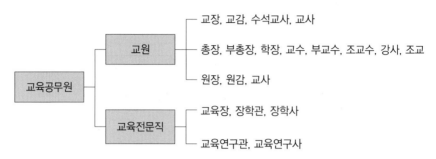

[그림 8-1] 교육공무원의 정의(「교육공무원법」 제2조)

교장, 교감, 교사, 원장, 원감, 교수, 학장, 총장을 일컫는다. 교육전문직은 국·공립 교육기관·교육행정기관·연구기관에 근무하는 장학관, 장학사, 교육연구관, 교육연구사 등을 말한다. 반면에 교직원은 학교에서 근무하는 교원과 학교 행정직원 및 교육공무직을 포함하는 개념이라고 할 수 있다.

사립학교 교원은 근무학교의 운영 주체가 국가 및 지방자치단체가 아니므로 교육공무원은 아니다. 다만, 사립학교 교원의 신분과 대우는 「사립학교법」에 근거하여 교육공무원의 신분보장과 권리, 의무, 그에 따른 처벌을 그대로 적용받도록 규정되어 있다.

2) 교원의 자격 기준

교원의 자격 기준은 「초·중등교육법」 제21조에 규정되어 있다.

- 교장과 교감은 〈표 8-1〉의 자격 기준에 해당하는 사람으로서 대통령령으로 정하는 바에 따라 교육부장관이 검정·수여하는 자격증을 받은 사람이어야 한다.
- 교사는 〈표 8-2〉 정교사(1급·2급), 준교사, 전문상담교사(1급·2급), 사서교사(1급·2급), 실기교사, 보건교사(1급·2급) 및 영양교사(1급·2급)로 나

누되, 〈표 8-2〉의 자격 기준에 해당하는 사람으로서 대통령령으로 정하는 바에 따라 교육부장관이 검정·수여하는 자격증을 받은 사람이어야 한다.

• 수석교사는 제2항의 자격증을 소지한 사람으로서 15년 이상의 교육경력(「교육공무원법」제2조 제1항에 따른 교육전문직원으로 근무한 경력을 포함한다)을 가지고 교수·연구에 우수한 자질과 능력을 가진 사람 중에서 대통령령으로 정하는 바에 따라 교육부장관이 정하는 연수 이수 결과를 바탕으로 검정·수여하는 자격증을 받은 사람이어야 한다.

〈표 8-1〉 교장·교감 자격 기준(「초·중등교육법」제21조 제1항 관련)

학교별 ＼ 자격	교장
중등학교	1. 중등학교의 교감 자격증을 가지고 3년 이상의 교육경력과 일정한 재교육을 받은 사람 2. 학식·덕망이 높은 사람으로서 대통령령으로 정하는 기준에 해당한다는 인정을 교육부장관으로부터 받은 사람 3. 교육대학·전문대학의 학장으로 근무한 경력이 있는 사람 4. 특수학교의 교장 자격증을 가진 사람 5. 공모 교장으로 선발된 후 교장의 직무수행에 필요한 교양과목, 교직과목 등 교육과학기술부령으로 정하는 연수과정을 이수한 사람
초등학교	1. 초등학교의 교감 자격증을 가지고 3년 이상의 교육경력과 일정한 재교육을 받은 사람 2. 학식·덕망이 높은 사람으로서 대통령령으로 정하는 기준에 해당한다는 인정을 교육부장관으로부터 받은 사람 3. 특수학교의 교장 자격증을 가진 사람 4. 공모 교장으로 선발된 후 교장의 직무수행에 필요한 교양과목, 교직과목 등 교육부령으로 정하는 연수과정을 이수한 사람
고등기술학교	1. 중등학교의 교장 자격증을 가진 사람 2. 실기교사 자격증을 가지고 9년 이상의 교육경력과 일정한 재교육을 받은 사람
특수학교	1. 특수학교의 교감 자격증을 가지고 3년 이상의 교육경력이 있는 사람으로서 일정한 재교육을 받은 사람 2. 초등학교 또는 중등학교의 교장 자격증을 가지고 필요한 보수(補修)교육을 받은 사람. 이 경우 특수학교 교원 자격증을 가졌거나 특수학교(특수학급을 포함한다)에서 교원으로 근무한 경력이 있으면 보수교육을 면제한다.

3. 학식 · 덕망이 높은 사람으로서 대통령령으로 정하는 기준에 해당한다는 인정을 교육부장관으로부터 받은 사람

4. 공모 교장으로 선발된 후 교장의 직무수행에 필요한 교양과목, 교직과목 등 교육부령으로 정하는 연수과정을 이수한 사람

자격 학교별	교감
중등학교	1. 중등학교 정교사(1급) 자격증을 가지고 3년 이상의 교육경력과 일정한 재교육을 받은 사람 2. 중등학교 정교사(2급) 자격증을 가지고 6년 이상의 교육경력과 일정한 재교육을 받은 사람 3. 교육대학의 교수 · 부교수로서 6년 이상의 교육경력이 있는 사람 4. 특수학교의 교감 자격증을 가진 사람
초등학교	1. 초등학교 정교사(1급) 자격증을 가지고 3년 이상의 교육경력과 일정한 재교육을 받은 사람 2. 초등학교 정교사(2급) 자격증을 가지고 6년 이상의 교육경력과 일정한 재교육을 받은 사람 3. 특수학교의 교감 자격증을 가진 사람
고등기술학교	1. 중등학교 교감 자격증을 가진 사람 2. 실기교사 자격증을 가지고 6년 이상의 교육경력과 일정한 재교육을 받은 사람
특수학교	1. 특수학교 정교사(1급) 자격증을 가지고 3년 이상의 교육경력이 있는 사람으로서 일정한 재교육을 받은 사람 2. 특수학교 정교사(2급) 자격증을 가지고 6년 이상의 교육경력과 일정한 재교육을 받은 사람 3. 초등학교 또는 중등학교의 교감 자격증을 가지고 필요한 보수교육을 받은 사람. 이 경우 특수학교 교원 자격증을 가졌거나 특수학교(특수학급을 포함한다)에서 교원으로 근무한 경력이 있으면 보수교육을 면제한다.

〈표 8-2〉 교사 자격 기준(「초 · 중등교육법」 제21조 제2항 관련)

자격 학교별	정교사(1급)
중등학교	1. 중등학교의 정교사(2급) 자격증을 가지고 교육대학원 또는 교육부장관이 지정하는 대학원 교육과에서 석사학위를 받은 사람으로서 1년 이상의 교육경력이 있는 사람 2. 중등학교 정교사 자격증을 가지지 아니하고 교육대학원 또는 교육부장관이 지정하는 대학원 교육과에서 석사학위를 받은 후 교육부장관으로부터 중등학교 정교사(2급) 자격증을 받은 사람으로서 3년 이상의 교육경력이 있는 사람 3. 중등학교의 정교사(2급) 자격증을 가진 사람으로서 3년 이상의 교육경력을 가지고 일정한 재교육을 받은 사람 4. 교육대학 · 전문대학의 교수 · 부교수로서 3년 이상의 교육경력이 있는 사람

초등학교	1. 초등학교 정교사(2급) 자격증을 가진 사람으로서 3년 이상의 교육경력을 가지고 일정한 재교육을 받은 사람 2. 초등학교 정교사(2급) 자격증을 가진 사람으로서 교육경력이 3년 이상이고, 방송통신대학 초등교육과를 졸업한 사람 3. 초등학교 정교사(2급) 자격증을 가지고 교육대학원 또는 교육부장관이 지정하는 대학원의 교육과에서 초등교육과정을 전공하여 석사학위를 받은 사람으로서 1년 이상의 교육경력이 있는 사람
특수학교	1. 특수학교 정교사(2급) 자격증을 가지고 3년 이상의 교육경력이 있는 사람으로서 일정한 재교육을 받은 사람 2. 특수학교 정교사(2급) 자격증을 가지고 1년 이상의 교육경력이 있는 사람으로서 교육대학원 또는 교육부장관이 지정하는 대학원에서 특수교육을 전공하고 석사학위를 받은 사람 3. 유치원 · 초등학교 또는 중등학교 정교사(1급) 자격증을 가지고 필요한 보수교육을 받은 사람 4. 유치원 · 초등학교 또는 중등학교 정교사(2급) 자격증을 가지고 1년 이상의 교육경력이 있는 사람으로서 교육대학원 또는 교육부장관이 지정하는 대학원에서 특수교육을 전공하고 석사학위를 받은 사람

학교별＼자격	정교사(2급)
중등학교	1. 사범대학을 졸업한 사람 2. 교육대학원 또는 교육부장관이 지정하는 대학원 교육과에서 석사학위를 받은 사람 3. 임시 교원양성기관을 수료한 사람 4. 대학에 설치하는 교육과를 졸업한 사람 5. 대학 · 산업대학을 졸업한 사람으로서 재학 중 일정한 교직과(敎職科) 학점을 취득한 사람 6. 중등학교 준교사 자격증을 가진 사람으로서 2년 이상의 교육경력을 가지고 일정한 재교육을 받은 사람 7. 초등학교의 준교사 이상의 자격증을 가지고 대학을 졸업한 사람 8. 교육대학 · 전문대학의 조교수 · 전임강사로서 2년 이상의 교육경력이 있는 사람 9. 제22조에 따른 산학겸임교사 등(명예교사는 제외한다)의 자격 기준을 갖춘 사람으로서 임용권자의 추천과 교육감의 전형을 거쳐 교육감이 지정하는 대학 또는 교원연수기관에서 대통령령으로 정하는 교직과목과 학점을 이수한 사람. 이 경우 임용권자의 추천 대상자 선정기준과 교육감의 전형 기준에 관하여는 대통령령으로 정한다.
초등학교	1. 교육대학을 졸업한 사람 2. 사범대학을 졸업한 사람으로서 초등교육과정을 전공한 사람 3. 교육대학원 또는 교육부장관이 지정하는 대학원의 교육과에서 초등교육과정을 전공하고 석사학위를 받은 사람 4. 초등학교 준교사 자격증을 가진 사람으로서 2년 이상의 교육경력을 가지고 일정한 재교육을 받은 사람

	5. 중등학교 교사자격증을 가진 사람으로서 필요한 보수교육을 받은 사람
	6. 전문대학을 졸업한 사람 또는 이와 같은 수준 이상의 학력이 있다고 인정되는 사람을 입소 자격으로 하는 임시 교원양성기관을 수료한 사람
	7. 초등학교 준교사 자격증을 가진 사람으로서 교육경력이 2년 이상이고 방송통신대학 초등교육과를 졸업한 사람
특수학교	1. 교육대학 및 사범대학의 특수교육과를 졸업한 사람 2. 대학·산업대학의 특수교육 관련 학과를 졸업한 사람으로서 재학 중 일정한 교직과정을 마친 사람 3. 대학·산업대학의 특수교육 관련 학과를 졸업한 사람으로서 교육대학원 또는 교육부장관이 지정하는 대학원에서 특수교육을 전공하고 석사학위를 받은 사람 4. 유치원·초등학교 또는 중등학교 정교사(2급) 자격증을 가지고 필요한 보수교육을 받은 사람 5. 유치원·초등학교 또는 중등학교 정교사(2급) 자격증을 가지고 교육대학원 또는 교육부장관이 지정하는 대학원에서 특수교육을 전공하고 석사학위를 받은 사람 6. 특수학교 준교사 자격증을 가지고 2년 이상의 교육경력이 있는 사람으로서 일정한 재교육을 받은 사람 7. 유치원·초등학교·중등학교 또는 특수학교 준교사 자격증을 가지고 2년 이상의 교육경력이 있는 사람으로서 교육대학원 또는 교육부장관이 지정하는 대학원에서 특수교육을 전공하고 석사학위를 받은 사람

유치원의 원장과 원감에 대한 규정은 별도로 「유아교육법」에 그 자격이 규정되어 있다. 다음 〈표 8-3〉을 참조하라.

〈표 8-3〉 원장·원감 자격 기준(제22조 제1항 관련)〈개정 2013. 3. 23.〉

종별 \ 자격	자격 기준
원장	1. 유치원의 원감자격증을 가지고 3년 이상의 교육경력과 소정의 재교육을 받은 자 2. 학식·덕망이 높은 자로서 대통령령이 정하는 기준에 해당한다고 교육부장관의 인정을 받은 자
원감	1. 유치원 정교사(1급)자격증을 가지고 3년 이상의 교육경력과 소정의 재교육을 받은 자 2. 유치원 정교사(2급)자격증을 가지고 6년 이상의 교육경력과 소정의 재교육을 받은 자

비고: 1. 원장·원감, 「초·중등교육법」의 규정에 의한 교장·교감, 교육장·장학관·장학사·교육연구관·교육연구사의 경력연수는 교육경력연수로 볼 수 있다.

또한 교육전문직원과 수석교사의 자격 기준은 「교육공무원법」에서 다음
과 같이 정하고 있다.

〈표 8-4〉 교육전문직원의 자격 기준(제9조 관련)〈개정 2011. 9. 30.〉

기준 / 종별	자격 기준
장학관 · 교육연구관	1. 대학 · 사범대학 · 교육대학 졸업자로서 7년 이상의 교육경력이나 2년 이상의 교육경력을 포함한 7년 이상의 교육행정경력 또는 교육연구경력이 있는 사람 2. 2년제 교육대학 또는 전문대학 졸업자로서 9년 이상의 교육경력이나 2년 이상의 교육경력을 포함한 9년 이상의 교육행정경력 또는 교육연구경력이 있는 사람 3. 행정고등고시 합격자로서 4년 이상의 교육경력이나 교육행정경력 또는 교육연구경력이 있는 사람 4. 2년 이상의 장학사 · 교육연구사의 경력이 있는 사람 5. 11년 이상의 교육경력이나 2년 이상의 교육경력을 포함한 11년 이상의 교육연구경력이 있는 사람 6. 박사학위를 소지한 사람
장학사 · 교육연구사	1. 대학 · 사범대학 · 교육대학 졸업자로서 5년 이상의 교육경력이나 2년 이상의 교육경력을 포함한 5년 이상의 교육행정경력 또는 교육연구경력이 있는 사람 2. 9년 이상의 교육경력이나 2년 이상의 교육경력을 포함한 9년 이상의 교육행정경력 또는 교육연구경력이 있는 사람

비고
1. 이 표의 "대학"은 한국방송통신대학 학사과정을, "전문대학"은 한국방송통신대학 전문대학과정과 종전의 초급대학, 실업고등전문학교 및 전문학교를 포함한다.
2. 특수지 근무를 위하여 장학관, 교육연구관 또는 장학사, 교육연구사를 임용할 때에는 교육경력으로 교육행정경력 또는 교육연구경력을 갈음할 수 있다.

〈표 8-5〉 수석교사의 자격 기준(제6조 제2항 관련)〈개정 2011. 9. 30.〉

기준 / 직명	자격 기준
유치원 (「유아교육법」 제22조)	유치원정교사(1급, 2급)의 자격증을 소지한 사람으로서 15년 이상의 교육경력(교육전문직경력 포함)을 가지고 교수연구에 우수한 자질과 능력을 가진 사람 중에서 대통령령으로 정하는 바에 따라 교육부장관이 정하는 연수이수 결과를 바탕으로 검정 수여하는 자격증을 받은 사람이어야 한다.
초 · 중등, 특수 (「초 · 중등교육법」 제21조)	정교사(1급, 2급)의 자격증을 소지한 사람으로서 15년 이상의 교육경력(교육전문직경력 포함)을 가지고 교수연구에 우수한 자질과 능력을 가진 사람 중에서 대통령령으로 정하는 바에 따라 교육부장관이 정하는 연수이수 결과를 바탕으로 검정 수여하는 자격증을 받은 사람이어야 한다.

3) 교원의 의무와 책임

(1) 교원의 의무

① 선서의 의무: 취임 시 소속기관장 앞에서 선서(선서문: 「국가공무원법」 〈별표 1〉 참조)

② 직무상 의무

• 성실의 의무: 법령을 준수하여 성실히 직무 수행

• 복종의 의무: 직무를 수행함에 있어 소속 상관의 직무상 명령에 복종

• 친절공정의 의무: 국민 전체의 봉사자로서 친절 공정한 의무

• 비밀엄수의 의무: 재직 중, 퇴직 후에도 직무상 취득한 비밀 엄수

• 청렴의 의무: 직무와 관련 직·간접을 불문하고 사례·증여·향응·수수 불가, 소속 상관이나 공무원 간에 증여 불가

• 품위유지의 의무: 직무 내외를 불문하고 품위 훼손 행위 불가

• 연찬의 의무: 직책 수행을 위한 부단한 연구와 수양에 노력

③ 직무전념의 의무

• 직장이탈 금지: 소속 상관의 허가 또는 정당한 이유 없이 직장 이탈금지

• 영리업무 및 겸직 금지

  – 공무 이외의 영리 목적의 업무에 종사하지 못하며 소속 기관장의 허가 없이 겸직불가

  – 겸직허가: 영리업무에 해당되지 아니하는 다른 직무를 겸직하고자 할 때, 소속 기관장의 사전허가를 받아야 함(허가는 담당 직무수행에 지장이 없는 경우만)

• 정치운동 금지

  – 정당, 기타 정치단체 결성 관여 및 가입 금지

  – 선거에 있어서 특정 정당, 특정인 지지 또는 반대 행위 금지

• 집단행위 금지: 사실상 노무에 종사하는 공무원을 제외하고는 노동운동,

기타 공무 이외의 일을 위한 집단행위 금지

　※ 교원은 특별시, 광역시·도 단위 또는 전국 단위에 한하여 노동조합

　　설립 가능

　- 교원의 노동조합 설립 및 운영에 관한 법률

- **영예제한**: 대통령의 허가 없이 외국 정부로부터 영예 또는 증여를 받지

못함

(2) 교원의 책임

① 국민 전체의 봉사자로서 창의와 성실로써 책임 완수

② 행정상의 책임

- **징계책임**

　- 징계사유

　　* 「국가공무원법」 및 동법에 의한 명령위반

　　* 직무상의 의무 위반 및 직무태만

　　* 직무 내외 불문, 체면 또는 위신손상 행위

　- 징계의 종류

　　* 중징계: 파면, 정직, 감봉

　　* 경징계: 감봉, 견책

- **변상책임**: 국가 재산상 손해를 끼쳤을 때 「국가배상법」 및 「회계관계 직원

등의 책임에 관한 법률」에 의한 변상책임을 짐

③ 형사상의 책임: 공무원의 행위가 특별권력관계에 있는 공무원으로서의

책임 외에 일반 법익을 침해하는 경우에는 징계벌을 가하는 이외에 형벌

을 병과할 수 있음

2. 교원 인사

교원 인사는 교원의 신분과 자격, 선발과 임명, 전보와 승진, 근무 부담과 휴가, 보수와 후생, 신분보장, 징계, 퇴직제도, 근무평정, 교직단체, 윤리강령 등 광범위한 내용을 포함하는 개념이다.

인사 관련 용어

먼저, 교원인사에 대해서 알아보기 전에 교육인사행정에 사용되는 인사 관련 용어부터 익혀야 할 필요가 있다.

- **교육기관**
  - 「유아교육법」 제2조에서 정의하는 유치원
  - 「초 · 중등교육법」 제2조에서 정의하는 학교(1. 초등학교 2. 중학교 · 고등공민학교 3. 고등학교 · 고등기술학교 4. 특수학교 5. 각종학교)
  - 「초 · 중등교육법」 제39조에서 정의하는 연수기관
  - 교육관계법령이나 조례에 따라 설치되는 학생수련기관 등 교육연수기관
- **교육행정기관**: 「교육공무원법」 제2조 제3항(교육부 및 그 소속기관과 시 · 도 · 군의 교육 관서)
- **교육연구기관**: 교육에 관하여 전문적으로 조사 · 연구를 하기 위하여 설립된 국립 또는 공립의 기관
- **교육공무원**: 「교육공무원법」 제2조 제2항. 교육기관의 교원, 교육행정기관의 장학관, 장학사, 교육연구관, 교육연구사
- **임용**: 「교육공무원법」 제2조 제5항, 공무원임용령 제2조 제1항. 작게는 신규채용, 승진, 겸임 등 어떤 사람에게 임무를 맡기고 쓰는 것을 말하

나, 크게는 휴직, 강임, 직위해제 등 인사행위를 통칭함
- **직위**: 1인의 교육공무원에게 부여할 수 있는 직무와 책임
- **직급**: 직무의 종류, 곤란성과 책임도가 상당히 유사한 직위의 군
- **직렬**: 직무의 종류가 유사하고, 그 책임과 곤란성의 정도가 상이한 직급의 군
- **승진**: 하위직급에서 직무의 책임도와 곤난도가 높은 상위직급으로의 수직적 인사 이동

  예) 교사 → 교감(원감) → 교장(원장)

    장학사 → 장학관

    교육연구사 → 교육연구관
- **승급**: 일정 재직기간 경과 또는 법령 등의 규정에 의하여 상위 호봉 부여
- **전직**: 교육공무원의 종별과 자격을 달리하는 임용 또는 직렬을 달리하는 임용

  예) 교사, 교감(원감), 교장(원장) ↔ 교육전문직

    교육연구사 ↔ 장학사, 교육연구관 ↔ 장학관

    초등학교 교원 ↔ 중등학교 교원

    유치원 교원 ↔ 초등학교 교원, 중등학교 교원
- **전보**: 교육공무원의 동일 직위 및 자격 내에서 근무기관이나 부서를 달리하는 임용

  예) - 정기 전보

    - 비정기 전보

    ※ 교육감 또는 교육장, 학교장이 교육상 전보가 불가피하다고 인정되는 사유로 임용권자에게 전보 요청을 할 수 있으며 교원 운용에 지장이 없는 범위 안에서 특별한 사유가 없는 한 이에 응하여야 함

    * 직무수행능력이 부족하거나 근무성적이 저조한 교원(단, 이 경우 학교장은 전보요청 전에 당해 교원의 능력개발을 위한 직무연수를 부과하

여야 함)

  * 징계처분을 받은 교원

  * 「교육공무원법」 제10조의3 제1항 각 호(금품수수, 시험문제 유출, 학생에 대한 신체적 폭력)의 사유와 관련하여 징계에 이르지 않는 주의 또는 경고 처분을 받은 교원

  * 당해 학교에서 재직하는 동안 3회 이상 징계에 이르지 않는 주의 또는 경고 처분을 받은 교원

  * 기타 임용권자가 정하는 사유

  - 전보 유예(「교육공무원 임용령」 제13조의3 제5항)

  ※ 교육상 특히 필요하다고 인정할 때에는 전보권자가 정하는 기간 동안 유예 가능

    - 공립학교의 장은 해당 학교 교육과정의 원활한 운영과 학교 발전을 위하여 해당 학교에 근무 중인 교원의 동의를 받아 다른 기관으로의 전보 유예를 임용권자에게 요청할 수 있음

• 겸임: 임용권자의 필요에 따라서 한 사람에게 둘 또는 그 이상의 직위를 부여하는 것

  ※ 겸직: 개인적인 필요에 의해서 둘 이상의 직위를 부여하는 것

• 파견근무: 업무수행 또는 그와 관련된 행정지원, 연수, 기타 능력개발 등을 위하여 공무원을 다른 기관으로 일정한 기간 동안 이동시켜 근무하게 하는 것

• 강임: 동종의 직무 내에서 하위 직위를 임명하는 것

• 직위해제: 공무원에게 그의 직위를 계속 유지시킬 수 없다고 인정되는 사유가 있는 경우에 이미 부여된 직위를 해면하는 행정행위

• 파면: 징계의 일종, 공무원을 강제 퇴임시키는 것. 퇴직급여 1/2 지급

• 해임: 징계의 종류, 3년간 임용 자격 제한되나 퇴직급여에는 전혀 제한 없음

- **휴직**: 공무원의 신분은 보유하되 직무 담임을 일시 해제하는 것
- **정직**: 징계의 일종으로 공무원의 신분은 보유하되 직무에 종사하지 못하도록 하고 그 기간 중 보수의 2/3를 감액지급(1월 이상 3월 이하의 기간)
- **감봉**: 징계의 일종으로 일정한 기간 봉급의 1/3을 감하는 것(1~3개월)
- **견책**: 징계의 일종, 전과에 대하여 훈계하고 회개하게 하는 것
- **면직**: 공무원 관계를 소멸시키는 것
- **퇴직**: 휴직, 사직, 기타 사망 외의 사유로 인한 모든 해직을 말함
- **복직**: 휴직, 직위해제, 또는 정직 중에 있는 교육공무원을 직위에 복귀시키는 것
- **직무대리**: 관청의 권한, 즉 직무를 당해 관청 자신이 행사하지 않고 다른 사람으로 하여금 대신케 하는 것
- **인사교류**: 공무원의 경력 발전 계통을 어느 한 기관에 국한시키지 않고 담당업무의 성격이 유사한 범위 내에서 기관 상호 간에 이동시키는 것
- **추서**: 사망한 자를 사망 당일의 직급보다 상위의 직급으로 임용하는 것
- **교육훈련**: 공무원의 직무수행에 필요한 기술과 지식을 습득케 하여 가치관, 태도발생적 향상을 기하려는 인사활동
- **교원**: 교육기관에서 원아나 학생을 직접 지도하는 사람 또는 각급 학교에서 원아나 학생을 직접 지도 교육하는 사람

3. 교원 임용과 승진

1) 교원의 임용

(1) 임용의 정의

「교육공무원법」제2조 제6항에 따르면, 임용이란 교육공무원의 신분을 발생·변경 및 소멸시키는 행위로서 신규채용·승진·승급·전직·전보·겸임·파견·강임·휴직·직위해제·정직·복직·면직·해임 및 파면 등을 말한다. 임용은 자격, 근무성적, 연수성적, 기타 능력의 실증에 의하여 행해지며, 임용 방법과 절차는 국·공립학교와 사립학교 간, 대학 간에 차이가 있다.

(2) 교원의 신규채용

채용은 모집과 시험을 포함하는 선발과 임명의 과정이다. 모집은 공무원으로 임용하기 위해 적합한 후보자를 유인하는 절차를 말하고, 시험은 후보자들 중에서 적격자를 선발하는 과정이며, 임명은 선발된 후보자에게 직위를 부여하는 행위를 말한다. 교사 임용과정을 살펴보면 다음과 같다.

- 교사의 채용: 공개전형에 의하여 선발하며 필기시험, 실기시험 및 면접 등의 방법에 의한다(「교육공무원법」제11조 및 「교육공무원임용령」제11조).
- 응시자격: 채용 예정직에 해당하는 교사자격증을 취득한 자 및 교사자격증을 취득할 졸업예정자 또는 수료예정자 포함(「교육공무원임용령」제11조의3)
- 교사임용후보자명부(「교육공무원임용령」제10조, 제12조, 「교사임용후보자명부 작성규칙」제3조~제8조)
  - 공개전형에 합격한 자에 대하여 순위 명부 작성 비치

- 유치원, 초등학교, 중등학교(교과목별), 특수학교(지역에 따라 과목구분 있음), 실기(교과목별), 보건교사, 사서교사, 영양교사, 전문상담교사로 구분하여 작성
- 고순위자 순으로 채용예정인원의 3배수 범위 안에서 임용 또는 임용 제청
- 명부의 유효기간: 작성일부터 1년(2년의 범위 안에서 연장 가능)
- 임용되지 아니한 자의 명부 처리: 유효 기간 연장의 경우 연장 기간 내의 새로 시행한 공개 전형 합격자 순위보다 상위에 등재

• 명부에서 삭제되는 경우
  - 교사로 임용된 때
  - 「국가공무원법」 제33조(임용의 결격 사유) 각 호의 1에 해당한 때
  - 공무원채용신체검사에서 불합격 판정을 받을 때

• 임용후보자의 부활
  - 결격사유 해당자: 삭제된 자로 해당 결격 사유가 소멸된 때. 다만, 그 사실이 입증된 경우에 한함
  - 채용신체검사 불합격으로 삭제된 자: 심신의 장애가 치유된 때(신체검사 불합격 판정을 한 의료기관장의 증명 첨부)
  - 부활되는 자의 순위: 그 명부의 최하 순위

• 임용의 연기 신청: 병역법에 의한 병역 복무 시
  - 복무 만료 시 명부의 최상 순위자보다 상위에 등재

(3) 임용의 제한(「교육공무원법」 제10조의3)

다음 각 호의 어느 하나의 행위로 인하여 파면 · 해임되거나 금고 이상의 형을 선고받은 사람은 원칙적으로 교원으로 채용할 수 없다.

• 금품수수 행위

- 시험문제 유출 및 성적조작 등 학생성적 관련 비위 행위
- 학생에 대한 신체적 폭력행위

〈공무원 임용의 결격사유〉
- 「국가공무원법」 제33조의 결격사유
  - 피성년후견인
  - 파산자로서 복권되지 아니한 자
  - 금고 이상의 형을 받고 집행 종료 또는 집행을 받지 않기로 확정된 후 5년 미경과자
  - 금고 이상의 형을 받고 집행유예 완료 후 2년 미경과자
  - 금고 이상 형의 선고유예 기간 중인 자
  - 법원의 판결 또는 다른 법률에 의하여 자격 상실 또는 정지된 자
  - 공무원으로 재직기간 중 직무와 관련하여 「형법」 제355조 및 제356조에 규정된 범죄를 범한 자로서 300만 원 이상의 벌금형을 선고받고 그 형이 확정된 후 2년이 지나지 아니한 자
  - 징계에 의한 파면 처분을 받은 때로부터 5년 미경과자
  - 징계에 의한 해임 처분을 받은 때로부터 3년 미경과자
- 「교육공무원법」 제10조의4 제2호 결격사유
  - 미성년자에 대한 성폭력범죄 행위로 파면·해임되거나 100만 원 이상의 벌금형이나 그 이상의 형을 선고받아 그 형이 확정된 사람(집행유예를 선고받은 후 그 집행유예기간이 경과한 사람을 포함한다)
- 공직선거법 제266조(선거범죄로 인한 공무담임 등의 제한)
- 다른 법률의 규정에도 불구하고 제230조(매수 및 이해유도죄), 제231조 (재산상의 이익목적의 매수 및 이해유도죄), 제232조(후보자에 대한 매수 및 이해유도죄), 제234조(당선무효유도죄), 제237조부터 제255조까지, 제256조 제1항·제2항, 제257조부터 제259조까지의 죄(당내경선과 관련한

죄는 제외한다) 또는 「정치자금법」 제49조의 죄(선거비용)를 범함으로 인하여 징역형의 선고를 받은 자는 그 집행을 받지 아니하기로 확정된 후 또는 그 형의 집행이 종료되거나 면제된 후 10년간, 형의 집행유예의 선고를 받은 자는 그 형이 확정된 후 10년간, 100만 원 이상의 벌금형의 선고를 받은 자는 그 형이 확정된 후 5년간 공무원에 취임하거나 임용될 수 없으며, 이미 취임 또는 임용된 자의 경우에는 그 직에서 퇴직된다.

2) 승진과 강임

승진이란 동일한 직렬 내에서 수직적인 상향이동을 말한다. 예컨대, 교사 → 교감(장학사) → 교장(장학관)으로 이동하는 경우이다. 이것은 구성원들에 대한 욕구 충족이자 보상수단이며 조직의 목적달성을 위해 효율적인 수단으로서 보다 높은 사회적 위신과 명예, 보수 등을 수반하고 사기에도 많은 영향을 끼친다.

교육공무원의 승진은 같은 직종의 직무에 종사하는 바로 하위직에 있는 자 중에서 대통령령이 정하는 바에 의하여 경력평정, 근무성적평정, 기타 훈련성적과 연구성적에 의하여 직위별로 작성된 승진후보자 명부에 기재된 순서에 따라서 실시하도록 되어 있다. 승진후보자 명부는 매년 2월 말 현재, 승진 예정 인원의 3배수 범위 내로 작성하게 되며 이 명부의 고순위자 순으로 승진 임용한다.

교감 승진 후보자 명부 작성 시 경력평정점 70점, 근무성적평정점 100점, 연수성적평정점 30점의 비율로 평정된다. 다음의 교사 승진규정을 참조하기 바란다.

〈교육공무원 승진규정: 교사의 승진평정〉

제1장 총칙

제2장 경력평정
제4조 경력평정은 교육공무원의 인사기록카드에 의해서 평정한다.
제6조 경력평정은 매 학년도 종료일을 기준으로 정기적으로 실시한다.
제7조 경력은 기본경력과 초과경력으로 나눈다.
제8조 기본경력은 평정대상경력으로부터 15년, 초과경력은 기본경력전 5년
제9조 평정대상경력은 교육경력, 교육행정경력, 교육연구경력 및 기타경력
제10조 등급별 평정점 70점 만점

교육공무원 승진규정 [별표 2] 〈개정 2007. 5. 25.〉
경력의 등급별 평정점(제10조 관련)

구분	등급	평가만점	근무시간 1월에 대한 평정점	근무시간 1일에 대한 평정점
기본경력	가경력	64.00	0.3555	0.0118
	나경력	60.00	0.3333	0.0111
	다경력	56.00	0.3111	0.0103
초과경력	가경력	6.00	0.1000	0.0033
	나경력	5.00	0.0833	0.0027
	다경력	4.00	0.0666	0.0022

비고: 교육공무원의 경력이 기본경력 15년, 초과경력 5년인 경우에는 그 경력평정
　　　점수는 각각 평정만점으로 평정한다.

※ 가경력: 각급학교 교장·교감 경력, 장학관(연구관), 장학사(연구사) 경력
　나경력: 각급학교 교사 경력, 임용전 병역 근무 경력 등
　다경력: 임용전 기간제 교원 근무경력 등

제3장 근무성적평정(교사)
제28조의2 매 학년도 종료일을 기준으로 해당교사의 근무실적, 근무수행능력,
　　　　　근무수행 태도에 관하여 근무성적평정 및 다면평가 실시
제28조의3 근무성적평정표(별지 제4호 서식), 다면평가표(별지 제4호의2 서식),
근무성적 및 다면평가 합산표(별지 제4호의3 서식)
제28조의4 ① 평정자와 확인자는 승진후보자명부작성자(보통 교육감)가 정한다.

평정자와 확인자(2020, 교육공무원 평정업무 처리요령, 경상남도교육청)
② 다면평가자는 동료교사 중 3인 이상의 동료교사로 구성한다.
제28조의 7 근무성적평점(평정자 20점, 확인자 40점)과 다면평가(40점 만점)평정점을 합산하여 100점 만점으로 산출한다.

제4장 연수성적평정
제29조 연수성적평정은 교육성적평정과 연구실적평정으로 나뉜다.
제32조 1항 교육성적평정은 직무연수성적평정과 자격연수성적평정을 합산한다.

2항 직무연수성적평정은 「교원 등의 연수에 관한 규정」에 의한 연수기관 또는 교육부장관이 지정한 연수기관에서 10년 이내에 이수한 60시간 이상의 직무연수성적(교감, 승진자격 평정 시 3개, 교장자격, 승진 평정 시 1개)

3항 자격연수성적평정은 승진대상 직위와 관련이 깊은 자격연수성적 하나만을 평정대상으로 한다(교(원)장, 교(원)감, 초1정, 유1정).

제34조 연구실적평정은 연구대회입상실적과 학위취득실적으로 나누어 평정한다.

제35조 연구대회입상평정은 전국규모연구대회, 시 · 도 규모 연구대회에서 입상실적을 대상으로 하고 2인 공동작인 경우 70%, 3인 공동작인 경우 50%, 4인 이상 공동작인 경우 30%로 평정함

제36조 학위취득실적평정은 교육공무원이 해당직위에서 취득한 석사 또는 박사학위 중 하나를 평정한다.

제5장 승진후보자명부 작성 시 근무평정
제40조 1항 교감의 평정: 경력 70점, 근무성적 100점, 연수성적 15점
교사의 평정: 경력 70점, 근무성적 100점, 연수성적 30점

제40조 3항 승진후보자의 근무성적평정은 명부작성기준일로부터 3년 이내의 해당직위에서 평정한 평정점을 대상으로 하고 다음 계산방식에 의거하여 산정한다.

근무성적평정 = {(최근 1년 이내 평정점×34/100)+(최근 1년 전~2년 이내 평정점×33/100)+(최근 2년 전~3년 이내 평정점×33/100)}

제41조(가산점) 2항 가산점은 공통 가산점과 선택 가산점으로 구분한다.

3항 공통 가산점은 교육부장관이 지정한 연구 · 시범학교근무경력, 재외국민교육기관 파견근무경력, 직무연수실적, 학교폭력예방 및 대응실

> 적이 있다.
> 5항 선택 가산점은 도서벽지근무경력, 농어촌학교근무경력, 기타(보
> 직교사 근무경력, 장학사, 한센병자녀학교, 도연구시범학교근무, 국가기술자
> 격증, 교육기관 파견, 전국소년체육대회, 영재, 발명 청소년단체, 경로효행,
> 학력향상, 준벽지 등)로 한다.

강임은 승진임용과 반대되는 임용행위로서 동일 직렬 내에서 현재의 직위 이하에 임용되는 것을 말한다. 강임의 요건으로는 직제의 개폐 또는 정원의 변동에 의하여 직위가 폐지 또는 강등된 경우를 들 수 있는데, 이때 임용권자는 본인의 의사에도 불구하고 직권에 의하여 강임할 수 있고, 본인이 강임을 원하는 경우에도 할 수 있게 되어 있다(「국가공무원법」 제73조의4 ①항).

강임의 방법은 바로 하위의 직위에 임용함을 원칙으로 하며 근무성적평정, 경력평정, 재교육성적 및 연수성적, 기타 훈련성적의 하순위자부터 행하며 본인이 원할 때에는 순위를 불구하고 강임할 수 있다(「교육공무원 임용령」 제18조).

3) 전직과 전보

전직은 같은 직렬이 아닌 다른 직렬의 직위에 임용되는 것을 말한다. 예컨 대, 교감이 교육전문직(장학사, 연구사)으로, 교육전문직(장학사, 연구사)이 교 감으로, 교장이 장학관(연구관) 또는 교육장으로 임용되는 경우이다.

전직방법에는 특별한 규정이 없고 자격증이 있거나 자격 기준에 합당하면 임용이 가능하다. 이때 피임용자의 전공 분야, 재교육 성적, 근무경력 및 적 성 등이 고려되어야 하며 특히 장학직 임용은 교육경력 및 교육지도 능력과 교육 발전 및 교육풍토 개선의 자질과 능력이 있는 자이어야 한다.

전보는 같은 직렬 안에서 현 직위를 유지하면서 임지만을 달리하는 수평

적 이동을 말한다. 전보는 본인의 희망, 소속 기관장의 내신 또는 의견, 생활 근거지, 부부교사의 경우 그들의 거주환경 · 근무 연한, 근무 또는 연구실적, 근무하는 학교의 위치와 사회적 명성 등 여러 요인을 고려하여 이루어지고 있다. 전보는 일정한 기준에 의거하여 공정하게 이루어져야 하며, 특별한 경우를 제외하고는 어떤 직위에 임명 배치된 날로부터 1년 이내에는 전보하지 않는 것을 원칙으로 한다. 전보는 객관적으로 공정 타당한 기준을 세워서 합리적인 원칙을 준수해야 한다. 그렇지 않으면 인사이동에 수반되기 쉬운 불평을 잠재울 수 없고 사기의 앙양에도 악영향을 미칠 수 있기 때문이다.

4. 교원의 휴직과 복직 및 휴가

1) 교원 휴직과 복직

휴직은 교육공무원으로서 신분을 보유하면서 그 담당업무 수행을 일시적으로 해제하는 행위이며 복직은 휴직 상태에 있는 교육공무원을 다시 담당직무에 종사하도록 임용하는 것을 말한다. 휴직에는 본인의 원에 의해서 허가되는 경우(청원휴직)와 임용권자의 직권으로 명하는 경우(직권휴직)가 있다.

(1) 직권휴직(「교육공무원법」 제44조 제1항, 제45조 제1항)

종류	질병휴직	병역휴직	생사불명	법정의무수행	노조전임자
근거	제1호	제2호	제3호	제4호	제11호
요건	신체·정신상의 장애로 장기요양을 요할 때(불임·난임으로 인하여 장기간의 치료가 필요한 경우를 포함)	병역의 복무를 위하여 징·소집된 때	천재·지변·전시·사변, 기타의 사유로 생사·소재가 불명한 때	기타 법률상 의무수행을 위해 직무를 이탈하게 된 때	교원노동조합 전임자로 종사하게 된 때
기간	1년 이내 (「공무원연금법」에 따른 공무상 질병 또는 부상으로 인한 경우는 3년 이내)	복무기간	3월 이내	복무 기간	전임기간
재직 경력 인정	• 경력평정: 미산입(단, 공무상 질병인 경우 산입) • 승급제한(단, 공무상 질병인 경우는 포함)	• 경력평정: 산입 • 승급인정	• 경력평정: 산입 • 승급인정	• 경력평정: 산입 • 승급인정	• 경력평정: 산입 • 승급인정
결원 보충	6월 이상 휴직 시 결원보충	6월 이상 휴직 시 결원보충	결원보충 불가	6월 이상 휴직 시 결원보충	6월 이상 휴직 시 결원보충
봉급	• 봉급 7할 지급 (결핵은 8할) • 공무상 질병은 전액지급	지급 안 함	지급 안 함	지급 안 함	지급 안 함
수당	• 공통수당: 보수와 같은 율 지급 • 기타수당, 휴직 사유별 차등 지급	지급 안 함	지급 안 함	지급 안 함	지급 안 함
기타	• 의사진단서 첨부				

(2) 청원휴직(교육공무원법 제44조 제1항, 제45조 제1항)

종류	유학휴직	고용휴직	육아휴직	입양휴직	연수휴직	간병휴직	동반휴직
근거	제5호	제6호	제7호	제7호의2	제8호	제9호	제10호
요건	학위취득을 목적으로 해외유학을 하거나 외국에서 1년 이상 연구·연수하게 된 때	국제기구, 외국기관 또는 재외국민 교육기관에 임시로 고용된 때	만 8세 이하(취학 중인 경우에는 초등학교 2학년 이하를 말한다)의 자녀를 양육하기 위하여 필요하거나 여성공무원이 임신 또는 출산하게 된 경우	만 19세 미만의 아동을 입양하는 경우(제7호에 따른 육아휴직 대상이 되는 아동 제외)	교과부장관이 지정하는 국내의 연구기관·교육기관 등에서 연수하게 된 때	부모, 배우자, 자녀 또는 배우자의 부모의 간호를 위하여 필요한 때	배우자가 국외근무를 하거나 제5호에 해당된 때
기간	3년 이내(학위취득의 경우, 3년 연장 가능)	고용기간	자녀 1명에 대하여 1년(여성 교육공무원은 3년) 이내	6월 이내(입양자녀 1명당)	3년 이내	1년 이내(재직기간 중 총 3년)	3년 이내(3년 연장 가능)
재직경력인정	• 경력평정: 5할 산입 • 승급인정	• 경력평정: 산입 • 승급인정(비상근으로 근무한 경우는 각 5할 산입)	• 경력평정: 산입 • 승급인정	• 경력평정: 산입 • 승급인정	• 경력평정: 5할 산입 • 승급제한	• 경력평정: 제외 • 승급제한	• 경력평정: 제외 • 승급제한
결원보충	6월 이상 휴직 시 결원보충	6월 이상 휴직 시 결원보충	6월 이상(출산휴가와 연계한 경우 3월 이상 휴직 시 결원 보충이 가능하고, 출산 휴가일부터 후임자 보충 가능)	6월 이상 휴직 시 결원보충	6월 이상 휴직 시 결원보충	6월 이상 휴직 시 결원보충	6월 이상 휴직 시 결원보충
봉급	봉급 5할 지급(3년 이내)	지급 안 함	지급 안 함	지급 안 함	지급 안 함	지급 안 함	지급 안 함

수당	• 공통수당: 5할 지급 (3년 이내) • 기타수당: 미지급	지급 안 함	• 4할 지급 (1년 이내) • 상한: 100만 원, 하한: 50만 원	지급 안 함	지급 안 함	지급 안 함	지급 안 함
기타			출산휴가 별 도신청 가능				

2) 교원의 휴가

(1) 휴가의 종류

- 연가: 정신적 · 신체적 휴식을 취함으로써 근무능률을 유지하고 개인생활의 편의를 위하여 사용하는 휴가
- 병가: 질병 또는 부상으로 직무를 수행할 수 없는 경우 또는 전염병에 걸려 다른 공무원의 건강에 영향을 미칠 우려가 있을 때 부여받는 휴가
- 공가: 공무원이 일반 국민의 자격으로 국가기관의 업무수행에 협조하거나 법령상 의무의 이행이 필요한 경우에 부여받는 휴가
- 특별휴가: 사회통념 및 관례상 특별한 사유(경조사 등)가 있는 경우 부여받는 휴가

〈표 8-1〉 재직기간별 연가일수

재직기간	연가일수	재직기간	연가일수
3월 이상 6월 미만	3일	3년 이상 4년 미만	14일
6월 이상 1년 미만	6일	4년 이상 5년 미만	17일
1년 이상 2년 미만	9일	5년 이상 6년 미만	20일
2년 이상 3년 미만	12일	6년 이상	21일

(2) 휴가의 실시원칙

- 교원의 휴가는 연가, 병가, 공가, 특별휴가로 구분함

- 기관장 또는 학교의 장은 휴가를 허가함에 있어 소속교원이 원하는 시기에 법정휴가일수가 보장되도록 하되, 연가와 특별휴가 중 장기재직휴가는 학생들의 수업 등을 고려하여 부모 생신일 또는 기일 등을 제외하고는 특별한 사유가 없는 한 방학 중에 실시하고, 휴가로 인한 수업결손 등이 발생하지 않도록 필요한 조치를 취하여야 함

(3) 휴가 등의 허가권자 및 절차

- 교원이 휴가, 지참, 조퇴, 외출과 「공무원여비규정」 제18조의 규정에 의한 근무지 내 출장을 하고자 하는 때에는 「위임전결규정」이 정한 허가권자에게 근무상황부 또는 근무상황카드에 의하여 미리 신청을 하여 사유 발생 전까지 허가를 받아야 함
  - 다만, 병가 · 특별휴가 등 불가피한 경우에는 당일 정오까지 필요한 절차를 취하여야 하며 이 경우 다른 교원으로 하여금 이를 대행하게 할 수 있음
- 교원이 정해진 시간까지 출근할 수 없을 때에는 소속기관에 미리 신고하여야 하고, 그후 출근한 때에는 지참으로, 출근하지 않는 때에는 결근으로 처리함
  ※ 출근이라 함은 정해진 근무시간까지 근무장소(사무실 또는 현장)에 도착하는 것을 말함
- 학교장의 휴가는 직근 상급기관의 장(교육감 또는 교육장, 국립은 총장 또는 장관)의 허가를 받아 실시함
  - 문서 · 전화 또는 구두로 휴가를 신청할 수 있으며, 직근 상급기관의 근무상황부 또는 근무상황카드에 의하여 관리함

(4) 휴가일수의 계산

① 연가, 병가, 공가 및 특별휴가는 별개의 요건에 따라 운영되므로 그 휴

가일수의 계산은 휴가 종류별로 따로 계산함. 반일연가는 13:00를 기준으로 하여 오전, 오후로 구분함

② 퇴직 후 당해 연도에 재임용된 교원의 휴가일수 산정 시는 퇴직 전 근무기관에서 사용한 휴가일수를 공제하여야 함

   – 필요한 경우 퇴직 전 근무기관에 휴가사용 내역을 확인 후 조치

③ 법정휴가일수를 초과한 휴가는 결근으로 처리함

④ 지참 · 조퇴 · 외출의 정의

- '지참'이라 함은 정해진 근무시간까지 출근하지 못하는 것을 말함
- '조퇴'라 함은 질병 기타 사유에 의하여 퇴근시간 전에 퇴근하는 것을 말함
- '외출'이라 함은 근무시간 중 개인용무를 위하여 학교 외부로 나간 후 퇴근시간 전에 돌아오는 것을 말함

(5) 특별 휴가

① 경조사휴가

- 경조사별 휴가일수

구분	대상	일수
결혼	본인	5
	자녀	1
출산	배우자	5
입양	본인	20
사망	배우자, 본인 및 배우자의 부모	5
	본인 및 배우자의 조부모, 외조부모	2
	자녀와 그 자녀의 배우자	2
	본인 및 배우자의 형제자매	1

- 입양은 「입양촉진 및 절차에 관한 특례법」에 의한 입양에 한정하며, 입양

외 경조사휴가를 실시할 때 원격지일 경우에는 실제 필요한 왕복소요 일
수를 가산할 수 있음

- 원격지라 함은 가장 빠른 교통수단으로도 왕복 8시간 이상 소요되는
  지역을 말함
- 경조사휴가가 2일 이상인 경우 그 사유가 발생한 날을 포함하여 전후에
  연속하여 실시하여야 함
- 경조사 휴가대상 친족의 범위
  - 직계존속
    * 부모 · 조부모 · 증조부모뿐 아니라 외조부모 및 외증조부모 포함
    * 양자 · 양녀로 입적된 경우에는 양부모와 친생부모 포함
    * 계부 · 계모는 인척으로 직계존속이 아님
  - 본인 및 배우자의 부모의 형제자매와 그 형제자매의 배우자
    * 백숙부모뿐 아니라 고모(부), 이모(부), 외숙부(모) 모두 포함
  - 본인 및 배우자의 형제자매와 그 형제자매의 배우자
    * 형제자매뿐 아니라 형수, 제수, 형부, 제랑, 매형, 매제, 처남댁, 동서
      모두 포함
- 경조사 휴가와 공휴일
  - 주5일 수업제 전면 실시 학교 교원의 경조사 특별휴가 기간 중에 공휴
    일 및 휴무토요일은 휴가일수에 산입하지 않음
  - 주5일 수업제 전면 미실시 학교 교원의 경조사 특별휴가 기간 중에 포
    함된 공휴일 또는 휴무토요일은 그 휴가일수에 산입함(휴가일수가 1일
    인 경조사가 공휴일 또는 휴무토요일인 경우에는 경조사 특별휴가 대상이 아
    님). 단, 경조사 특별휴가 중 '결혼(자녀)' '입양(본인)' 및 '사망(자녀와 그
    자녀의 배우자의 사망)'에 한하여는 휴가기간 중의 공휴일 및 휴무토요
    일은 그 휴가일수에 산입하지 아니함

② 출산휴가

- 임신하거나 출산한 교원에 대하여 출산의 전후를 통하여 90일의 출산 휴가를 허가할 수 있으며, 출산 전 휴가기간이 45일을 초과할 수 없음

  ※ 휴가기간의 배치는 의료기관의 진단서에 의한 출산예정일을 기준으로 하되, 조산의 우려 등 특별한 경우는 예외 인정

- 임신 이후 유산 또는 사산한 경우로서 교원이 신청하는 때에는 다음 기준에 따라 유산, 사산 휴가를 주어야 함. 다만, 인공임신중절수술(「모자보건법」 제14조 제1항의 규정에 의한 경우는 제외)에 의한 유산의 경우는 휴가를 부여하지 않음

  - 유산 또는 사산한 교원의 임신기간(이하 "임신기간"이라 한다)이 11주 이내인 경우: 유산 또는 사산한 날로부터 5일까지

  - 임신기간이 12주 이상 15주 이내인 경우: 유산 또는 사산한 날로부터 10일까지

  - 임신기간이 16주 이상 21주 이내인 경우: 유산 또는 사산한 날로부터 30일까지

  - 임신기간이 22주 이상 27주 이내인 경우: 유산 또는 사산한 날로부터 60일까지

  - 임신기간이 28주 이상인 경우: 유산 또는 사산한 날로부터 90일까지

  ※ 참고로 1주는 7일이므로

   * 임신 77일까지는 5일, 임신 78일부터 105일까지는 10일, 임신 106일부터 147일까지 30일, 임신 148일부터 189일까지는 60일, 임신 190일 이후는 90일이 되는 것임

   * 휴가기간은 유산, 사산한 날부터 기산하므로 유산·사산한 날 이후 일정기간이 지나서 청구하면 그 기간만큼 휴가기간이 단축됨

- 출산 및 유산, 사산 휴가는 산모의 건강을 고려하여 일정기간 휴가를 부여하는 것이며, 다음의 경우에는 일반병가를 허가할 수 있음

- 임신 중에 심한 입덧이나 부작용 등으로 안정의 필요성이 있을 경우
※ 학교장은 산모의 건강 및 수업 등을 고려하여 출산예정일 전·후를 통하여 출산휴가를 하도록 지도

③ 여성보건휴가

- 여성교원은 매 생리기와 임신한 경우 정기검진 등을 위하여 매월 1일의 여성보건휴가를 얻을 수 있음. 다만, 생리로 인한 여성보건휴가는 무급으로 하되, 주5일 수업제 전면 미실시 학교 교원의 경우 유급으로 처리
- 보건휴가의 취지상 폐경기가 도래한 여성은 보건휴가를 얻을 수 없음. 이 경우 의사의 진단서로 증명할 수 있음
- 보건휴가는 1일을 사용하는 것이므로 추후 분리하여 2일 사용은 할 수 없음

④ 육아시간

- 생후 1년 미만의 유아를 가진 여자교원은 1일 1시간의 육아시간을 얻을 수 있으며, 허가 대상 여부는 병원의 출생증명서 또는 주민등록등본으로 확인함
- 육아시간은 본인의 신청에 따라 수업 등 학생지도에 지장이 없는 범위 내에서 근무시간 중의 적절한 시간을 선택하여 유아가 만 1세가 되는 날의 전일까지 허가함(예시: 1시간 또는 30분 늦게 출근하거나, 1시간 또는 30분 일찍 퇴근 또는 근무시간 중 1시간 활용)
- 육아시간의 허가는 근무상황부에 사용기간과 매일의 사용시간을 기재하여 일괄결재로 처리하고, 사용시간이 변경될 경우에는 다시 결재를 받아야 함
  - 근무상황부의 '종별'란에는 '육아시간'으로 기재
  - '기간 또는 일시'란 중 '부터·까지'에는 사용기간을 기재하고, '일수·기간'에 매일의 사용기간을 기재

⑤ 수업휴가

- 한국방송통신대학교에 재학 중인 교원은 「한국방송통신대학교 설치령」에 의한 출석수업에 참석하기 위하여 연가일수를 초과하는 출석수업에 대하여 수업휴가를 얻을 수 있음
- 본인의 법정연가일수를 먼저 사용한 후에 부족한 일수에 한하여 수업휴가가 인정되므로 출석수업 전 연가 사용은 불가피한 경우로 제한하여야 함

⑥ 포상휴가(주5일 수업제 전면 미실시 학교 교원만 해당)

- 사유
  - 「상훈법」에 의한 훈장·포장을 받은 때
  - 「정부표창규정」에 의한 국무총리 이상의 표창을 받은 때
  - 「모범공무원규정」에 의한 모범공무원으로 선발된 때
  - 주요 업무를 성공적으로 수행한 때
- 휴가실시
  - 학교의 장은 6일 이내의 포상휴가를 허가할 수 있으나 학생수업 등을 고려하여 휴업일 중 실시를 원칙으로 함
  - 동일 공적의 중복 휴가(주요 업무 공적휴가와 그로 인한 포상휴가)는 허가할 수 없음
  - 수상 시에는 수상일로부터 3개월 이내에 실시하도록 함
  - 학교에 대한 포상의 경우에는 포상의 대상이 된 업무의 직접담당 교원에 대하여 포상휴가를 실시할 수 있음
- 주요 업무의 성공적 수행 인정범위: 학교의 장은 주요 업무를 성공적으로 수행한 경우의 요건 판단 시 다음 사항을 참고하여 적격자 선발에 유의하고, 이를 남용하여서는 아니 됨
  - 계속적인 초과근무 등 격무로 심신이 피로하여 일정기간 휴식이 필요하다고 인정할 때

- 대외적으로 국가 또는 당해 기관의 명예를 선양한 때
- 기타 창안, 제안 등을 통한 행정능률 향상에 기여 등 당해 학교의 장이 포상휴가를 부여할 사유가 있다고 판단한 때

⑦ 장기재직휴가

- 교원이 20년 이상 재직한 경우 학교의 장은 재직기간 20년이 도래한 날로부터 재직기간 중에 10일간의 장기재직휴가를 허가하여야 함
- 장기재직휴가는 1회 10일간 사용을 원칙으로 하되 필요한 경우에는 분할하여 사용할 수 있음
- 재직기간의 계산은 연가일수 계산방법을 적용함
- 장기재직휴가 허가 시는 교육공무원인사기록 카드(26) 비고란에 휴가를 허가한 사실을 기록하여야 함

⑧ 재해구호휴가

- 수해, 화재, 붕괴, 폭발 등의 재해 또는 재난으로 인하여 피해를 입은 교원과 재해 또는 재난 발생지역에서 자원봉사활동을 하고자 하는 교원은 5일 이내의 재해구호휴가를 얻을 수 있음
  - 피해를 입은 교원이라 함은 재난, 재해발생으로 인하여 본인, 배우자, 본인 및 배우자의 부모, 자녀의 인명과 재산에 상당한 피해를 입은 교원을 말함
  - 자원봉사활동을 하고자 하는 교원이라 함은 재난 · 재해발생지역에서 시설복구 및 친 · 인척 또는 피해주민을 돕고자 하는 교원을 말함
- 학교의 장은 재해 또는 재난의 피해 정도, 피해지역에 대한 자원봉사활동의 필요성, 학생수업상의 지장 유무 등을 판단하여 신중하게 허가하여야 하며 이를 남용하지 않아야 함

⑨ **퇴직준비휴가**

- 「교육공무원법」 제47조에 의한 정년퇴직과 「교육공무원법」 제36조에 의한 명예퇴직을 할 교원은 퇴직예정일 전 3개월이 되는 날부터 퇴직 예정일 전일까지 퇴직준비휴가를 얻을 수 있음
- 명예퇴직 시 퇴직준비휴가는 「국가공무원 명예퇴직수당 등 지급 규정」 또는 「교육공무원명예퇴직수당지급에관한특례규정」에 의하여 명예퇴직수당 지급 대상자로 결정되어 그 통보를 받은 날의 다음 날부터 얻을 수 있음

⑩ **불임치료 시술 휴가**

- 인공수정 또는 체외수정 등 불임치료 시술을 받는 공무원은 시술 당일에 1일의 휴가를 받을 수 있음
  ※ 다만, 체외수정 시술의 경우 난자 채취일에 1일의 휴가를 추가로 받을 수 있음

5. 면직과 파면

1) 면직

면직이란 공무원의 신분이 소멸되는 임용을 말한다. 면직에는 본인의 의사에 의한 의원면직, 본인의 의사와는 상관없이 시행되는 직권면직, 당연퇴직, 징계파면 등이 있다.

의원면직은 본인의 의사를 표시하는 사직원이 제출된 후 그에 따라 면직 발령이 있어야 한다.

직권면직의 경우 임용권자가 사유가 있을 때 「국가공무원법」 제70조에 의거하여 면직시킬 수 있다. 단 임용권자가 직권면직시킬 경우는 미리 관할 징

계위원회의 의견을 들어야 한다. 직권면직의 사유는 다음과 같다.

- 직제와 정원의 개폐 또는 예산의 감소 등으로 폐직 또는 과원이 되었을 때
- 휴직기간의 만료 또는 휴직 사유가 소멸된 후에도 직무에 복귀하지 않았거나 직무를 감당할 수 없을 때
- 대기명령을 받은 자가 그 기간 중 능력의 향상 또는 개전의 의지가 없다고 인정된 때. 단, ③의 이유로 면직시킬 경우에는 징계위원회의 동의를 받아야 한다.
- 전직 시험에서 3회 이상 불합격한 자로서 직무수행 능력이 부족하다고 인정된 때
- 징병검사, 입영 또는 소집의 명령을 받고 정당한 이유 없이 이를 기피하거나 군복무를 위하여 휴직 중에 있는 자가 재영 중 군무를 이탈하였을 때
- 당해 직급에서 직무를 수행하는 데 필요한 자격증의 효력이 상실되거나 면허가 취소되어 담당직무를 수행할 수 없게 된 때 등

당연퇴직이란 일정한 사유의 발생으로 인하여 법률상으로는 당연히 퇴직으로 공무원 신분이 소멸되나 그 사실을 모르는 제3자에게 영향을 미칠 우려가 있으므로 별도의 인사발령이 필요하게 된다. 당연퇴직의 사유는 다음과 같다.

- 현행법상 사망한 때
- 임기가 만료될 때
- 국적이 상실되었을 때
- 교육공무원 결격사유가 발생했을 때(「국가공무원법」 제33조 참조)
- 정년(만 62세)에 도달했을 때

2) 파면

파면은 교육공무원이 「국가공무원법」 및 「교육공무원법」 또는 법에 의한 명령이나 기타법령을 위반했을 때, 직무상의 의무를 위반하거나 직무를 태만히 한 때 가해지는 일종의 징계이며 가장 무거운 것이다(「국가공무원법」 제78조). 징계에 의해 파면받은 자는 5년이 경과하지 아니하고는 교육공무원에 임용될 수 없다(「국가공무원법」 제33조).

6. 복무와 근무 부담

1) 복무

교육공무원은 복무에 관하여 「국가공무원법」의 규정(대통령령 제31909호)을 준용하여 적용받게 된다. 이 규정은 사립학교 교원에게도 적용된다(「사립학교법」 제55조). 공무원복무규정에는 공무원의 근무시간, 시간외근무, 공휴일근무, 출장근무, 파견근무 등에 관하여 세밀히 규정되어 있으며 그것은 교원에게도 준용되고 있다. 그러나 이와 같은 규정은 획일적이며 각 학교에서는 이와 같은 기준을 바탕으로 학교마다 독자적인 복무규정을 작성하여 실시하고 있게 된다.

참고 ≫ 국가공무원 규정 제9조(근무시간 등)

① 공무원의 1주간 근무시간은 점심시간을 제외하고 40시간으로 하며, 토요일은 휴무 (休務)함을 원칙으로 한다.
② 공무원의 1일 근무시간은 오전 9시부터 오후 6시까지로 하며, 점심시간은 낮 12시 부터 오후 1시까지로 한다. 다만, 행정기관의 장은 직무의 성질, 지역 또는 기관의 특 수성을 고려하여 필요하다고 인정할 때에는 1시간의 범위에서 점심시간을 달리 정 하여 운영할 수 있다.
③ 1주 40시간 근무에 관하여 필요한 사항은 인사혁신처장이 정한다. [개정 2013. 3. 23. 제24425호(안전행정부와 그 소속기관 직제), 2014. 11. 19. 제25751호(행정자치부 와 그 소속기관 직제)]
④ 「전자정부법」 제32조 제3항에 따라 온라인 원격 근무를 실시하는 행정기관의 장은 소속 공무원 중 원격근무자의 근무에 관하여 필요한 사항을 소속 중앙행정기관의 장 의 승인을 받아 따로 정할 수 있다. [개정 2018. 7. 2.]

2) 근무 부담

근무 부담이란 근무하면서 처리하게 되는 업무량을 의미한다. 그런 의미 로 교원의 근무 부담이란 협의의 개념으로는 교원이 맡고 있는 수업 부담만 을 의미하나 광의의 개념으로는 교원이 직무수행과 관련하여 직간접으로 시 간과 노력을 투입하는 모든 활동을 포괄한다. 광의의 교사 근무 부담은 수업 준비와 실시 부담, 학생 생활지도, 학생 교외활동 지도, 학교업무 등 사무처 리를 전부 포함하는 개념이다.

참고문헌

경상남도교육청(2021). 교육공무원 인사관리기준.

경상남도교육청(2021). 교육공무원 평정업무 처리요령.

김종철(1992). 교육행정의 이론과 실제. 서울: 교육과학사.

인사혁신처(2021). 교육공무원 복무·징계 관련 예규.

정태범(1994). 교육행정학 기초와 발전. 서울: 정민사.

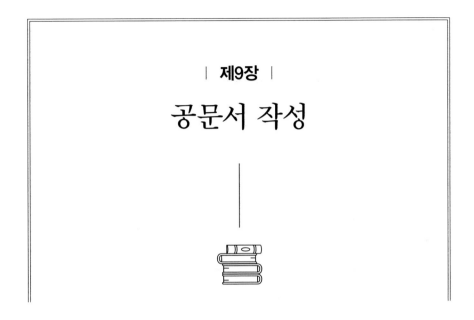

| 제9장 |

공문서 작성

1. 공문서의 의의와 기능 및 종류

1) 공문서의 의의

공문서란 학교를 포함한 행정기관의 소속 공무원이 직무상 작성하여 소속 장에게 결재를 받은 문서 또는 시행되는 문서를 말한다. 또한 공문서는 행정 기관이 접수한 모든 문서도 포함하는데, 민간기관(또는 민간인)이 작성한 문 서(사문서)라도 행정기관에 접수하면 공문서로 취급된다. 이러한 공문서에 는 도면, 사진, 디스크, 테이프, 슬라이드, 전자문서 등 특수기록매체 등도 포함된다(「행정업무 운영규정」 제3조 제1호). 구체적인 공문서의 예로는 근무 상황부, 출장신청서, 학교급식위생안전점검표, 발령대장, 주간식단표, 생활 기록부, 보건일지, 다목적강당 증축공사 도면, 영재교육원 특강 녹음테이프 등이 있다.

2) 공문서의 기능

공문서는 행정기관의 의사결정을 내부나 외부에 전달하는 기능을 주로 한다. 그 밖에도 업무처리의 결과로 공문서를 보존하여 업무상 증거나 차후 자료 제공기능도 한다. 따라서 공문서는 그 업무의 성질에 따라서 의무적으로 보존기간을 정하여 보존하도록 되어 있다.

3) 공문서의 종류

공문서는 그 유통 여부에 따라서 내부 결재문서, 대내문서, 대외문서가 있다.

(1) 내부 결재문서

행정기관 내부적으로 업무계획이나 업무 집행 등의 의사결정을 위해 결재받는 문서로 다른 기관에 발신을 아니 하는 비유통 문서이다.

(2) 대내문서

대내문서는 행정기관과 그 행정기관의 보조 또는 보좌기관이 서로 주고받는 문서로, 행정기관 외부로 유통하지 않는 문서이다.

(3) 대외문서

외부 행정기관이나 국민 등에게 발신하는 문서로, 주로 그 행정기관 소속 공무원이 직무상 작성하여 소속장에게 결재를 받은 문서를 의미한다.

2. 공문서의 성립과 효력발생

1) 문서의 성립요건

- 행정기관의 '적법한 권한의 범위 내'에서 작성될 것
- 행정기관의 '의사표시가 명확하게 표현'될 것
- 위법·부당하거나 시행 불가능한 내용이 아닌 것
- 법령에 규정된 절차 및 형식을 갖출 것

2) 성립시기

해당 문서에 대한 결재권자의 서명(전자이미지서명 및 행정전자서명 포함)에 따른 결재가 있어야 성립된다(「행정업무의 효율적 운영에 관한 규정」 제3조 제5호). 이때 서명은 기안자, 검토자, 협조자, 결재권자 또는 발신명의인이 공문서(전자문서는 제외한다)에 자필로 자기의 성명을 다른 사람이 알아볼 수 있도록 한글로 표시하여야 한다.

3) 공문서 효력발생

- 일반문서: 수신자에게 도달된 때(도달주의)
- 공고문서: 고시나 공고에 특별한 규정이 있는 경우를 제외하고는 그 고시 또는 공고를 한 후 5일이 경과한 날부터 효력 발생
- 전자문서: 수신자의 컴퓨터 파일에 기록된 때

3. 공문서의 구성

일반적으로 공문서는 크게 두문, 본문, 결문으로 구성된다.

〈표 9-1〉 공문서의 구성

두문	1. 행정기관명 2. 수신자 3. (경유) 4. 제목
본문	1. 내용 2. 붙임
결문	1. 발신 명의 2. 기안자, 검토자, 협조자, 결재권자의 직위 또는 직급 및 서명 3. 접수등록번호와 접수일자 4. 행정기관의 우편번호, 주소, 홈페이지 주소, 전화번호, 모사전송번호 5. 공무원의 공식 전자우편 주소 6. 공개구분

4. 공문서의 작성

1) 공문서의 기안

기안이란 기관이 의사결정을 표시하기 위해서 문서를 작성하는 것을 의미한다. 여기서 문서는 원칙적으로 전자문서를 의미하며, 특별한 사정이 있는 경우 종이 문서로 작성할 수 있다. 그러나 의사결정의 표시가 항상 문서로만 하는 것이 아니라, 업무 성질상 전자문서로 곤란한 경우에는 그러하지 아니하다(「행정업무 운영 규정」 제8조, 「행정업무 운영 규정 시행규칙」 제3조~제5조).

2) 문서 기안자

기안자는 문서를 작성하는 사람[1]으로 주로 행정기관 소속 업무 담당공무원이며, 예외적으로 행정기관의 책임하 공무원이 아닌 자가 작성할 수도 있다.

---

1 문서 담당자: 행정기관으로 수신된 문서들을 접수 처리하고, 문서의 업무 성격에 따라서 업무담당자 또는 업무관리자를 지정하여 문서를 배분하는 역할을 한다.

3) 문서 기안 절차

학교업무를 처리하는 업무포털 'K-에듀파인'을 통하여 문서의 기안이 이루어진다. 'K-에듀파인'은 기존의 '업무관리시스템'과 예산 사용을 위한 '에듀파인'이 통합된 것이다. [그림 9-1]는 'K-에듀파인'에서 문서 작성을 위한 업무관리 메뉴의 첫 화면이다. 다음에서는 전라남도 나주교육지원청에서 2018년에 사용한 연수자료를 중심으로 살펴본다.

업무포털 내 'K-에듀파인'의 '기안' 메뉴에는 공용서식, 샘플서식, 재정기안, 임시저장 등으로 나누어진 소메뉴가 있다. 소메뉴 중에서 기안자가 사용할 서식을 선택하여 문서를 기안할 수 있다. 그중에 공용서식은 문서 중 공통적으로 쓸 수 있는 서식을 의미한다. 일반적으로 대부분의 공문은 공용서식에서 작성된다.

[그림 9-1] K-에듀파인 기안 화면

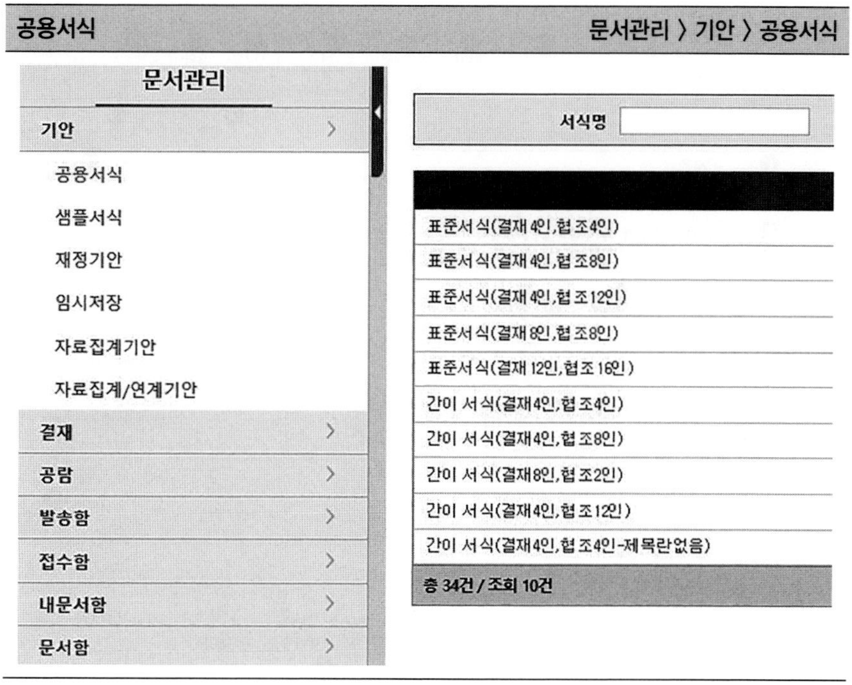

[그림 9-2] 문서서식

　'공용서식'을 선택하면, 서식명 아래 여러 가지 서식이 나타난다. 서식 중 일반적으로 많이 사용되는 서식은 표준서식으로, 결재나 협조 결재가 필요한 사람 수에 따라서 선택하면 된다.

　여러 서식 중 적절한 서식을 선택하면, [그림 9-3]과 같이 문서관리카드 기안 화면이 나타나고 제목, 본문 및 결재정보 등을 입력할 수 있다.

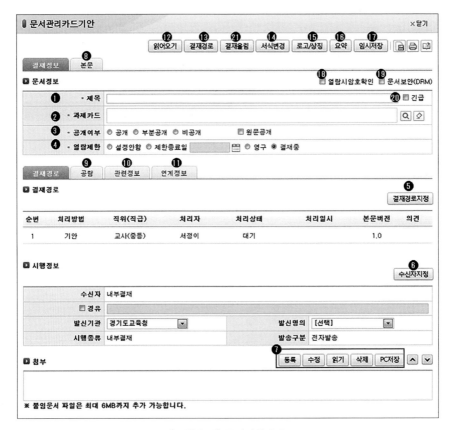

[그림 9-3] 문서기안하기

① 결재정보 탭: 문서 제목을 입력

② 문서를 등록하고자 하는 단위과제카드를 선택하기 위해 아이콘을 클릭하여 단위과제카드를 조회 · 선택하고 아이콘을 클릭하여 지움

③ 대국민 정보공개 시 공개범위 지정을 위한 공개 여부를 선택. 부분공개, 비공개일 때 공개 제한을 선택할 수 있음

※ 공개제한 설정 시, 각 호에 따른 설명

공개제한도움말		닫기✕
	1호	다른 법률 또는 법률이 위임한 명령(국회규칙, 대법원규칙, 헌법재판소규칙, 중앙선거관리위원회규칙, 대통령령 및 조례에 한한다)에 의하여 비밀 또는 비공개 사항으로 규정된 정보
	2호	국가안전보장, 국방, 통일, 외교관계 등에 관한 사항으로서 공개될 경우 국가의 중대한 이익을 현저히 해할 우려가 있다고 인정되는정보
	3호	공개될 경우 국민의 생명, 신체 및 재산의 보호에 현저한 지장을 초래할 우려가 있다고 인정되는 정보
	4호	진행중인 재판에 관련된 정보와 범죄의 예방, 수사, 공소의 제기 및 유지, 형의 집행, 교정, 보안처분에 관한 사항으로서 공개될 경우 그 직무수행을 현저히 곤란하게 하거나 형사피고인의 공정한 재판을 받을 권리를 침해한다고 인정할 만한 상당한 이유가 있는 정보
	5호	감사, 감독, 검사, 시험, 규제, 입찰계약, 기술개발, 인사관리, 의사결정 또는 내부검토 과정에 있는 사항 등으로 공개될 경우 업무의 공정한 수행이나 연구, 개발에 현저한 지장을 초래한다고 인정할 만한 상당한 이유가 있는 정보 다만, 의사결정 또는 내부검토 과정을 이유로 비공개할 경우에는 의사결정 및 내부검토 과정이 종료되면 제10조에 따른 청구인에게 이를 통지하여야 함
	6호	당해 정보에 포함되어 있는 이름, 주민등록번호 등 개인에 관한 사항으로서 공개될 경우 개인의 사생활의 비밀 또는 자유를 침해할 우려가 있다고 인정되는 정보
	7호	법인, 단체 또는 개인의 경영, 영업상 비밀에 관한 사항으로서 공개될 경우 법인등의 정당한 이익을 현저히 해할 우려가 있다고 인정되는 정보
	8호	공개될 경우 부동산 투기, 매점매석 등으로 특정인에게 이익 또는 불이익을 줄 우려가 있다고 인정되는 정보

[그림 9-4] 대국민 정보공개 제한 항목

④ 열람제한을 설정
- **설정 안 함**: 문서를 부서 내 사용자들이 확인 가능(나의 과제 등의 메뉴에서)
- **제한종료일**: 지정한 날짜까지 확인할 수 없고 종료일 다음 날부터 확인 가능
- **영구**: 문서를 부서 내 사용자들이 영구히 확인 불가(결재선 사용자는 가능)
- **결재 중**: 결재 중인 문서를 결재선상의 사용자만 확인 가능

⑤ '결재경로지정' 버튼을 클릭하여 문서의 결재경로를 지정

⑥ '수신자지정' 버튼을 클릭하여 문서의 수신자를 지정

⑦ '등록' 버튼을 클릭하면 첨부파일을 등록할 수 있도록 문서열기 화면이 나타나고 문서를 첨부할 수 있음

⑧ '본문' 탭을 클릭하여 본문 입력

⑨ '결재올림' 버튼을 클릭하여 결재문서 처리

(1) 제목 입력하기

결재정보 탭에서 기입하면 본문 탭 '제목'에 자동적으로 기입된다. 만약 수정 하고자 할 때에는 다시 결재정보 탭에서 수정해야 한다.

(2) 본문 입력 및 첨부문서 첨부하기

본문작성과 첨부문서 표기는 공문서 작성원칙(「행정업무 운영규정」 제7조)에 따라서 간결하고 구체적으로 기입해야 한다. 뒤에서 본문 작성 시 지켜야 할 사항을 별도로 설명한다.

(3) 수신자 입력하기

내부 공문인 경우는 별도의 수신자를 지정하지 않으나, 외부 공문인 경우는 반드시 그 수신자를 지정해야 한다. 결재정보 탭에서 '수신자지정' 버튼을 클릭하여 [그림 9-5]와 같이 문서의 수신자를 지정해야 한다.

수신자지정 문서관리 〉 기안 〉 공용서식

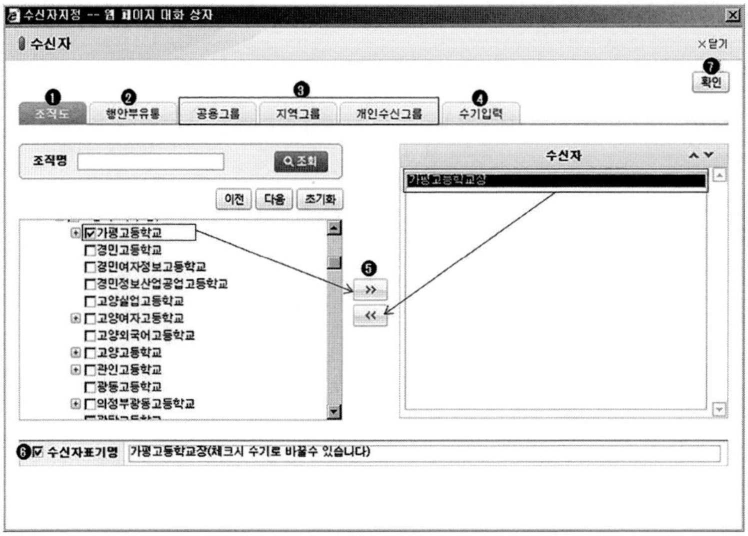

[그림 9-5] 수신자지정하기

① 조직도 탭을 클릭하면 소속 기관 및 부서를 수신자에 추가할 수 있음
② 행안부유통 탭을 클릭하면 전자문서 유통이 가능한 정부기관의 조직도
　가 나타나고 수신자에 추가할 수 있음
③ 공용그룹, 지역그룹, 개인수신그룹 탭을 클릭하여 시스템관리자 및 사
　용자가 미리 등록한 수신그룹 목록을 열람하여 추가할 수 있음
④ 수기입력 탭을 클릭하여 사용자가 수신자명 및 정보를 직접 입력 가능
⑤ 수신자를 선택하여 클릭해서 수신자목록에 수신자 추가·삭제 가능
⑥ '수신자표기명'을 체크하여 수신자 표기명을 변경할 수 있음
⑦ '확인' 버튼을 클릭하여 수신자지정

4) 결재경로 지정하기

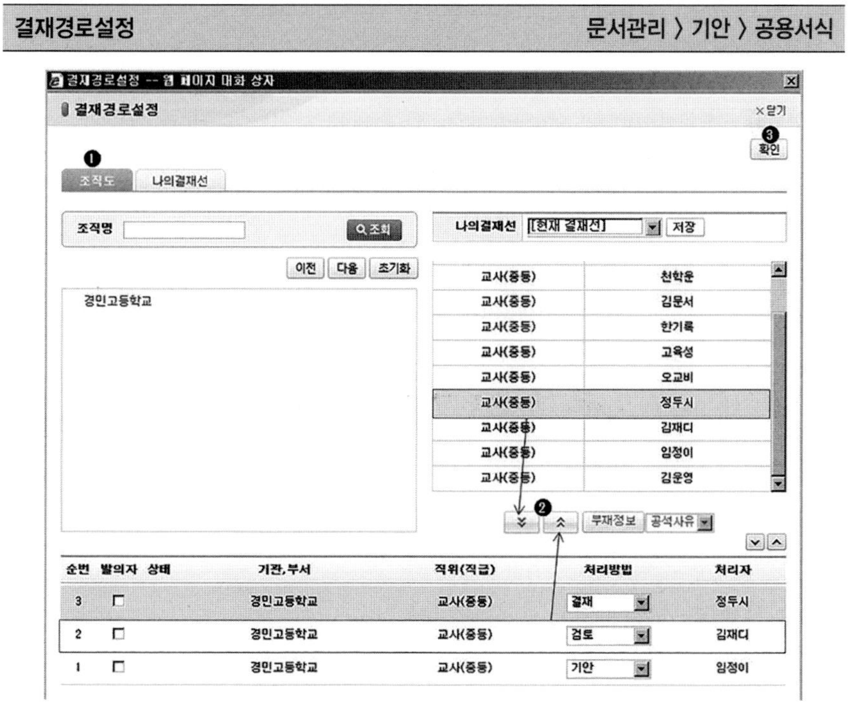

[그림 9-6] 결재경로 지정하기

① 기본적으로 조직도 탭이 선택되고 소속부서의 부서원들이 나타남

② 담당자를 선택하고 아래, 위 화살표를 클릭하거나 더블클릭하여 결재
    선에 결재자 추가 · 삭제하고 처리방법을 설정함

③ '확인' 버튼을 클릭하여 문서의 결재경로를 설정함

5) 문서 기안 처리하기

모든 문서 기안이 끝나면 최종적으로 '결재올림' 버튼을 눌러서 문서를 기
안한 사람이 확인하는 절차를 거친다([그림 9-7] 참조).

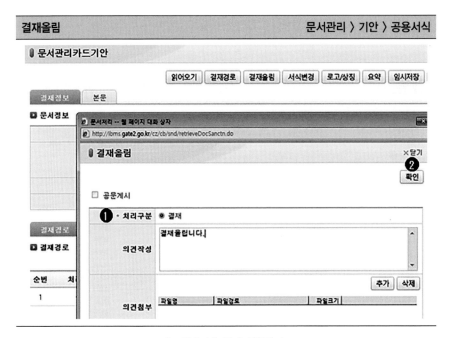

[그림 9-7] 결재 상신하기

① 기본 처리구분이 '결재'로 선택되어 있음

② '확인' 버튼을 클릭하여 문서 기안 처리를 한다.

6) 검토 및 결재

(1) 결재의 순서: 기안자 → 검토자 → (협조자) → 결재권자

기안자 →	검토자 →	(협조자) →	결재권자
교무: 교사 →	부장 → 교감 →	(행정실장) →	교장
행정: 직원 →	행정실장 →	(교감) →	

(2) 결재의 종류

① 기안: 본인이 기본 기안자로 설정되어 표시된다.

② 검토: 중간 결재권자를 '검토자'로 지정하여 검토 승인을 받는다. 결재선을 설정한 순서대로 검토자가 결재를 진행한다(중간 결재행위).

③ 결재: 학교장의 최종결재를 말하며, 이로서 공문으로 효력이 발생한다.

④ 전결과 대결
- 전결: 학교별 '위임전결규정'에 의한 결재를 위임받은 자의 결재를 말함
- 대결: 결재권자(전결권자)가 휴가, 출장, 기타 사유로 결재할 수 없을 시 직무 대리하는 사람이 대결하고, 내용이 중요한 문서는 사후에 최종결재권자에게 보고

⑤ 협조
- 협조: 기안문의 내용이 다른 구성원의 업무와 관련이 있을 때에는 해당 구성원의 협조를 받는다. 협조자가 복수일 경우에는 순차적으로 승인한다. 순차협조라고도 한다.
- 병렬협조: 순차협조와는 달리 병렬협조로 설정된 협조자에게 동시에 문서가 송부된다. 이 경우는 '협조'와는 달리 순차적인 승인이 필요 없고, 각 협조자가 임의적으로 협조결재가 가능하다.

(3) 결재의 표시

결재가 이루어지면, 결재권자의 직위와 이름이 표시된다. 즉, 교장, 교감, 행정실장, 교무부장 교사 등은 직위와 해당 이름이 본문 탭에 표시가 된다.

만약, 해당 결재자가 공석인 경우(예: 교육, 출장, 외출, 휴가, 조퇴, 연가, 병가, 공가, 특별휴가, 결근, 지참, 부재, 휴직, 퇴직 중 택일) 그 사유를 지정하며, 서식에 그 공석사유가 표시된다.

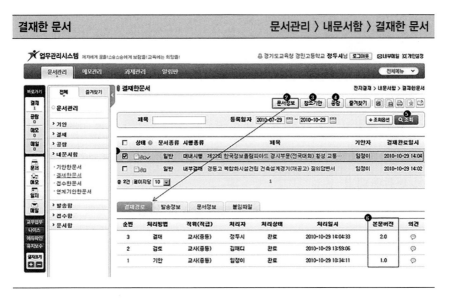

[그림 9-8] 결재의 표시

[예시]

인 제 중 학 교

수신자 김해교육지원교육장(초등교육과장)
(경유)
제목   2021. 특수교육대상자 진로체험 활동 실시

    1. 관련 : 초등교육과-1234(2021.03.16.)호.
    2. 2021학년도 제2학기 특수교육대상자 진로체험 활동을 아래와 같이 실시하고자 합니다.
    가. 일시 : 2021.12.19.(금), 09:00~16:00
    나. 장소 : 부산직업체험관(부산 남포동 소재)
    다. 이동 방법 : 학교 차량 이용
    라. 참가 경비 : 금125,000원(금일십이만오천원)
     1) 입장료 및 중식비 : 5명×15,000원 =75,000원
     2) 체험 활동비 : 5명×10,000원=50,000원
    마. 참가 학생

연번	이 름	학년 및 학반	체험 분야	비고
1	김진우	1학년 2반	바리스타	
2	이아람	1학년 6반	바리스타	학부모 차량 이용하여 참가
3	박진희	2학년 1반	제과제빵	
4	최맑음	2학년 3반	한식 요리	
5	송희석	3학년 5반	컴퓨터 조립	

붙임 1. 직업체험 활동 참가 신청서 5부.
    2. 참가 경비 내역서 1부. 끝.

[그림 9-9] 공문서(예시)

5. 공문서 작성원칙(「행정업무 운영규정」제7조)

1) 문서작성의 기본원칙

- 글자: 문서는 어문규범에 맞게 한글로 작성하되, 필요한 경우 괄호 안에 한자나 외국어를 넣어 쓸 수 있음(「국어기본법」제11조)

- **숫자**: 아라비아 숫자가 원칙이나 달리 규정된 경우 그에 따름
- **날짜**: 년, 월, 일을 생략하고 온점으로 표시(예: 2012.v9.v17.)
- **시간**: 24 시각제에 따라 숫자로 표시(예: 오후 2시 30분 → 14:30)
- **금액**: 금343,000원(금삼십사만삼천원). 다른 법령(회계규칙 등)에 표시방법이 따로 있는 경우에는 그 법령에 따른다.

2) 항목의 구분

- **항목의 표시**: 문서의 내용을 2 이상의 항목으로 구분하여 작성하고자 할 때에는 다음 구분에 따라 표시하되, 필요한 경우 부분적으로 '□, ○, -, ·' 등과 같은 특수기호로 표시할 수 있다.
- **표시 위치 및 띄우기**
- 첫째 항목부호는 제목의 첫 글자와 같은 위치에서 시작한다.
- 첫째 항목 다음 항목부터는 바로 앞 항목의 위치로부터 2타(한글은 1자, 영문 · 숫자는 2자)씩 오른쪽에서 시작한다.
- 하나의 항목만 있을 경우에는 항목구분을 생략한다.
- 항목부호와 그 항목의 내용 사이에는 1타를 띄운다.

구분	항목 기호
첫째 항목	1. 2. 3. 4. 5. 6. 7. 8. ……
둘째 항목	가. 나. 다. 라. 마. 바. ……
셋째 항목	1) 2) 3) 4) 5) 6) 7) 8) ……
넷째 항목	가) 나) 다) 라) 마) 바) ……
다섯째 항목	(1) (2) (3) (4) (5) (6) (7) ……
여섯째 항목	(가) (나) (다) (라) (마) ……
일곱째 항목	① ② ③ ④ ⑤ ⑥ ⑦ ……
여덟째 항목	㉮ ㉯ ㉰ ㉱ ㉲ ㉳ ㉴ ……

3) 문서의 '끝' 표시

(1) 붙임물이 없고, 본문이 끝났을 경우: 1자(2타) 띄우고 '끝' 표시

　　예시 1) 주시기 바랍니다.vv끝.

(2) 붙임물이 있는 경우: 붙임의 표시를 한 다음 1자(2타) 띄우고 '끝' 표시

　　예시 2) 붙임vv1. 서식 승인 목록 1부.

　　　　　　　　 2. 승인서식 2부.vv끝.

(3) 본문 또는 붙임의 표시문이 오른쪽 한계선에서 끝났을 경우: 다음 줄의 왼쪽 기본선에서 1자 띄우고 '끝' 표시

(4) 연명부 등의 서식을 작성하는 경우

　• 서식의 마지막 칸까지 작성되는 경우: 서식의 칸 밖 아래 왼쪽 기본선에서 1자 띄우고 '끝' 표시

〈예시〉

연번	성명	생년월일	주소
9	임꺽정	1987. 11. 11.	무안군 삼향읍 어진누리길 10
10	일지매	1988. 11. 11.	무안군 삼향읍 어진누리길 10

vv끝.

　• 기재사항이 서식 중간에서 끝나는 경우: 기재사항의 마지막 다음 칸에 '이하 빈칸'

〈예시〉

연번	성 명	생년월일	주소
9	임꺽정	1987. 11. 11.	무안군 삼향읍 어진누리길 10
10	일지매	1988. 11. 11.	무안군 삼향읍 어진누리길 10
		이하 빈칸	

vv끝.

4) 문서의 쪽 번호 등 표시

(1) 각종 증명발급에 관한 문서는 해당문서의 왼쪽 하단에 발급번호를 표시

(2) 각종 증명발급 이외의 문서는 개별 문서의 중앙 하단에 쪽 번호를 표시

(3) 문서의 순서 또는 연결관계를 명확히 할 필요가 있는 중요 문서는 해당 문건의 전체 쪽수와 그 쪽의 일련번호를 붙임표(-)로 표시

(4) 기록물로 묶을 때는 모든 문서의 쪽 번호를 하단 우측에 표시

5) 붙임물의 표시

• 본문의 내용이 끝난 줄 다음에 '붙임' 표시
• 붙임물이 두 가지 이상인 때에는 항목을 구분하여 표시

(본문) _____
_____ 주시기 바랍니다.

붙임vv1.v○○○계획서 1부.
    2.v○○○서류 1부.vv끝.

참고문헌

전라남도 나주교육지원청(2018). K 에듀파인 처음 사용하기.

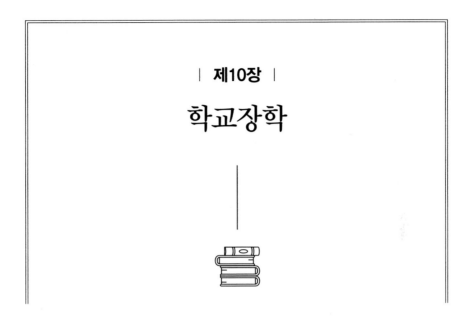

| 제10장 |

학교장학

학교에서의 모든 활동은 교사의 가르치는 일(teaching)과 학생의 배우는 일(learning)이 교육과정(curriculum)을 중심으로 학교환경 속에서 상호작용하고 있다고 할 수 있다. 즉, 학교에서 일어나는 모든 활동은 직간접적으로 교사와 학생 사이에 이루어지는 수업과 관련되거나 수업을 지원하기 위한 활동으로 이루어진다.

장학이란 이러한 수업과 교사의 교수행위가 원활하게 이루어질 수 있도록 지원하고 교육과정의 질을 개선하며 학습환경을 정비하여 궁극적으로는 학생의 학습활동에 도움을 가져오게 하는 활동이라고 할 수 있다(정태범, 1998).

1. 장학이란

1) 장학이란

장학(supervision)이란 학습지도의 개선을 위하여 제공되는 지도·조언을 비롯하여, 교육활동의 전반에 걸쳐 교육목표를 효과적으로 달성하기 위해 이루어지는 전문적·기술적 봉사활동 내지 참모활동(參謀活動)을 말한다. 장학은 교육활동의 계획연구·행정관리·학습지도·생활지도를 포함하는 여러 영역에 걸친 일련의 봉사활동이며, 교사와 학생이 자기성장을 이룩할 수 있도록 조장(助長)하고 유도하는 학교행정 당국자들의 체계적이고도 지속적인 노력의 총체라고 할 수 있다.

장학이란 의미의 영어 'supervision'은 'superior'와 'vision'의 합성어이다. 'superior'는 '높은 곳' 또는 '우수한'의 뜻이 있고, 'vision'은 '본다' 또는 '감시하다'라는 뜻으로 이들을 합쳐 보면 '우수한 사람이 높은 곳에서 본다'라는 말로 해석될 수 있다(정태범, 1994). 그래서 장학은 초기에는 권위주의적 시학(視學)에 의한 장학단계로부터 출발하여, 20세기에는 인간관계이론 등의 발달에 따라 점차 전문적인 기술적 지도·조언과 민주적·협동적 지도단계로 변천하여 왔다. 시학에 의한 장학단계에서는 장학을 비전문가(행정가)들이 담당하였으나, 점차 교장·교육감·교육장·장학사 등이 장학업무를 담당하게 되었으며, 오늘날은 장학행정의 분화(分化)와 전문화 과정이 이루어지게 되고 장학 방법과 기술이 다양하게 적용되고 있다(정태범, 1994).

2) 장학의 역사적 고찰

초기의 장학은 검열의 성격을 띠었다. 국가에서 제정한 국정지표와 교육과정 등이 현장에서 잘 실행되고 있는지, 지역사회의 특수성을 반영하여 어떻게 실천되고 있는지 검열이 이루어졌다. 장학사(관)는 학교방문을 미리 예고하고 능숙하게 검열해 나갔다. 그들의 학교방문은 평가의 성격을 띠었으므로 방문자들은 여러 학생을 불러 배운 것들을 질문하였다. 시간은 한정되어 있고 학생은 많으니 전체 학생을 평가할 수는 없고 몇몇 학생을 표집하는 형태로 이루어졌고, 그 결과는 상급단위 기관에 보고되었다. 시간이 흐르자 애초의 장학 성격은 잃어버리고 효율적인 점검을 위해 시험제도를 고안해 냈다. 매년 1회씩 시험을 치르면서 공립학교들의 교육과정 운영 실태를 점검하였다.

시간이 지나면서 이러한 장학은 검열의 성격 대신에 지도의 성격을 띠게 되었다. 장학이란 수업을 평가할 뿐만 아니라 그 결점을 보충해 주는 활동이라는 것이다. 당시는 인구가 급속하게 늘고 학교는 팽창해 가고 있었고 교사들은 부족했다. 교사들을 양성하여 급속히 팽창하는 교실에 투입해야 했다. 그래서 교사들이란 선천적으로 가르치는 재능을 타고나는 것이 아니라 후천적으로 훈련을 통해 길러지는 것이라는 관념이 생겨난 것이다. 장학관(사)은 교사들의 훈련을 위해 모임을 열고 강습회를 준비하며 독서회를 권장하는 감독장치를 설정하고 수업 개선의 목적을 위해 교실을 방문해 수업을 행하기도 했다(Brubacher, 1990).

최근에는 민주화, 세계화, 정보화, 개방화, 지방화 시대를 맞이하여 학교단위 자율책임경영을 강조하고 단위학교의 기능이 확대되면서 인사, 재정, 교육과정 결정권 등이 학교로 이양되면서 장학 분야에서도 장학의 민주화를 요구하고 있다. 교직원들의 자발적인 연구 문화와 교육 신념을 존중하고 지역사회의 특수성과 시대적 요구사항들을 반영하여 단위학교별 책임경영을 지향하는 것이다(이순형, 1999).

그동안 장학의 변화·발전은 장학의 본질을 상위 행정기관의 교육계획을 실현하기 위해 권위를 갖고 일관된 지침을 따르게 할 것인가, 아니면 단위학교나 교사들의 자율성을 인정하고 자발적인 실천을 강조할 것인가에 대한 입장 대립이었다고 할 수 있다. 시대의 변화에 따라 후자 쪽으로 점차 이동하고 있다. 장학활동은 주로 교육부를 포함한 지역교육청 등의 상급 교육행정기관의 장학활동 담당부서가 각 학교에 파견되어 이루어지기도 하고, 학교구성원끼리 자체적으로 이루어지기도 한다(Brubacher , 1990).

3) 학교장학의 근거

먼저, 상급 교육행정기관에 의한 장학활동이 실시되는 주요 근거는 다음과 같다.

- 「교육기본법」 제17조(국가 및 지방자치단체): 국가와 지방자치단체는 학교와 사회교육시설을 지도 · 감독한다.
- 「초 · 중등교육법」 제7조(장학지도): 교육감은 관할 구역의 학교를 대상으로 교육과정 운영과 교수(敎授) · 학습방법 등에 대한 장학지도를 할 수 있다.
- 「초 · 중등교육법 시행령」 제8조(장학지도): 교육감은 법 제7조에 따라 장학지도를 하는 경우 매 학년도 장학지도의 대상 · 절차 · 항목 · 방법 및 결과처리 등에 관한 세부계획을 수립하여 이를 장학지도 대상학교에 미리 통보하여야 한다.

그리고 학교 자체활동에 의해 장학활동이 이루어지는 주요 근거는 다음과 같다.

- 「교육기본법」 제3조: 모든 국민은 평생에 걸쳐 학습하고, 능력과 적성에 따라 교육받을 권리를 가진다.

- 「교육기본법」 제14조: ② 교원은 교육자로서 갖추어야 할 품성과 자질을 향상시키기 위하여 노력하여야 한다.
- 「교육공무원법」 제37조(연수의 기회균등): 교육공무원에게는 연수기관에서 재교육을 받거나 연수할 기회가 균등하게 주어져야 한다.
- 「교육공무원법」 제38조(연수와 교재비): ① 교육공무원은 그 직책을 수행하기 위하여 끊임없이 연구와 수양에 힘써야 한다. ② 국가나 지방자치단체는 교육공무원의 연수와 그에 필요한 시설 및 연수를 장려할 계획을 수립하여 실시하도록 노력하여야 하며, 대통령령으로 정하는 바에 따라 연수에 필요한 교재비를 지급할 수 있다.
- 「교육공무원법」 제39조(연수기관의 설치): ① 교육공무원의 재교육과 연수를 위하여 연수기관을 둔다.

2. 장학의 기능

정태범(1994)은 장학이란 수업과 관련하여 교사의 교수활동을 개선하고 교육과정과 교육환경의 질을 높이며 학생의 학습활동이 개선될 수 있도록 지원하는 활동이라고 정의하였다. 이러한 장학의 기능은 크게 행위상의 기능과 내용상의 기능으로 나누어 볼 수 있다.

1) 행위상의 기능

(1) 감독적인 관리기능
과거 일제 강점기나 미국의 과학적 관리시대 또는 우리나라 권위주의 시대에 이루어졌던 통제나 규제 위주의 장학기능을 말한다.

(2) 전문적인 지도기능

학교의 교육활동이나 교과내용이 전문가에 의해서 이루어지는 지도적 장학의 기능을 말한다.

(3) 협동적인 조언기능

교육전문가나 동료교사 등이 교육문제와 문제점들을 상의해서 협동적으로 해결해 나가는 기능을 말한다.

2) 내용상의 기능

(1) 교과지도 기능

학교가 길러 내고자 하는 학생을 기르는 데 적합한 교육과정을 마련하고 그것을 어떻게 가르칠 것인가 하는 교과의 전문적 지도기능을 말한다.

(2) 학생지도의 전문적 기능

학생의 성장·발달을 위하여 학생을 이해하는 방법, 지도방법과 관련된 전문적 기능을 말한다.

(3) 학급 및 학교경영 기능

학교에서 교육목표를 달성하기 위하여 필요한 교육과정을 마련하고 적합한 운영조직을 갖추고 교사들의 교육활동을 지원하는 경영활동의 전문적 지도기능을 말한다(정태범, 1994).

3. 장학담당자의 자질

여기서 말하는 장학담당자란 장학행정이나 장학기능의 업무를 담당하고 있는 전문직을 말한다. 장학관과 장학사는 물론이고 교육감, 교육장, 교장, 교감, 수석교사 등을 포함한다. 이들은 공통적으로 교사의 전문적 자질, 교수-학습 방법 및 학급경영 능력 향상을 위한 전문적 지도·조언의 기능을 수행하는 사람들이다. 장학활동이 적절히 실행되기 위해서는 장학담당자가 장학담당자로서의 자질을 구비하고 있어야 한다. 자질이란 생득적인 인성적 자질뿐만 아니라 교육과 훈련으로 계발된 능력과 소양 등을 의미한다. 다음에서는 장학담당자의 자질을 정태범(1994)의 입장을 인용하여 설명하고자 한다.

1) 인성적 자질

(1) 소명감

장학담당자는 교직에 대한 소명감으로 충만해 있어야 한다. 교사를 지도하여 학생을 올바르게 성장하게 하는 것이 자신에게 부여된 소명임을 알고, 장학활동에 대한 지속적인 열정을 보여야 한다.

(2) 존경과 신뢰의 대상

장학담당자는 스스로 모범을 보이고 타인을 존중하며 인내를 가지고 지도·조언함으로써 교사와 학생뿐만 아니라 사회로부터 존경과 신뢰의 대상이 될 때 효과적인 장학활동을 수행할 수 있을 것이다.

(3) 독창성

장학은 교사의 성장·발달을 도모하고 교수-학습 활동의 개선·향상을 위해 지도·조언하는 전문적이고 기술적인 봉사활동이다. 독창적인 사고를 할 수 없는 장학담당자는 문제해결에 대한 새로운 대안을 제시할 수가 없을 뿐만 아니라 고도의 전문적 처방도 불가능하게 된다.

(4) 수용적 태도

어떤 사안을 접했을 때 낙관적인 태도로 문제를 해결하기 위해서는 비방어적 태도가 요구된다. 현실적인 문제를 정확하게 인식하고 합리적으로 일을 처리할 수 있는 소양을 가지고 있어야 한다. 또한 상대방의 입장에서 주어진 가치를 평가할 수 있는 여유가 필요하며 건전한 비평에 귀를 기울일 수 있는 허용적 분위기를 만드는 것은 장학지도를 수행할 때 반드시 필요한 자질이다.

2) 전문적 자질

장학이 교사의 전문성을 신장시키는 기능을 수행한다고 했을 때, 장학담당자는 자신의 효과적인 역할수행을 위해 고도의 전문적 자질을 갖추고 있어야 한다.

(1) 폭넓은 교양

장학담당자는 인간과 사회현상에 대한 다양하고 깊이 있는 지식을 갖추고 있어야 한다. 교육은 주로 인간에 의해 이루어지는 활동이므로 장학담당자는 여러 분야에 관한 폭넓은 교양에 바탕한 건전한 가치관을 가지고 원만한 의사소통을 이룰 수 있는 능력을 가지고 있어야 한다.

(2) 전문적인 교수기술

학교교육을 위해 교사들에게 효과적인 교수기술을 가지게 하는 것이 장학담당자의 주 임무이다. 학생들의 학습은 교수기술의 개선을 통한 다양한 학습활동의 효과성에 달려 있다. 그러므로 장학담당자는 다년간의 성공적인 교수-학습 경험을 통하여 교사의 수업기술을 지도할 수 있는 전문적인 교수기술을 지니고 있어야 한다. 교수기술에 대한 이론과 실제를 겸비함으로써 자신감을 가지고 교사의 전문성 신장을 위한 장학활동에 임할 수 있게 될 것이다.

(3) 지도성 기술

지도성 기술이란 자신이 알고 있는 것을 상대방에게 전달하는 기술을 말한다. 지도성 기술에는 두 가지가 있다. 하나는 스스로 지도성을 발휘하는 것이고, 다른 하나는 교사들에게도 지도성을 길러 주는 것이다. 장학담당자는 주어진 상황에 맞는 지도성 기술을 발휘함으로써 당면한 현실적인 문제의 해결을 용이하게 할 수 있다.

(4) 교육경영체제의 인식 및 평가능력

교육경영은 투입-과정-산출 과정을 거친다. 장학활동도 이러한 과정을 거치게 되므로 장학담당자는 아동의 교과학습의 향상을 목적으로 하는 장학인 경우에 교수-학습의 향상을 위하여 사용되는 수단과 바람직한 결과를 예상할 수 있어야 한다.

4. 장학의 종류

앞서 살펴본 대로, 장학은 장학활동의 주체에 따라 크게 지역교육청 등 상급 교육행정기관 중심의 장학활동과 교장, 교감이나 수석교사, 과목별 교사집단 중심의 학교장학활동으로 나눌 수 있다. 또한 장학활동이 이루어지는 형태에 따라 컨설팅장학, 특별장학, 자율장학 등이 있다.

1) 컨설팅장학

컨설팅장학이란 수업 및 효율적인 학교운영을 개선하기 위해 일정한 전문성을 갖춘 사람들이 학교와 학교 구성원의 요청에 따라 자문활동을 의뢰인에게 제공하는 것을 말한다. 학교경영과 교육의 문제를 진단하고 대안을 마련하여 스스로 문제해결을 하도록 도우며, 문제해결에 필요한 인적 · 물적 자원들을 발굴하여 조직화하는 일을 도와줄 수 있다. 컨설팅장학의 영역은 교육과정 편성 · 운영, 교수-학습, 학부모지원, 학교경영, 생활 · 진로지도, 교원 전문성 신장, 교육정책 전반에 걸쳐 다양하다. 컨설팅장학이 이루어지는 데는 다음과 같은 원리들이 있다.

(1) 컨설팅장학 원리

- **전문성**: 컨설팅은 학교경영과 교육활동에 대한 전문적인 지식과 기술체계를 갖춘 사람에 의해 이루어져야 한다.
- **자발성**: 컨설팅은 의뢰인(학교장이나 교사)의 자발적인 요청에 기초해야 한다.
- **자문성**: 컨설팅은 본질적으로 자문활동이어야 한다. 컨설턴트가 의뢰인을 대신해서 교육을 담당하거나 학교를 경영하는 것은 아니며 그 컨설팅 결과에 대한 책임도 원칙적으로는 의뢰인에게 있다.
- **독립성**: 컨설턴트와 의뢰인의 관계는 상호 독립적이어야 하며, 상하관계나 종속적인 관계여서는 안 된다. 독립된 개체로서 서로 인정하고 도와주는 역할수행이 이루어져야 한다. 독립성의 측면에서 보면 학교 조직의 내부인보다는 외부인이 컨설턴트로 위촉되는 것이 더 좋은 위치에 있다.

- **일시성**: 의뢰인과 컨설턴트의 관계는 특정 과제 해결을 위한 일시적인 관계여야 한다. 일단 의뢰한 문제가 해결되면 컨설팅관계는 종료되어야 한다.
- **교육성**: 컨설턴트는 의뢰인을 상대로 문제해결에 필요한 정보를 제공하고 교육이나 훈련을 실시해야 한다.

(2) 컨설팅장학의 영역(경상남도교육청, 2020학년도 장학활동 기본계획)

영역	주요 내용	
맞춤형 교육과정 편성 · 운영	• 미래역량중심 교육과정 운영 • 교육과정 자율화	• 학사운영의 다양화 • 교육과정 적정화
배움중심수업 확산	• 학생 참여중심 수업 강화 • 수업나눔문화 확산	• 전문적 학습공동체 운영 • 수업중심 연구문화 활성화
과정중심 수시평가 안착	• 교사의 평가권 강화 • 수행평가 내실화 및 형성평가 강화	• 평가 횟수의 적정화 • 평가 업무 경감 지원
학생자치활동 활성화	• 학생자치회 및 학급자치활동 활성화(장소 및 시간 확보) • 학생 참여 학생생활규정 제정	
집단지성의 교직원회 정착	• 토론이 있는 교직원 회의 활성화 • 민주적 의사소통을 위한 기반 조성 및 토론 문화 형성 • 찾아가는 교직원회 컨설팅	
학부모 학교교육 참여활동 확대	• 학부모 학교교육 참여 기회 확대 • 학부모와 학교 간 소통과 협력 강화	

(3) 컨설팅장학의 절차

컨설팅장학 계획수립	→	장학활동 실시	→	운영 결과 분석	→	다음 학년도 계획수립
• 컨설팅장학계획 수립		• 컨설팅 운영 및 모니터링 실시		• 장학활동 실시 결과 협의회 개최 • 평가 및 환류		• 개선점, 결과분석 내용을 반영한 운영계획 수립

2) 특별장학

특별장학이란 학교단위에서 해결할 수 없는 현안문제나 민원 등 특별한 사안이 있거나 특별지원이 필요한 학교를 대상으로 문제해결을 위해 찾아가는 장학활동을 말한다. 특별장학은 교원의 전문성 개발을 목적으로 하기보다 교육활동과 관련된 특별지도 및 지원이 필요하다고 교육청에서 판단한 학교나 특별한 사안이 발생한 학교를 대상으로 이루어진다.

(1) 특별장학 지원원리

- 지역사회와 학교의 여건을 고려한 문제해결을 지원한다.
- 현안문제 해결을 위해 지역사회의 전문가로 구성된 특별장학팀을 구성하여 실시한다.
- 특별장학 실시 후 현안 해결 및 학교의 교육력 제고를 위해 행·재정적 지원을 확대한다.
- 관련 부서 간 협조를 통해 현안 해결을 위해 노력한다.

(2) 특별장학 운영내용(경상남도교육청, 2020학년도 장학활동 계획)

영역	주요 내용
현안문제 해결	• 특별장학팀 구성(장학관, 담당 장학사, 관련분야 전문가 등) • 학교 운영 전반 및 특별한 지원이 요구되는 사항 중심의 지원
정책수행 역량 지원	• 교육활동 관련 현안 과제에 대한 지원이 필요한 학교 • 교육청(지원청)에서 정책과제 수행을 위해 지원이 필요한 학교
행·재정적 지원	• 학교 교육력 제고를 위해 행·재정적 지원이 필요한 학교 • 종료 후 결과보고서 작성 및 제출, 행·재정적 지원

(3) 특별장학의 실행 절차

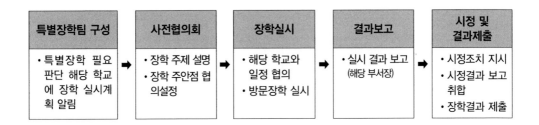

3) 학교단위 자율장학

자율장학이란 단위학교 및 지역사회 내에 있는 교원들의 자율적인 교육연구 풍토를 조성하여 내실 있는 학교 교육과정을 구축하고 교직 문화를 개선하는 등 자율적으로 운영되는 장학활동을 말한다.

(1) 자율장학 지원원리
- 단위학교별 동료교사별 연구모임을 활성화한다.
- 구성원 간의 의견을 충분히 반영하여 자율적 분위기와 자율적 참여를 조성한다.
- 교원 전문성 신장을 위한 학교자율장학 계획을 수립하여 실시한다.
- 동료장학, 멘토링, 자기장학, 자율연수 등을 활용하여 전문성 강화에 노력한다.

(2) 자율장학 운영내용(경상남도교육청, 2020학년도 장학활동 기본계획)

영역	주요 내용
수업장학	• 전문적 학습공동체 운영을 통한 수업 전념 문화 확산 • 배움중심수업 및 과정중심 수시평가 개선 자료 개발 · 활용 • 학교별 수업 나눔의 날 운영(학기별 1회 이상)

자기장학	• 자기 수업 진단, 수업 녹화를 통한 분석(수업분석실 활용 권장) • 수업만족도 설문조사로 자기 수업 진단/각종 연구회 및 동아리 활동 참여
약식장학	• 학교 관리자의 장학활동(수업·학급경영, 교과·학년·부서별 협의회에 대한 지도· 조언)
동료장학	• 학교별 학습공동체 조직·운영(수석교사, 수업명사, 수업연구교사 등 적극 활용) • 교육과정 재구성 및 학습자료 공동 개발 • 교사 상호 간 수업 참관 및 협의 기회 확대
자체연수	• 전문성 신장을 위한 교내 동아리(학년·교과별 등)활동 활성화 • 협의회, 토론, 연수, 실습 등 교내 자체연수 계획 수립·실행
멘토링	• 전문성과 경험이 풍부한 교사(멘토)가 저경력 교사(멘티)를 1대1로 지원 • 멘티가 희망하는 경력 교사를 멘토로 지정 권장

(3) 약식장학

단위학교 내에서 교감·교장이 비정기적으로 간략하게 실시하는 장학활동을 말한다. 주로 교사의 수업 및 학급경영 활동을 관찰하고 이에 대해 교사에게 지도·조언하는 활동이다. 약식장학은 교사들이 미리 수업을 준비하고 공개발표를 하는 것이 아니기 때문에 자연스러운 수업이나 학급경영을 관찰할 수 있고 수시로 필요한 자문과 조언을 주고받을 수 있다는 점에서 의의가 있다.

(4) 자기장학

자기장학은 교사 스스로 자신의 수업과 교육활동의 질을 높이기 위해서 반성적으로 사고하고 전문성 신장을 위해 장학계획을 수립·실천하는 것을 말한다. 자기장학을 수행하기 위해 교사는 다양한 인적·물적 자원을 활용하게 된다. 즉, 자신의 수업을 녹화하여 분석하고, 학생들로부터 수업평가를 받거나 전문서적이나 다양한 웹 자료를 활용한다. 또한 대학원 과정을 이수하거나 교내외 교과협의회(동아리)나 각종 교내외 연수에 참여하는 것 등은 모두 자기장학이라 할 수 있다.

(5) 동료장학

동료장학은 동료교사들이 서로 협력하고 지원하는 장학활동이다. 최근에 신임교사를 대상으로 경력교사가 멘토로서 자문·조언하는 멘토링제도, 수업 및 교과 전문성을 갖춘 교사들이 교내장학과 신임교사 멘토 역할을 담당하는 수석교사제 등을 통해 동료교사에 의한 장학이 더욱 확대되고 있다.

(6) 수업연구

수업연구는 시범수업, 공개수업의 형태로 시행되며, 수업연구 시 수업 담당교사는 학습자료를 충분히 준비하고 참관교사들은 참관 결과를 피드백하여 준다. 일반적으로 수업연구 절차는 수업연구사전협의회를 열어 사전 수업지도안을 통해 수업의 목적, 내용, 방법 등을 협의하며 수업연구 발표 이후에는 수업연구 평가회를 열어서 평가와 개선점을 논의한다.

(7) 학교별 자율장학 실행 절차

자율장학 계획수립	장학활동 실시	운영결과 보고	내년도 계획수립
• 구성원 의견수렴을 통한 계획 수립 • 학교 교육과정 편성 시 자율장학 계획 반영	• 전교사 수업장학, 동료장학, 자기장학 중 1영역 이상 참여 권장	• 자율장학 운영 결과 협의회 개최 • 평가 및 환류	• 개선점, 결과분석 내용을 반영한 운영계획 수립

4) 지구별 자율장학

지구별 자율장학이란 지역사회 내에 있는 교원들의 자율적인 교육연구 풍토조성을 위한 연구회, 전문적 학습공동체, 동호회 등을 구성하여 친목을 도모하고 내실 있는 연구활동 및 정보공유와 교직 문화 개선을 위해 자율적으로 운영하는 장학활동을 말한다.

(1) 지구별 자율장학 원리

- 지역사회 단위별 동료교사들의 연구모임을 활성화한다.
- 구성원 간의 의견이 충분히 반영된 활동이 이루어지도록 해야 한다.
- 정기모임 일시나 장소 등을 지정하여 안정적인 운영이 될 수 있도록 한다.
- 연구회, 전문적 학습공동체, 동호회 등을 신청을 받아 구성한다.
- 학교급 교사별(유치원, 초·중·고), 관리자별(교감, 교장 등) 모임도 활성화한다.
- 예산범위 내에서의 운영비를 지원한다.

(2) 지구별 자율장학 운영내용

영역	주요 내용	
수업혁신 전문적학습 공동체 운영	• 수업 나눔 및 수업 성찰 • 교육과정 읽기, 교육과정 재구성 • 수업과 평가 개선을 위한 자료 개발 및 공유 등	• 학년별 교과별 교수-학습 계획 협의 • 수업과 평가 혁신 토론
지구별 자율장학	• 교장, 교감, 수석교사, 교사 자율장학 협의회 개최 • 지구별 수업 나눔의 날 운영 권장 • 지구별 교육과정 운영 우수사례 일반화 및 교육현안 과제 협의·조정 • 교원, 학생 상호 간 문화·예술·체육 교육활동 참관 및 교류 등	

(3) 지구별 자율장학 실행 절차

자율장학 계획수립		장학활동 실시		운영결과 보고		내년도 계획수립
• 구성원 의견수렴을 통한 계획수립 • 지구별 자율장학 계획수립	➡	• 전교사들의 자율장학 활동참여 권장	➡	• 자율장학 운영 결과 협의회 개최 • 평가 및 환류	➡	• 개선점, 결과분석 내용을 반영한 내년도 운영계획 수립

참고문헌

경상남도교육청(2020). 2020학년도 장학활동 기본계획.

이순형(1999). 교육학대백과사전(학교경영론). 서울: 하우동설출판사.

정태범(1994). 교육행정학 기초와 발전. 서울: 정민사.

정태범(1998). 학교경영계획론. 서울: 양서원.

Brubacher, J. S. (1990). 교육사(교육문제변천사). (이원호 역). 서울: 형
　　설출판사.

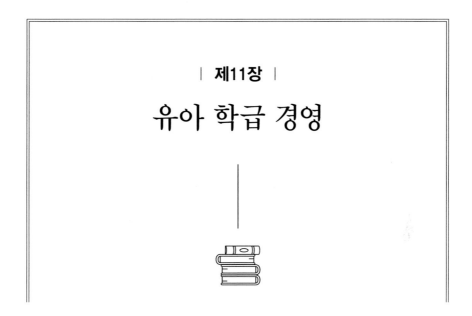

| 제11장 |

유아 학급 경영

1. 유치원 교직실무 특성

　유치원 교직실무란 유아교육 현장에서 수행하는 교육과 관련된 교사의 모든 활동을 말한다(권성민 외, 2019). 유아의 전인적 발달을 위해 교사로서 수행해야 할 업무는 상당히 포괄적이다. 수업을 계획하고 실행하고 평가하는 일 외에도 유아와 관련된 업무, 학부모와 관련된 업무, 기관 전체의 공동업무, 행정업무 등 다양한 업무를 수행하게 된다. 유아교사의 업무는 초·중등 교사의 업무와는 조금 다른 특성을 보인다. 교육활동 이외에 돌봄, 보호의 역할이 큰 비중을 차지한다는 점이다. 따라서 신입교사가 교직실무를 제대로 파악하고 원활하게 실행하기까지는 다음과 같은 특성을 이해하고 실천하는 노력이 요구된다.

　첫째, 교육 대상인 만 3~5세 유아는 아직 정서적·신체적으로 미성숙한 상태이므로 항시 성인의 돌봄이 필요하다.

둘째, 유아는 발달적 특성상 직접적인 놀이를 통해 세상을 배우는 단계이므로 교사의 일방적인 교수활동은 적합하지 않다. 유아교육과정(누리과정)의 목적, 즉 '유아가 놀이를 통해 심신의 건강과 조화로운 발달을 이루고 바른 인성과 민주 시민의 기초를 형성하는 데에 있다.'에서도 확인할 수 있다(교육부, 2019).

셋째, 유아교육기관은 일반학교에 비해 비교적 소수의 교직원으로 구성되어 있다. 적은 인원이 효율적으로 기관을 운영하기 위해서는 업무 분담을 하되 융통성을 가져야 한다. 소규모의 집단일수록 구성원 간의 소통과 좋은 관계 유지가 더욱 강조된다.

넷째, 국공립유치원에 다니는 원아에 비해 사립유치원에 다니는 유아의 비율이 훨씬 크다. 교육부(2020b)의 교육통계자료에 따르면, 국립유치원에 재원 중인 유아는 약 0.03%, 공립유치원에 재원 중인 유아는 약 29.14%, 사립유치원에 재원 중인 유아는 약 70.8%이다. 자연적으로 사립유치원들의 생존과 경제적 이윤을 위한 경쟁이 발생하기도 하고, 이로 인해 교육의 질을 염려하는 목소리도 나온다. 더구나 유아가 다니는 유치원은 배정이 아닌 부모의 선택으로 결정되기 때문에 학부모의 요구를 무시할 수 없고, 간혹 과도하게 반영하다 보면 기본을 놓치는 실수가 발생할 수 있다. 따라서 교사가 확고한 교육철학을 갖는 것이 중요하다.

2. 새 학기 준비 및 시작

새 학기를 준비하고 시작하는 신입교사는 기대와 설렘뿐 아니라 부담과 막연함도 느끼게 될 것이다. 유치원 전체의 교육 방향이나 행사 등은 전체 교사와의 소통이 필요하므로 차차 선배교사에게 배우면서 익힐 기회가 있다. 하지만 본인의 학급을 운영함에 있어서는 오로지 스스로 책임지고 이끌어 가야 하기 때문에 시행착오를 거칠 만한 시간적 여유가 없다. 다음에서는 신입교사가 자신의 학급을 운영함에 있어 기본적으로 숙지해야 할 내용을 중심으로 살펴보고자 한다.

1) 교육계획 수립

교육계획을 수립할 때는 먼저 국가 수준의 교육과정인 누리과정(유아교육과정)을 참고하는 것이 기본이다. 누리과정의 구성 방향과 누리과정의 운영을 참고해야 한다. 덧붙여 유치원의 학사 일정을 함께 고려하여 본인의 학급운영을 계획하게 된다. 연초나 학기 초에 교육을 계획하지만, 이후 유아의 흥미나 요구 또는 그 외의 상황에 따라 수정 · 변경하기도 한다.

[그림 11-1]은 교육계획 수립 시 반드시 참조해야 하는 누리과정에서 추구하는 인간상, 목표 그리고 5개 영역과의 연계성을 보여 주고 있다.

추구하는 인간상				
건강한 사람	자주적인 사람	창의적인 사람	감성이 풍부한 사람	더불어 사는 사람
목표				
자신의 소중함을 알고, 건강하고 안전한 생활 습관을 기른다.	자신의 일을 스스로 해결하는 기초능력을 기른다.	호기심과 탐구심을 가지고 상상력과 창의력을 기른다.	일상에서 아름다움을 느끼고 문화적 감수성을 기른다.	사람과 자연을 존중하고 배려하며 소통하는 태도를 기른다.
5개 영역				
신체운동 · 건강	의사소통	사회관계	예술경험	자연탐구

[그림 11-1] 누리과정에서 추구하는 인간상, 목표 영역의 연계성

출처: 교육부, 보건복지부(2019).

참고 1 ≫ 유치원 누리 교육과정(2020년 3월 1일부터 시행)

1. 편성 · 운영
다음의 사항에 따라 누리과정을 편성 · 운영한다.

가. 1일 4~5시간을 기준으로 편성한다.
나. 일과 운영에 따라 확장하여 편성할 수 있다.
다. 누리과정을 바탕으로 각 기관의 실정에 적합한 계획을 수립하여 운영한다.
라. 하루 일과에서 바깥놀이를 포함하여 유아의 놀이가 충분히 이루어지도록 편성하여 운영한다.
마. 성, 신체적 특성, 장애, 종교, 가족 및 문화적 배경 등으로 인한 차별이 없도록 편성하여 운영한다.
바. 유아의 발달과 장애 정도에 따라 조정하여 운영한다.
사. 가정과 지역사회와의 협력과 참여에 기반하여 운영한다.
아. 교사 연수를 통해 누리과정의 운영이 개선되도록 한다.

2. 교수 · 학습
교사는 다음 사항에 따라 유아를 지원한다.

가. 유아가 흥미와 관심에 따라 놀이에 자유롭게 참여하고 즐기도록 한다.
나. 유아가 놀이를 통해 배우도록 한다.
다. 유아가 다양한 놀이와 활동을 경험할 수 있도록 실내외 환경을 구성한다.
라. 유아와 유아, 유아와 교사, 유아와 환경 간에 능동적인 상호작용이 이루어지도록 한다.
마. 5개 영역의 내용이 통합적으로 유아의 경험과 연계되도록 한다.
바. 개별 유아의 요구에 따라 휴식과 일상생활이 원활히 이루어지도록 한다.
사. 유아의 연령, 발달, 장애, 배경 등을 고려하여 개별 특성에 적합한 방식으로 배우도록 한다.

출처: 교육부(2019).

참고 2 ≫ 누리과정 5개 영역 한눈에 보기

영역	내용 범주	내용
신체운동·건강	신체활동 즐기기	신체를 인식하고 움직인다.
		신체움직임을 조절한다.
		기초적인 이동운동, 제자리 운동, 도구를 이용한 운동을 한다.
		실내외 신체활동에 자발적으로 참여한다.
	건강하게 생활하기	자신의 몸과 주변을 깨끗이 한다.
		몸에 좋은 음식에 관심을 가지고 바른 태도로 즐겁게 먹는다.
		하루 일과에서 적당한 휴식을 취한다.
		질병을 예방하는 방법을 알고 실천한다.
	안전하게 생활하기	일상에서 안전하게 놀이하고 생활한다.
		TV, 컴퓨터, 스마트폰 등을 올바르게 사용한다.
		교통안전 규칙을 지킨다.
		안전사고, 화재, 재난, 학대, 유괴 등에 대처하는 방법을 경험한다.
의사소통	듣기와 말하기	말이나 이야기를 관심 있게 듣는다.
		자신의 경험, 느낌, 생각을 말한다.
		상황에 적절한 단어를 사용하여 말한다.
		상대방이 하는 이야기를 듣고 관련해서 말한다.
		바른 태도로 듣고 말한다.
		고운 말을 사용한다.
	읽기와 쓰기에 관심 가지기	말과 글의 관계에 관심을 가진다.
		주변의 상징, 글자 등의 읽기에 관심을 가진다.
		자신의 생각을 글자와 비슷한 형태로 표현한다.
	책과 이야기 즐기기	책에 관심을 가지고 상상하기를 즐긴다.
		동화, 동시에서 말의 재미를 느낀다.
		말놀이와 이야기 짓기를 즐긴다.

사회관계	나를 알고 존중하기	나를 알고 소중히 여긴다.
		나의 감정을 알고 상황에 맞게 표현한다.
		내가 할 수 있는 것을 스스로 한다.
	더불어 생활하기	가족의 의미를 알고 화목하게 지낸다.
		친구와 서로 도우며 사이좋게 지낸다.
		친구와의 갈등을 긍정적인 방법으로 해결한다.
		서로 다른 감정, 생각, 행동을 존중한다.
		친구와 어른께 예의 바르게 행동한다.
		약속과 규칙의 필요성을 알고 지낸다.
	사회에 관심 가지기	내가 살고 있는 곳에 대해 궁금한 것을 알아본다.
		우리나라에 대해 자부심을 가진다.
		다양한 문화에 관심을 가진다.
예술경험	아름다움 찾아보기	자연과 생활에서 아름다움을 느끼고 즐긴다.
		예술적 요소에 관심을 갖고 찾아본다.
	창의적으로 표현하기	노래를 즐겨 부른다.
		신체, 사물, 악기로 간단한 소리와 리듬을 만들어 본다.
		신체나 도구를 활용하여 움직임과 춤으로 자유롭게 표현한다.
		다양한 미술 재료와 도구로 자신의 생각과 느낌을 표현한다.
		극놀이로 경험이나 이야기를 표현한다.
	예술 감상하기	다양한 예술을 감상하며 상상하기를 즐긴다.
		서로 다른 예술 표현을 존중한다.
		우리나라 전통 예술에 관심을 갖고 친숙해진다.
자연탐구	탐구과정 즐기기	주변 세계와 자연에 대해 지속적으로 호기심을 가진다.
		궁금한 것을 탐구하는 과정에 즐겁게 참여한다.
		탐구과정에서 서로 다른 생각에 관심을 가진다.
	생활 속에서 탐구하기	물체의 특성과 변화를 여러 가지 방법으로 탐색한다.
		물체를 세어 수량을 알아본다.
		물체의 위치와 방향, 모양을 알고 구별한다.
		일상에서 길이, 무게 등의 속성을 비교한다.

자연탐구	생활 속에서 탐구하기	주변에서 반복되는 규칙을 찾는다.
		일상에서 모은 자료를 기준에 따라 분류한다.
		도구와 기계에 대해 관심을 가진다.
	자연과 더불어 살기	주변의 동식물에 관심을 가진다.
		생명과 자연환경을 소중히 여긴다.
		날씨와 계절의 변화를 관련짓는다.

출처: 교육부, 보건복지부(2019).

이와 같은 누리과정과 본원의 특색이나 환경 그리고 유아의 교육적 요구 등을 고려하여 교육계획을 수립한다. 다음은 연간 교육계획과 그에 따른 월간 및 주간 교육계획안의 예시이다.

〈표 11-1〉 연간 교육계획안 예시(연령별 연간놀이주제)

월	주제		
	만 3세	만 4세	만 5세
3	안녕! 만나서 반가워	즐거운 유치원	유치원 친구
4	봄을 찾으러 가자	알록달록 봄놀이	봄과 동식물
5	내 이야기를 들어봐	함께하는 동식물	나와 가족
6	우리 동네	나는 할 수 있어	우리 동네 ○○동
7	야호! 신나는 여름이야	시원한 여름놀이	여름
9	우리나라	우리 동네 돌아보기	우리나라 세계 여러 나라 가을
10	교통기관 · 생활도구	옛놀이 한마당	
11	가을을 느껴봐 출동! 탐험대	풍성한 가을놀이	교통기관 도구와 기계 겨울
12	쌩쌩! 추운 겨울이 오면! 형님반에 가요	우리 반의 놀이 신나는 겨울 놀이	

〈표 11-2〉 월간 놀이 주제 예시(만 5세-3월)

주제		
월	주	유치원과 친구
3	1	새로운 우리 반
	2	우리 반 친구들
	3	○○유치원의 사람들
	4	즐거운 ○○유치원

〈표 11-3〉 주간교육계획안 예시

〈만 5세 반〉 기간 : 2021. 3. 15. (월) ~ 2021. 3. 19. (금)

생활주제	유치원과 친구
주제	○○유치원의 사람들
교육목표	• ○○유치원의 어른들이 하는 일에 대해 안다. • 유치원에서 일하는 어른들께 감사한 마음을 표현하고, 예절 바르게 행동한다.

쌓기 · 역할놀이
- ○○유치원에는 누가 있을까요?

언어놀이
유치원에 있는 선생님들 작은 책 만들기

수조작놀이
- 어디에 계실까요?

바깥놀이 및 자연탐구
- 무슨 소리지?

○○유치원의 사람들

예술표현놀이
- 신체표현: 모두가 꽃이야

신체 및 게임 활동
- 건강 체조

이야기나누기
- 우리 반 안전약속
- 양말 바꿔 신기 (장애인식 교육)

과학놀이
- 유치원에 있는 동 · 식물 관찰하기

기본생활습관	(예절) 선생님께 공손하게 인사해요				
날짜	15(월)	16(화)	17(수)	18(목)	19(금)
안전교육	코와 입을 막아요	감염병 예방 손 씻기	기침 예절	선생님 손을 잡아요	우리는 친구

2) 교실환경 구성

유아들이 대부분의 시간을 보내는 실내 공간은 우선적으로 안전해야 한다. 첫째, 청결하고 위생적이며 위험한 부분이 없어야 하고, 이로 인해 유아들의 활동에 방해가 되지 않아야 한다. 둘째, 유아들이 생활하기에 편리한 공간이어야 한다. 다른 영역의 활동이 서로 방해가 되지 않도록 배치해야 하고, 여러 가지 자료를 다양하게 충분히 비치하여 유아들이 이용하는 데에 불편함이 없어야 한다. 셋째, 유아들의 심리적 안정감을 위해 실내 공간을 아름다운 분위기로 연출해야 한다. 각 영역에 어울리는 모양과 색, 게시물들을 조화롭게 배치하여 유아가 활동에 집중하도록 도울 수 있어야 한다. 넷째, 유아들이 다양한 교육적 경험을 할 수 있는 실내 공간으로 구성해야 한다. 유아들은 직접 경험을 통해 신체, 언어, 인지, 사회성, 탐구력 등 전인적 발달을 이루기 때문이다. 마지막으로, 실내 공간은 융통성을 가질 수 있어야 한다. 교육의 효율성을 위해서는 유아의 흥미와 호기심을 반영하여 언제든 바뀔 수 있어야 한다(권성민 외, 2019).

대체적으로 유아 교실은 언어, 수·조작, 미술, 음률, 역할, 과학, 쌓기 등 흥미 영역별로 구성한다. 또는 놀이영역별로 구성하기도 한다. 하지만 놀이 중심, 유아중심의 활동을 강조하고 있는 만큼 영역별 배치 여부는 교사의 판단에 따라 달라질 수 있다. 또한 특정 영역에서 함께 놀이하고자 하는 유아가 많을 경우, 그 영역 공간을 확장할 수도 있다. 이전의 전형적인 교실환경 구성에서 벗어나 교사의 창의적인 아이디어가 있다면 유아의 놀이는 더욱 확장되고 유아는 더욱 성장할 수 있을 것이다.

3) 오리엔테이션

새 학기를 시작하기 전, 유치원 운영에 관해 오리엔테이션 시간을 갖게 된다. 유치원의 교육철학과 운영방침, 교육 프로그램, 유치원 생활에 대한 안내, 유치원과 가정의 연계를 위한 프로그램, 교직원을 소개한다. 그리고 학부모회, 운영위원회, 급식 모니터링 등에 대한 안내를 하고 필요 위원을 선출한다. 전체 모임이 끝나면 학급별 시간을 가진다. 담임의 교육철학 및 교육 방향을 소개하고 해당 학급 유아의 연령과 발달에 대한 정보를 제공하고 유아의 발달을 위해 가정과 협력해야 할 부분을 당부한다. 또 등하원 안전, 결석, 투약, 응급처치 등의 상황에 대한 안전 지침을 안내하고 필요한 서류

 참고 ≫ 운영위원회

유치원 운영의 자율성을 높이고 지역의 실정과 특성에 맞는 다양한 교육을 창의적으로 실시할 수 있도록 하기 위해 설치해야 한다. 해당 유치원의 교원 대표 및 학부모 대표로 구성한다. 회의록을 작성하고 이를 공개하여야 한다. 운영위원회에서 심의하는 내용은 다음과 같다.

- 유치원규칙의 개정에 관한 사항
- 유치원 예산 및 결산에 관한 사항
- 유치원 교육과정의 운영방법에 관한 사항
- 아동학대 예방에 관한 사항
- 학부모가 부담하는 경비에 관한 사항
- 유치원 급식에 관한 사항
- 방과후 과정 운영에 관한 사항
- 유치원 운영에 대한 제안 및 건의에 관한 사항

출처: 「유아교육법」 제19조의3, 제19조의4.

를 작성한다. 학부모의 요구나 제안을 들어 보고 조율하는 시간도 갖는다. 이때는 학부모의 요구에 대해 성급하게 수용하거나 거절하기보다는 좋은 방향으로 고민해 보고 추후 말씀드리겠다고 하는 것이 좋다. 이후에 교사회의에서 의견을 나누고 결정된 부분에 대해서는 부모님께 꼭 전달해야 한다. 교사와 학부모 간 신뢰에 영향을 주는 부분이기 때문이다.

4) 원아 적응 돕기

유아들을 대상으로 하는 오리엔테이션은 유아들의 유치원 생활 적응을 돕는 시간이 된다. 유아들은 유치원과 해당 교실을 돌아보고 담임선생님과 학급 친구들을 만나 보는 시간을 갖는다. 이때는 짧은 간식시간을 갖거나 간단한 활동을 해 보는 것도 좋다. 짧은 시간이지만 이 시간을 통해 유아들은 앞으로의 즐거운 유치원 생활에 대한 기대감을 갖게 된다. 학기가 시작되어도 유아의 적응을 돕기 위한 교사의 꾸준한 노력은 계속되어야 한다. 기관과 유아의 연령에 따라 학기 초에 적응기간을 별도로 정해 운영하기도 한다.

3. 유치원 일과 운영

1) 등원 전 담임교사의 업무

교사와 유아 모두 하루를 즐겁게 보낼 수 있는 분위기를 위해 여러 가지를 점검해야 한다. 교실과 화장실의 안전, 당일 유아들이 이용할 놀이자료, 관찰할 유아나 유아 행동, 교사 자신의 건강이나 마음 상태도 점검해 보는 것이 필요하다. 유아가 한 명이라도 등원을 시작하면 그 시각부터는 교실을 지키면서 원아와 시간을 함께해야 한다.

2) 유아들과 함께 하는 일과 운영

(1) 등원지도

교사는 등원하는 유아를 진심으로 반갑게 맞이하여 유아가 편안한 마음으로 하루 일과를 시작할 수 있도록 돕는다. 유아를 맞이할 때는 반드시 유아의 신체적 건강 상태를 점검해야 한다. 열이 나는지, 콧물 또는 기침 중세가 있는지, 상처는 없는지 등을 확인한다. 유아의 신체적 건강 상태를 점검하는 것은 유아가 최적의 건강 상태로 하루 일과를 즐겁게 지내기 위함이기도 하

 참고 ≫

투약의뢰서	투약보고서

금일 우리 자녀의 투약을 선생님께 의뢰합니다.
 	
유아 이름 :   (반)
약 종류 : □ 물약
          □ 가루약
          □ 연고
          □ 기타 (   )
투약 용량 :
보관 방법 : □ 실온
            □ 냉장
투약 시간 :
 	
20   년   월   일
 	
의뢰자   (인)
(유아와의 관계:)
 	
* 단, 투약으로 인한 책임은 의뢰자가 집니다.
	금일 본원에서 다음과 같이 투약했음을 알려 드립니다.
	
	유아 이름 : (반)
	투약 용량 :
	투약 시간 :
	
	20 년 월 일
	
	투약자 (인)

고, 학부모와의 오해를 방지하기 위함이기도 하며, 그것이 아동학대 신고의
무자로서의 교사의 책임이기 때문이기도 하다. 또한 등원 시에 약을 챙겨 오
는 유아가 종종 있다. 약을 챙겨 왔을 경우는 가정에서 보낸 투약의뢰서를
꼭 확인하고 투약의뢰서의 내용대로 투약을 해야 하며, 투약 후 투약보고서
를 작성하여 귀가 시 가정으로 보내야 한다.

〈표 11-4〉 아동학대 신고의무자를 위한 아동학대 체크리스트

연번	평가항목	평가란 (✓)	
1	사고로 보기에는 미심쩍은 멍이나 상처가 발생한다.	예 □	아니요 □
2	상처 및 상흔에 대한 아동 혹은 보호자의 설명이 불명확하다.	예 □	아니요 □
3	보호자가 아동이 매를 맞고 자라야 한다는 생각을 가지고 있거나 체벌을 사용한다.	예 □	아니요 □
4	아동이 보호자에게 언어적 · 정서적 위협을 당한다.	예 □	아니요 □
5	아동이 보호자에게 감금, 억제, 기타 가학적인 행위를 당한다.	예 □	아니요 □
6	기아, 영양실조, 적절하지 못한 영양섭취를 보인다.	예 □	아니요 □
7	계절에 맞지 않는 옷, 청결하지 못한 외모를 보인다.	예 □	아니요 □
8	불결한 환경이나 위험한 상태로부터 아동을 보호하지 않고 방치한다.	예 □	아니요 □
9	성 학대로 의심될 성 질환이 있거나 임신 등의 신체적 흔적이 있다.	예 □	아니요 □
10	나이에 맞지 않는 성적 행동 및 해박하고 조숙한 성 지식을 보인다.	예 □	아니요 □
11	자주 결석하거나 결석에 대한 사유가 불명확하다.	예 □	아니요 □
12	필요한 의료적 처치를 하지 않거나 예방접종이 필요한 아동에게 예방접종을 실시하지 않는다.	예 □	아니요 □
13	보호자에 대한 거부감과 두려움을 보이고, 집(보호기관)으로 돌아가는 것에 대해 두려워한다.	예 □	아니요 □
14	아동이 매우 공격적이거나 위축된 모습 등의 극단적인 행동을 한다.	예 □	아니요 □
15	1~14에 해당되지는 않지만 그 외의 학대로 의심되는 경우 (학대 의심 사항:　　　　　　　　　　　　　　　)	예 □	아니요 □

• '아동학대 체크리스트'는 아동학대 신고의무자가 직무 중에 학대로 의심되는 아동을 조기 발견하기 위해 활용되도록 제작되었습니다.
• 1개 문항 이상 '예' 라고 체크된 경우, 아동학대를 의심해 볼 수 있는 상황입니다. 아동학대가 '의심' 되면 아동학대 신고전화 112로 반드시 신고해 주시기 바랍니다.

출처: 중앙아동보호전문기관(www.korea1391.go.kr).

(2) 실내놀이

유아들의 등원시간이 일률적이지 않으므로 등원 시점부터 일정시간 동안 실내놀이하는 시간을 갖는다. 유아 스스로 하고 싶은 놀이를 선택해서 활동하기에 대부분의 유아가 적극적으로 참여하는 시간이다. 유아 마음대로 유아 주도적으로 놀이하는 시간이라 말 그대로 단지 '노는' 시간으로 오해를 하기도 한다. 하지만 놀이활동은 여러 가지 교육적 가치를 지닌다.

첫째, 이 시간에는 유아 스스로 놀이 종류와 놀이방법을 선택해야 하므로 여러 번의 경험이 쌓이면서 자발성과 주도성이 발달한다. 둘째, 유아 스스로 활동을 선택, 계획 및 참여하기 때문에 자신의 선택에 책임을 지고 문제가 생겼을 때 문제를 해결하기 위한 방법을 스스로 찾는 경험을 할 수 있다. 이 과정에서 자신의 능력치를 최대한 발휘하고, 한 단계 더 성장하게 된다. 셋째, 계획된 교육 주제를 반영한 다양한 영역에서 활동하게 되므로 통합적인 경험을 하게 되고 이로써 전인적 발달을 도모하게 된다. 넷째, 이 시간은 유아 또래와의 활발한 상호작용이 가능한 시간이다. 친구들과 함께 활동하다 보면 배려하고, 나누고, 도와주고, 기다리고, 힘을 합하거나 다툼이 생기는 등의 다양한 상황이 생기고, 그 과정에서 사회적 유능감, 친사회적 행동, 언어능력 등이 발달할 수 있다. 다섯째, 실내놀이 시간에는 교사와 유아의 일대일 개별시간을 가질 수 있기에 교사는 유아의 특성을 좀 더 면밀히 파악할 수 있고 유아 개인의 발달에 적합한 개입이 가능해진다. 마지막으로, 실내놀이 시간은 무엇보다 유아가 긍정적인 정서를 경험하기에 충분한 시간이다. 유아 스스로 하고 싶은 활동을 하면서 즐거움과 행복감을 느끼고 동시에 자신의 선택과 경험을 존중받는다고 느끼면서 자아존중감을 높이게 된다(정정옥, 김광자, 2019).

놀이활동의 교육적 가치를 높이기 위해서는 교사의 역할이 중요하다. 유아의 활동이 다채로워질 수 있도록 놀이자료를 다양하게 준비하고 놀이환경을 주제와 어울리게 재구성해 주어야 한다. 또한 교사의 관찰과 개입이 적절해야 한다. 유아가 즐겁게 활동에 참여하고 있다고 해서 교사가 먼발치에 있어서는 안 된다. 유아를 이해하기 위해서는 관찰이 필요한 상황도 있고 교사의 개입이 필요한 상황도 있기 때문이다. 개입을 할 때는 유아와 같은 위치의 참여자가 되어야 할지, 직접 가르쳐야 할지, 시범을 보일지, 방향을 제시해 줘야 할지, 질문을 해야 할지 등을 고민해서 유아의 놀이가 방해받지 않고 유지되도록 해야 한다. 그리고 놀이과정, 문제해결 과정, 성취에 대한 칭찬과 격려를 해 주어야 한다.

(3) 급간식 지도

평소에 건강하고 균형 있는 영양섭취의 중요성에 대한 교육을 제공하고, 각각의 음식의 효능에 대해 이야기를 나누면서 영양교육을 실시한다. 하지만 유아가 편식하지 않고 모든 음식을 골고루 먹기는 힘든 일이기 때문에 급간식 시간에도 교사의 지도는 계속되어야 한다. 유아들의 식품에 대한 선호는 주변 환경에 영향을 많이 받는 만큼, 골고루 먹는 유아를 격려하고 교사가 맛있게 먹는 모습을 보여 주는 등 긍정적인 식사환경을 마련해 준다(임영심, 정정희, 임민정, 2019).

- 식품 알레르기 해당 유아 확인: 급식 전, 식단표를 확인하고 특정 식품에 알레르기를 보이는 유아가 있는지 체크한다. 혹시 해당 유아가 있다면 특정 식품을 배식에서 제외하고 대체식품이 준비되어 있다면 대체식품으로 배식한다.
- 손 씻기 지도: 교사가 먼저 손을 씻고 유아의 손 씻기를 지도한다.
- 유아 배식: 유아들이 음식을 한 가지씩 맡아 배식하는 경우가 있는데 이때 밥과 국은 뜨거우므로 교사가 직접 하는 것이 좋고 안전상 학기 초에 유아가 직접 배식하는 것은 고민해 볼 필요가 있다.
- 식사시간 예절 지도: 식사시간에 필요한 예절교육을 하고 매일 반복을 통

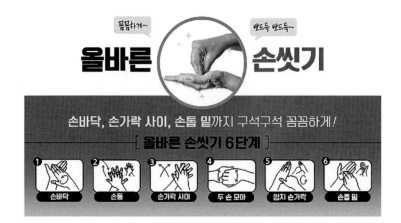

[그림 11-2] 올바른 손 씻기 6단계

출처: 질병관리청.

해 습관화한다.

- 음식을 준비해 주신 분들께 감사하는 마음 갖고 표현하기
- 자기 자리에서 앉아서 먹기
- 자신이 먹을 만큼의 양만 받아서 남기지 않고 다 먹기
- 골고루 먹기(편식지도)
- 식사 후 감사의 마음을 갖고 감사 인사하기
- 식기와 자리 정리하기
- 양치하기

(4) 대소집단 활동

대소집단 활동은 집단의 크기별로 구분한 것이다. 유아들이 경험할 어떤 활동을 어떤 집단으로 진행하는 것이 효율적인지를 판단하여 집단의 크기를 정한다. 대소집단으로 진행하는 활동은 이야기 나누기, 동화 감상, 동극, 동시 감상, 음률, 신체, 미술, 요리, 게임 등이 있다. 활동시간은 유아의 연령이나 상황을 고려하여 대체로 20분 정도가 적절하다. 이는 유아의 집중력을 고

려한 시간이다. 교사가 주도적으로 진행하는 활동이지만 교사가 일방적으로 이끌지 않도록 주의하고 유아가 생각할 수 있는 기회를 주도록 한다. 만약 교사가 계획한 활동에 유아들이 흥미를 보이지 않는다면 미련 없이 다른 활동으로 전환하고 다음 날 다시 시도해 봐도 좋다. 활동을 마치는 시점에는 반드시 평가하는 시간을 잠시 갖는다. 유아들의 이야기를 들어 보고 교사의 판단을 함께 고려하여 다음 활동계획에 반영한다.

(5) 실외놀이

실외놀이는 유치원 밖에서 이루어지는 여러 활동을 의미하는데, 산책을 하거나 실외놀이터에서 활동하거나 현장학습이 이루어지기도 한다. 다양한 환경적 변수로 인해 유아들의 안전과 관련한 여러 가지를 고려해야 하므로 교사에게는 부담스러운 활동에 속한다. 하지만 유아들에게는 가장 기다려지고 가장 재미있는 시간이다. 피할 수 없는 실외활동의 진행을 위해서는 안전을 위한 교사의 준비가 중요하다. 평소 안전교육을 통해 유아가 위험으로부터 스스로를 지킬 수 있도록 지도해야 하고, 외출 전에는 미리 안전에 대한 약속을 한다. 또한 간단한 구급약과 마실 물, 물티슈 등 필요한 물품을 챙겨야 한다.

실외 및 실내 놀이시간을 계획할 때는 시간을 짧게 여러 번으로 구분하지 말고 한 번에 길게 확보해야 한다. 이는 유아가 놀이 중에 시간의 방해를 받지 않고 보다 몰입하도록 충분한 시간을 주기 위함이다.

(6) 귀가지도

하루 일과의 시작만큼이나 마무리를 하는 시간도 중요한 의미를 갖는다. 하루를 마무리하는 시점에서 유아가 갖는 감정은 다음 날의 기분뿐 아니라 교육활동에도 영향을 미치기 때문이다. 좋지 못한 기분으로 귀가하는 유아가 있으면 교사의 마음도 편치 못하다. 일과 중 즐거웠던 경험을 회상해 보고 다음 날의 교육활동에 대한 기대를 가지면서 긍정적인 감정으로 귀가하도록 해야 한다. 또한 유아가 등원할 때 가져왔던 개별 물품(예: 외투, 모자, 물통, 우산, 약병, 투약보고서 등)을 빠뜨리지 않고 챙겨갈 수 있도록 지도한다. 교육계획안이나 행사 안내문 등 가정으로 배부해야 하는 안내문이 있을 경우 빠뜨리지 않도록 주의한다. 배부 당일 조퇴나 결석으로 전달하지 못한 유아가 있을 경우, 안내문 한 곳에 해당 유아의 이름을 적어 놓고 출석한 날 꼭 챙겨 주도록 한다.

3) 원아 귀가 후 담임교사의 업무

- 교실 정리정돈, 청소
- 교실 내 안전 환경 점검, 필요한 경우 즉시 보완: 교실, 화장실, 흥미(또는 놀이) 영역별 교구, 도서 등 부분적으로 파손되거나 분실된 것이 없는지 확인하고 수선이 필요한 것은 즉시 보완한다.
- 유아 활동 결과물 정리: 일과 중에 유아가 참여했던 교육활동의 결과물(포트폴리오), 교사가 관찰했던 내용(관찰기록) 등 유아 개인과 관련된 자료들을 정리하고, 전시가 필요할 경우는 교실 한 면에 게시한다.
- 동식물 점검하기: 유아들과 함께 기르는 동식물이 있을 경우, 유아 당번이 물을 주거나 먹이를 주기로 약속하고 그대로 실천하는 경우가 있다. 하지만 교사의 점검이 별도로 필요하다. 건강한 성장을 위해 영양 상태를 점검하고 필요한 조치를 취한다.
- 일과평가 및 수업계획: 하루 동안의 활동을 끝내고 나면 평가의 과정을 거쳐야 한다. 계획이 어느 정도로 실행됐는지, 어떤 부분이 잘 진행되었는지, 어떤 부분이 계획과 달랐는지, 그 이유는 무엇이라 판단되는지, 그러면 내일은 어떤 점을 반영해야 하는지 등등. 일과평가가 끝나면 그 결과를 반영하여 다음 날의 수업을 계획하도록 한다. 당일의 평가는 내일의

교육을 더욱 가치 있게 만든다. 교사가 일과평가 과정에서 고려해야 할 점은 [그림 11-3]을 참조하면 된다.

- **전화상담(학부모 상담):** 학부모 상담은 대체로 연초에 시기를 정해 놓는다. 주로 학기 초와 학기 말에 원아의 발달 상태, 적응 상태, 성장에 방향을 두는 것이 보통이다. 하지만 그 외에도 교사와 부모가 서로 소통을 필요로 하는 경우가 있을 수 있다. 특히 유아들의 하루는 참으로 다채롭고 예측이 힘든 일들로 가득하다. 유아가 교사와 친구들을 감동시킬 만한 말과 행동을 해서 부모님에게 전해 주고 싶은 일도 있고, 일과 중에 마음을 다치거나 몸을 다쳐서 부모님께 알려야 할 일도 있을 수 있고, 부모님께 정보를 드리거나 협조를 구해야 할 일도 생기는 등 다양한 경우가 있다. 부모님 역시 자녀의 유치원 생활이 궁금하거나 교사의 도움이 필요한 경우가 있어 상담을 필요로 할 경우가 있다. 얼굴을 보고 이야기하면 좋겠지만 시간적인 제약뿐 아니라 대면이 부담스러운 경우가 있으니, 전화상담을 하게 되는 경우가 많다. 계획 없이 언제라도 쉽게 할 수 있지만 목소리에만 의존하게 되어 간혹 오해가 생기는 경우도 있으니 주의가 필요하다. 특히 요즘은 문자 소통도 점점 늘어나는데, 이는 더욱 신경 써야 한다. 간단한 전달사항이 있더라도 유아와 관련된 일이라면 가능한 한 문자보다는 전화로 이야기하는 것이 오해를 줄일 수 있는 방법이다. 학부모와의 상담이 신입교사에게는 어려운 일이다. 하지만 부모님의 이야기를 적극적으로 들어 주고 부모님의 감정을 수용하려고 노력하다 보면 조금씩 편해질 것이고, 서로의 마음이 편하게 되면 교사가 부모님께 전하고자 하는 이야기도 자연스럽게 전하면서 효과적인 상담이 될 것이다. 특히 상담에서 가장 중요한 것은 비밀보장이다. A 부모님과 상담한 이야기를 타인에게 이야기하지 말아야 하고 A부모님께도 다른 유아의 이야기를 해서는 안 된다.
- **교사회의:** 유치원 업무 해결을 위한 방법을 논의하기도 하고 정보를 교환

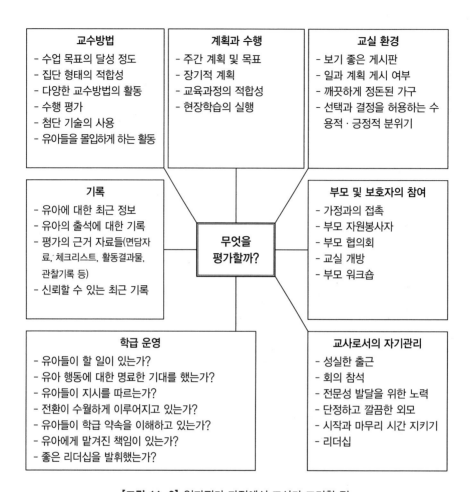

[그림 11-3] 일과평가 과정에서 교사가 고려할 점

출처: 김은심 외(2018).

하기도 한다. 신입교사가 해결하기 어려운 일이 생기거나 건의할 사항이 생길 경우 회의시간을 이용하면 된다.

- **퇴근 전 점검**: 퇴근에 앞서 마지막 점검을 하는 것으로 하루를 마무리하게 된다. 교육계획안 작성, 수업에 필요한 자료 준비, 유아들과 약속한 활동이나 자료 준비, 서류나 공동의 물품 원위치, 전기제품의 콘센트 확인, 교실의 창문 잠금장치 확인, 교실, 화장실 소등 등을 확인한다.

4. 학기 마무리

학기 말에는 한 학기 혹은 한 해 동안의 교육과정 운영의 질을 진단하고 개선하기 위해 평가를 계획하고 실시한다. 교육평가는 교육목표의 달성 여부를 판단하는 행위이다(Tyler, 1942). 유아의 특성 및 변화 정도와 교육과정의 운영을 평가의 목적에 따라 적합한 방법을 사용하여 평가한다. 평가의 결과는 유아에 대한 이해와 교육과정 운영 개선을 위한 자료로 활용한다(교육부, 보건복지부, 2019).

1) 유아 발달 평가

교육기간 동안 유아의 전반적인 발달 정도를 파악할 수 있는 자료들을 기초로 하여 유아 발달 평가를 실시한다. 평가기준은 교육의 목표와 누리과정의 5개 영역을 활용하면 된다.

- 관찰을 통한 평가: 유아는 언어 발달이 미성숙한 단계라 언어에 의한 평가를 하기에는 여러 가지 제약이 따르고 그렇기 때문에 정확하지 않다. 따라서 유아의 행동을 관찰·기록하여 그 자료를 분석하여 평가하는 방법을 많이 이용한다. 관찰을 통한 평가방법에는 일화기록, 표본식 기록, 사건표집법, 시간표집법, 행동목록법, 평정척도법 등이 있다.
- 표준화된 검사도구를 활용한 평가: 검사방법이 표준화되어 있는 검사를 실시하고 그 검사 결과를 바탕으로 평가하는 방법이다. 결과가 수량화되어 나오기 때문에 비교적 객관적인 평가가 가능하다.
- 유아의 포트폴리오를 활용한 평가: 유아의 활동 과정이나 결과에 대한 기록들을 모아 놓은 자료를 기초로 하는 평가방법이다. 시간의 흐름에 따

라 유아의 변화나 발달적 측면을 종합적으로 확인할 수 있다.

- **면접을 통한 평가:** 유아 또는 부모와의 면접을 통해 수집한 자료로 평가하는 방법이다. 교사가 유아를 이해하기 위한 다양한 정보를 수집할 수 있다는 장점이 있다. 하지만 시간이 많이 소요되고 정직하게 대답하지 않는 경우나 교사의 편견이 개입될 수 있어 신뢰도가 떨어질 수 있다는 단점이 있다. 질문 내용이나 순서를 사전에 계획하여 계획대로 진행하는 구조화된 면접, 사전에 면접의 목적만 정하고 교사의 주도에 진행되는 비구조화된 면접이 있으니 면접의 목적과 상황을 고려하여 선택하면 된다(권정윤, 안혜준, 송승민, 권희경, 2021).

2) 교육과정 평가 및 다음 학기 교육과정 계획

한 학기를 마치면 해당 학기의 교육계획, 교육활동 준비 및 실행, 평가까지의 일련의 과정에 대한 평가를 한다. 다시 말하면, 교육목표, 교육내용, 교수방법, 교수-학습 프로그램, 교재 및 교구, 교수-학습 과정에 이용했던 시설이나 환경 등 모두를 평가해 보게 된다. 그리고 평가의 결과를 반영하여 새 학기 교육계획을 수립한다. 정해진 형식은 없고, 교육목표와 마무리 시점에서의 변화를 한눈에 알 수 있도록 작성하면 충분하다. 한 학기의 경험을 바탕으로 다음 학기를 예상하고 계획하는 것으로 학기를 마무리한다.

3) 포트폴리오 마무리

포트폴리오는 유아의 발달적 측면을 종합적으로 이해하는 데 중요한 자료이다. 그러나 시간이 지날수록 수집한 자료는 점점 많아져 보관이 어려운 상황이 생기기도 한다. 이에 최근에는 전자 포트폴리오를 제작·이용하기도 한다. 디지털화된 자료뿐 아니라 음성 녹음 등 다양한 전자매체를 이용한 자료 등으로 많은 양의 자료를 쉽게 보관하고 쉽게 검색할 수 있다(이정민, 전 우천, 2006). 포트폴리오에는 다음의 내용을 포함시킬 수 있다.

- 유아의 작업물, 사진, 동영상 자료: 시간의 흐름에 따른 변화과정을 확인 하기 위함이기 때문에 완성도에 너무 집중할 필요는 없다. 각 자료에 날 짜, 상황, 작품의 이름 등을 기록해 놓아야 한다.
- 교사의 관찰기록 및 면담기록지: 개인적인 자료인 만큼 유아의 작업물과 는 따로 보관하는 것이 좋다.
- 자기반영: 유아 자신의 활동에 대한 반성적 자기 평가의 기회를 주고 그 결과를 기록하여 포트폴리오에 포함시킨다. 어떻게 작품을 만들었는지, 어떤 부분이 마음에 드는지, 다음에는 어떻게 만들고 싶은지 등의 질문 을 통하여 유아가 반성적 사고를 할 수 있도록 한다.

4) 생활기록부 작성

유치원 생활기록부는 일 년간의 유아 생활에 대한 기록이므로 평소 교사 가 유아에 대해 관심을 갖고 꾸준히 기록해 놓는 것이 중요하다. 준영구 보 존이 요구되는 유아 개인의 중요한 자료인 만큼 교사는 신중하고 객관적인 태도로 작성해야 한다. 기재방법은 교육부 제공 유치원생활기록부 기재요령 을 참고하면 된다.

5) 교사 자기평가

교사로서의 성장을 위해 스스로 자신을 점검해 보아야 한다. 교육활동에 임하는 자신의 강점과 약점을 찾아보는 노력을 하고, 필요한 연수에 참여하 거나 반성적 저널을 작성해 보는 등 자기계발에 힘쓴다면 교사 본인뿐 아니라 함께하는 유아도 최적의 성장을 기대할 수 있을 것이다.

6) 수료식 및 졸업식

일정기간의 교육과정을 마무리하고 새로운 시작을 기념하기 위해 수료식과 졸업식을 실시한다. 이 행사는 유아, 학부모, 교사 모두에게 의미 있는 자리이다. 전체 일정은 교직원 회의를 통해 결정되는 경우가 대부분이므로 신입교사에게 계획에 대한 부담은 없지만 행사가 갖는 의미를 파악하는 것이 필요하다. 일 년 동안의 유치원 생활을 회상하며 서로에게 감사한 마음을 갖고 서로의 앞날을 축복해 줄 수 있는 시간임을 염두에 두고 준비해야 할 것이다.

5. 학급운영과 관련된 문서

교사의 업무 대부분은 유아와 함께 보내는 일과 시간의 교육활동으로 이루어진다. 하지만 학급운영에 필요한 여러 가지 문서를 작성하는 것도 중요한 업무이다. 신입교사가 학급 운영자로서 작성해야 하는 문서 위주로 간단히 살펴보고자 한다.

1) 출석부

학급 유아들의 출결사항을 기록하는 문서이다. 출석, 결석, 조퇴, 전입, 전출 사항을 사실에 근거하여 정확하게 기록해야 한다. 유아들의 출결사항은 유치원 학비지원 및 법정 수업일수와 직접 관련이 되기 때문이다. 기본적인 작성방법은 교육부에서 제공하는 유치원생활기록부 기재요령 중 출결사항

기재 부분을 참고하면 된다.

2) 학급경영록

매일의 교육활동에 대한 기록이다. 계획한 교육활동을 실행하고, 유아들의 반응을 기초로 하루의 교육을 평가하여 기록한다. 이는 내일의 교육이 더욱 의미 있도록 하기 위함이다. 유아의 반응이 있기까지는 활동 종류, 활동 시간, 활동 공간, 활동 방법, 활동에 제공된 재료나 도구 등 여러 가지가 영향을 미치기 때문에 골고루 평가하는 것이 필요하다. 정해진 양식은 없고, 교육활동의 평가 이외에도 유아의 특징적인 행동, 간단한 부모 상담 기록 등 하루 동안 일어난 일을 모두 포함하여 작성하기도 한다. 특수학급의 경우, 장애유아의 하루 활동에 대한 기록인 놀이보고서를 매일 작성하기도 한다.

3) 생활기록부

유치원생활기록부는 준영구 보존의 공공기록물로 규정되어 있다. 2020년부터는 각 유치원에 설치되어 있는 전자기록생산시스템에서 작성하고 해당 생활기록부를 붙임문서로 첨부하여 결재한다. 생활기록부 작성은 담임교사가 해야 하고, 생활기록부 작성과 관리를 위해서는 학기 초에 유아의 보호자로부터 개인정보수집 이용동의서를 받는다(교육부, 2020a).

4) 실내외 환경 점검표

유아의 건강과 안전은 유치원 생활에서 우선적으로 강조되어야 하는 부분이다. 따라서 교사는 수시로 실내외의 환경을 점검해야 하고, 보다 효율적으로 관리하기 위해 점검표를 만들어 체크한다. 교실, 화장실, 놀이터 등 공간에 대한 안전 점검표를 만들어서 매일 확인하여 안전사고를 예방한다. 또한 칫솔 소독기나 공기청정기 등의 위생 관련 기계 등의 점검표를 만들어 주기적으로(예: 주 1회 등) 관리를 해야 한다.

5) 기타

- **투약일지**: 유아가 약을 챙겨 등원했을 때는 보호자가 보내 준 투약의뢰서 내용대로 투약을 하고 투약보고서를 작성해서 빈 약병과 함께 가정으로 보낸다. 그리고 교사가 보관하는 투약일지에 해당 내용을 작성해 둔다.
- **응급처치 동의서**: 유치원에서의 만약의 사고를 대비하여 신속한 응급처치를 위해 미리 부모의 동의를 받아 두기 위함이다. 학기를 시작하는 날까지 꼭 받아서 빠짐없이 보관하여야 한다.
- **귀가동의서**: 유아들의 안전한 귀가를 위해 필요한 문서이다. 유아의 귀가를 책임지는 보호자를 정하고, 유치원에서는 그 보호자에 한해서만 유아를 귀가시킬 것에 부모의 동의를 받는다. 차량을 이용해서 귀가하는 경우, 정해진 보호자가 마중 나와 있지 않으면 유아의 안전을 위해 다시 유치원으로 귀원하는 것에 동의를 받기도 한다. 물론 부모의 연락이 있으면 귀가를 돕는 보호자가 변경될 수는 있다.

★ 부록 유치원생활기록부

연령구분	3세	4세	5세	사 진 (3.5cm×4.5cm)
수료 · 졸업 대장번호	20 　－	20 　－	20 　－	
반				
담임 성명				

1. 인적사항

성명		성별		생년월일	
주소					
가족상황	관계 구분	부		모	
	성명				
	생년월일				

2. 학적사항

구분 년. 월. 일	내 용	특기사항
20　.　.　.	유치원　세 입학	
	※ 이하 빈칸은 학적 변동에 따라 추가 가능	
졸업 후의 상황		

3. 출결상황

연령＼구분	수업일수	출석일수	결석일수	특기사항
3세				
4세				
5세				

4. 신체발달상황

연령＼구분	검사일	키(cm)	몸무게(kg)
3세	20 . . .		
4세	20 . . .		
5세	20 . . .		

5. 건강검진

연령＼구분	검진일	검진기관	특기사항
3세	20 . . .		
4세	20 . . .		
5세	20 . . .		

6. 유아 발달 상황(성명:)

연령	발달상황
3세	
4세	
5세	

참고문헌

교육부(2019). 유치원 교육과정.

교육부(2020a). 2020 유치원생활기록부 기재요령.

교육부(2020b). 교육통계자료.

교육부(2020c). 유아교육법.

교육부, 보건복지부(2019). 2019 개정 누리과정 해설서.

권성민, 김미진, 김아영, 이은주, 이인원, 최윤정(2019). 유치원 교사를
　　　위한 교직실무. 경기: 양성원.

권정윤, 안혜준, 송승민, 권희경(2021). 유아생활지도(2판). 서울: 학지사.

김은심, 서동미, 임은나, 이경민, 강정원, 김정미(2018). 유아교사를 위
　　　한 교직실무. 서울: 학지사.

이정민, 전우천(2006). 초등 ICT 활용교육에의 전자 포트폴리오 평가
　　　절차 모형 개발. 정보교육학회논문지, 10(1), 1-12.

임영심, 정정희, 임민정(2019). 영유아 건강교육. 경기: 공동체.

정정옥, 김광자(2019). 영유아 놀이지도. 서울: 창지사.

Tyler, R. W. (1942). General statement on evaluation. *Journal of
　　　Educational Researcher, 35,* 492-501.

중앙아동보호전문기관 www.korea1391.go.kr

질병관리청 www.kdca.go.kr

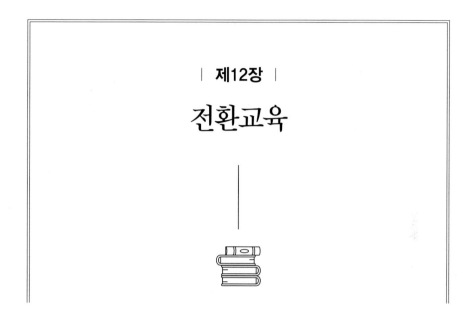

| 제12장 |

전환교육

1. 전환교육의 정의

1) 직업교육, 진로교육, 전환교육

진로 · 직업 교육과 관련하여 여러 가지 용어가 혼용되고 있다. 직업교육, 진로교육, 전환교육이 그것이다. 이러한 개념들이 혼용되고 있는 이유는 서로가 서로의 개념들을 포함하고 있거나 맥락에 따라서 협의적으로 또는 포괄적으로 사용되기 때문이다.

직업교육이란 좁은 의미로는 취업을 목표로 직종이 요구하는 지식과 기술 및 태도를 습득하기 위한 교육이라고 말할 수 있으나, 직업세계를 탐색하고 자신의 적성과 흥미에 알맞은 직종을 선택하여 직종에 적합한 지식이나 기능, 태도 등을 개발하고 지도하는 교육을 포함한다고 할 수 있다.

진로교육이란 개인이 자신의 능력, 적성, 흥미, 가치관, 성격적 특성을 이

해하고 여러 가지 직업 중에 자신에게 적합한 일을 선택하고 선택한 일을 잘
수행할 수 있도록 취학 전부터 학교, 가정, 사회에서 가르치고 지도하고 도
와주는 여러 가지 활동이라고 할 수 있다(송병국 외, 2018). 초기에는 취직과
관련된 직업선택 및 취직에 관한 지도·소개·알선 등이 주를 이루었지만
취직과 선택을 목전에 두고 실시되는 교육만으로는 불충분하다며, 가능한
한 성인기 이전부터 성인기의 평생교육까지 발달단계에 적합한 교육이 계속
적으로 이루어지는 종합적인 교육이라고 할 수 있겠다.

　전환교육은 장애학생들이 학교생활을 마치고 성인사회의 생활로 옮겨 가
는 과정을 순조롭게 하기 위해 제공되는 교육을 말한다. 그러나 전환교육에
는 고용과 진로보다 더 넓은 범위가 포함되어 있다. 즉, 직업 전 학령기의 각
과정에서 변화를 겪을 때마다 변화에 잘 적응할 수 있도록 도와주는 교육을
포함하고 있다. 유년기부터 청소년기, 청년기 등 각 성장 단계별 급격한 변
화가 이루어지는 과정에서 일어날 수 있는 변화를 예측하고 변화를 준비시
키고 대비하는 교육인 것이다. 따라서 전환교육의 영역은 학교 졸업 후의 직
업준비(고용)교육뿐만 아니라 지역사회 참여, 독립생활, 사회 및 대인관계
기술까지 포함하게 된다.

　인간의 변화 중 가장 큰 변화 중에 하나는 학교를 졸업하고 성인 직업생활
을 시작하는 과정이라고 할 수 있다. 전환교육이 진로·직업교육과 혼용되

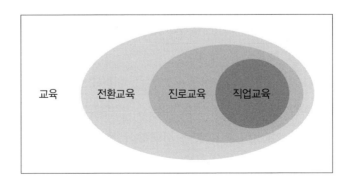

[그림 12-1] 전환교육의 위치

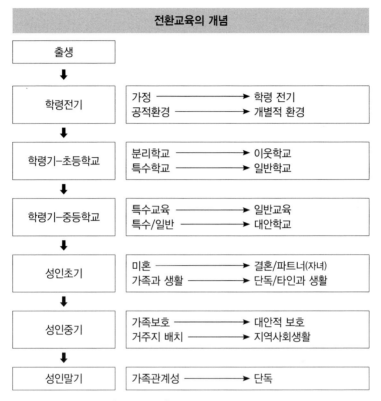

[그림 12-2] 수직적 · 수평적 전환

출처: 조인수, 박정식, 전보성(2013).

는 이유도 그만큼 직업준비교육의 비중이 크기 때문일 것이다.

　전환이란 한 가지 조건이나 장소로부터 다른 조건이나 장소로 변화해 가는 과정이며 개인은 생애를 통해 다양한 형태의 전환을 경험하게 되고 이러한 과정을 통해 발전해 나간다. 전환은 나이에 따라 성숙해 가는 수직적 전환(예: 유아기 → 초등학교 → 중 · 고등학교 → 성인)과 상황과 환경의 변화에 따라 대처하는 수평적 전환(예: 분리교육 → 통합교육, 전학, 이사, 이직, 결혼, 정년 퇴임 등)으로 나뉠 수 있다.

　전환교육은 장애학생이 학교교육을 마치고 가능한 한 생산적이고 자립적인 성인생활을 할 수 있도록 학령기 동안 필요한 교육 프로그램과 지원 서비스를 제공하는 것을 의미한다(조인수 외, 2013). 즉, 이는 어떠한 정형화된 교육과정이라기보다는 성인생활 적응이라는 특수교육과 재활 영역의 궁극적인 목표를 이루어 가는 교육의 과정이라고 할 수 있다.

2) 관련 법 규정

전환교육관련 법규정들을 살펴보면 다음과 같다. 진로 및 직업교육의 법률적 정의에서는 '학교에서 사회 등으로의 원활한 이동을 위하여'라고 규정되어 있고, 개별화교육지원팀에 진로 및 직업교육 담당교원을 반드시 참여하도록 규정하고 있다. 즉, 진로 및 직업교육에는 전환의 의미가 전제되어 있음을 추론할 수 있다. 이는 특수교육의 패러다임이 양적인 개념에서 질적인 개념으로 변화한 것을 의미한다. 즉, 얼마나 많은 장애인에게 특수교육 서비스를 받게 할 것인가라는 양적인 개념에서 장애인들을 성인기 생활에 어떻게 적응시킬 것인가라는 질적인 개념으로의 변화를 반영한 것이라고 할 수 있다.

미국 「장애인교육법(IDEA)」(2004)에서는 특수교육의 목적을 장애인들의 교육적 혜택이 아니라 장애 성인기의 성공적인 성과에 두고 있고, 우리나라도 특수교육의 궁극적인 목적을 장애학생들의 성인이 된 후의 독립적인 삶을 실질적으로 지원하며 그들의 삶의 질 향상에 직접적으로 도움을 주는 것에 두고 있다. 따라서 전환교육은 특수교육의 궁극적인 종착점이라고 할 수 있으며 성공적인 전환은 특수교육의 열매를 맺는 것이라고 비유할 수 있겠다. 학령기 동안 개별화교육 프로그램을 적용하여 열심히 특수교육을 실시했지만 성인기의 성공적인 전환을 이루지 못한다면 이파리만 무성하고 열매를 맺지 못하는 헛농사를 지은 것에 불과하다고 할 수 있겠다.

「장애인 등에 대한 특수교육법」

제2조(정의) "진로 및 직업교육"이란 특수교육 대상자의 학교에서 사회 등으로의 원활한 이동을 위하여 관련기관의 협력을 통하여 직업재활훈련·자립생활훈련 등을 실시하는 것을 말한다.

제22조(개별화교육) ① 각급학교의 장은 특수교육 대상자의 교육적 요구에 적합한 교육을 제공하기 위하여 보호자, 특수교육교원, 일반교육교원, 진로 및 직업교육 담당 교원, 특수교육관련 서비스 담당 인력 등으로 개별화교육지원팀을 구성한다.

제23조(진로 및 직업교육의 지원) ① 중학교 과정 이상의 각급학교의 장은 특수교육 대상자의 특성 및 요구에 따른 진로 및 직업교육을 지원하기 위하여 직업평가·직업교육·고용지원·사후관리 등의 직업재활훈련 및 일상생활적응훈련·사회적응훈련 등의 자립생활훈련을 실시하고, 대통령령으로 정하는 자격이 있는 진로 및 직업교육을 담당하는 전문인력을 두어야 한다.
② 중학교 과정 이상의 각급학교의 장은 대통령령으로 정하는 기준에 따라 진로 및 직업교육의 실시에 필요한 시설·설비를 마련하여야 한다.
③ 특수교육지원센터는 특수교육 대상자에게 효과적인 진로 및 직업교육을 지원하기 위하여 대통령령으로 정하는 바에 따라 관련 기관과의 협의체를 구성하여야 한다.

3) 전환교육 현황

(1) 전공과 설치현황(특수교육통계, 2020)

특수학교						일반학교		
전체 학교 수 (전공과 설치학교 수)	전공과 설치학급 수 (학생 수)	전공과학급 수				설치 학급 수 (학생 수)	전공과학급 수	
		1년차 (학생 수)	2년차 (학생 수)	3년차 (학생 수)			1년차 (학생 수)	2년차 (학생 수)
182(154)	672(5,232)	347(2,759)	320(2,432)	5(41)		34(213)	18(121)	16(92)

전공과는 고등학교 과정을 졸업한 특수교육 대상자에게 진로 및 직업교육을 제공하기 위하여 특수학교 및 특수학급에 수업연한 1년 이상으로 설치된 과정을 말한다. 전공과는 보통 2년과정으로 구성되는데, 위의 자료에서 보면 3년 과정인 학급도 적게나마 있음을 알 수 있다. 이것은 시각장애학교의 이료과정으로서 침구와 안마교육을 위한 과정이라고 할 수 있으며, 특수학교뿐만 아니라 일반고등학교 내에도 34학급의 전공과가 설치되어 있음을 알 수 있다.

(2) 고등부 졸업생 진로현황(특수교육통계, 2020, 2020년 2월 졸업생)

① 특수학교 고등부

고등부										
졸업자 수	진학자 수				취업자 수				비진학 · 미취업	
	전공과	전문대	대학교	진학률 (%)	일반 고용	지원 고용	보호 고용	취업률 (%)	비진학 미취업	비진학률 (%)
2,386	1,279	22	65	57.3	18	18	28	6.3	956	36.4

특수학교 고등부 졸업생 중에 57.3%는 상급학교에 진학하고 있고 이 중 3.64%는 장애인 특례입학 등을 이용하여 일반대학(교)에도 진학하고 있음을

알 수 있다. 6.3%의 졸업생들은 취업에 성공하기도 하지만 우리가 주목해야할 학생들은 36.4%의 비진학·미취업학생들이다. 이들은 가정으로 돌아와서 가족들의 돌봄을 받고 있거나 일부는 생활시설로 보내진 경우가 대부분이다. 가정에서 가족의 보살핌을 받게 되면 가족 중에 누군가는 장애자녀를 돌보느라 일생생활에 큰 부담을 겪게 됨을 유추할 수 있다.

② 특수학급 고등부

졸업자 수	고등부									
	진학자 수				취업자 수				비진학·미취업	
	전공과	전문대	대학교	진학률 (%)	일반 고용	지원 고용	보호 고용	취업률 (%)	비진학 미취업	비진학률 (%)
3,796	1,206	269	230	44.9	151	442	123	18.7	1,375	36.2

특수학급 고등부 졸업생 중에 44.9%는 상급학교에 진학하고 있고 이 중 13.14%는 장애인 특례입학 등을 이용하여 일반대학(교)에도 진학하고 있음을 알 수 있다. 특수학교(6.3%)의 졸업생들에 비해 특수학급 졸업생(18.7%)들이 취업에 성공하는 비율이 조금 높기는 하지만 36.2%의 학생들이 비진학·미취업학생들인 것으로 나타났다. 특수학급 학생들이 특수학교 학생들보다 작업능력이나 사회생활 적응능력이 앞설 것으로 예상되지만 비진학·미취업률은 특수학교 학생들과 비슷하다고 하니 의외의 결과라고 할 수 있다. 이들을 위한 진로·직업교육이 강조되어야 할 것이다.

(3) 전공과 졸업생 진로현황(특수교육통계, 2020, 2020년 2월 졸업생)

① 특수학교 전공과

졸업자 수	진학자 수				취업자 수				비진학 · 미취업	
	전공과	전문대	대학교	진학률 (%)	일반 고용	지원 고용	보호 고용	취업률 (%)	비진학 미취업	비진학률 (%)
2,247	0	12	5	0.8	228	471	230	41.3	1,301	57.9

특수학교 전공과 졸업생 중에도 0.8%의 소수 학생이 상급학교에 진학하고 있고 41.3%의 졸업생들은 취업에 성공하기도 하지만 우리가 주목해야 할 학생들은 57.9%의 비진학 · 미취업학생들이다. 이들은 고등부 졸업생 중 비진학 · 미취업학생들과 2년이 미루어졌을 뿐 가정으로 돌아와서 가족들의 돌봄을 받거나 주간보호시설 등에서 일상을 보내는 경우가 대부분이다. 가정에서 가족의 보살핌을 받게 되면 가족 중에 누군가는 일생생활에 큰 부담을 겪게 될 것이다.

② 특수학급 전공과

졸업자 수	진학자 수				취업자 수				비진학 · 미취업	
	전공과	전문대	대학교	진학률 (%)	일반 고용	지원 고용	보호 고용	취업률 (%)	비진학 미취업	비진학률 (%)
113		2	1	2.7	10	61	4	66.3	35	31.0

일반학교 전공과 졸업생 중에 2.7%는 장애인 특례입학 등을 이용하여 일반대학(교)에 진학하였고 66.3%의 졸업생들은 취업에 성공하였지만 일반학교 전공과 졸업생들 중에도 비진학 · 미취업학생들은 31%의 비율을 차지하고 있다. 이들을 위한 사회의 일자리 등이 많이 만들어져 취업률 향상에 변

화를 가져와야 할 것이다.

4) 전환교육의 정체성(identity)

전공과 교육이 시작된 지 20여 년이 지났지만 설치목적 및 정체성에 대한 논란이 계속되고 있다. 1994년 「특수교육진흥법」에서는 고등학교를 졸업한 장애학생들의 직업교육에 대한 요구를 수용하여 전문직업교육을 실시하기 위해 1년 과정 이상의 전공과 설치규정이 만들어졌다. 전공과 설치의 목적은 명백히 '전문직업교육'이었다. 당시 「장애인고용촉진법」이 탄력을 받고 있었고 한국장애인고용촉진공단에서는 특수학교에 직업교육 시설 및 설비를 지원하는 등 장애학생을 위한 직업교육이 활성화되는 듯하였다. 그러나 장애인 대학입학 특례제도 등이 실시되면서 고등학교를 졸업한 많은 장애학생이 대학으로 진학하게 되었고, 1990년대 말부터 가속화된 통합교육의 영향으로 특수학교는 중증ㆍ중복장애학생들이 주로 입학하게 되었다.

이러한 환경의 변화에 따라 전공과에 입학하는 중증장애 및 발달장애 학생들의 비중이 급속히 증가하게 되었고 전문직업기술 교육이라는 전공과의 기능을 더 이상 유지하기가 힘들어지게 되었다(김주영, 강경숙, 강옥화, 2017).

2007년 개정된 「장애인 등에 대한 특수교육법」에서는 이러한 현실을 반영하여 전공과 설치규정에서 고등학교 과정을 졸업한 특수교육 대상자에게 '진로 및 직업교육'을 제공하기 위하여 전공과를 설치ㆍ운영할 수 있다고 명시함으로써 「특수교육진흥법」과는 차이점을 보인다. 「장애인 등에 대한 특수교육법」에서는 진로ㆍ직업교육을 학교에서 사회 등으로의 원활한 이동을 위하여 관련기관의 협력을 통해 직업재활훈련과 자립생활훈련 등을 실시하는 것이라고 정의하고 있다(제2조 제9항). 즉, 진로ㆍ직업교육의 내용을 직업재활훈련과 자립생활훈련으로 설정함으로써 '전문직업교육'보다는 '전환교육'적 성격을 강조하고 있는 것이다. 이러한 입장은 '전문기술교육'기관으로 출발한 전공과의 성격과는 상충된다고 할 수 있다. 전문기술교육이라는 상위목적과 교육 대상이 중도·중복장애화됨으로써 생활적응교육을 실시해야만 하는 현실 사이의 부조화는 전공과의 정체성뿐만 아니라 운영 방향 등에서 혼란을 초래하기도 한다(김주영 외, 2017).

이러한 논쟁은 특수교육 일반에서도 겪고 있으며 교육환경의 변화에 따라 겪게 되는 자연스러운 과정이라고 할 수 있다. 전공과 교육의 정체성 문제는 전환교육의 개념을 명확히 함으로써 극복될 수 있다. 개인의 능력에 적합한 개별화된 교육을 제공하겠다고 시작한 특수교육이므로 학교를 졸업한 후에 변화된 환경에 적응할 수 있는 능력을 키워 줄 수 있는 개별화된 전환교육을 제공함으로써 극복될 수 있을 것이다.

2. 전환교육의 실제

「장애인 등에 대한 특수교육법」에서는 진로·직업교육의 내용을 자립생활훈련과 직업재활훈련으로 규정하였다. 자립생활훈련이란 특수교육 대상자의 특성 및 요구에 따른 진로 및 직업교육을 지원하기 위하여 일상생활 적응훈련과 사회적응훈련을 실시하는 것을 말한다. 자립생활훈련은 개인적 기능 영역, 일상생활기능 영역, 사회적 기능 영역 등으로 나눌 수 있을 것이다. 직업재활훈련이란 특수교육 대상자의 특성 및 요구에 따른 진로 및 직업교육을 지원하기 위하여 직업평가, 직업교육, 고용지원, 사후관리 등을 실시하는 것을 말한다.

다음은 실제 인천미추홀학교 전공과에서 설계하고 실시했던 교육과정의 일부분이다.

1) 자립생활훈련

(1) 연간 교육과정 구성

교과목	교육과정 구성 및 영역
기술교과	• 교과내용과 연관되어 있으면서 자립생활훈련과 직업재활훈련에 공통적으로 필요한 영역을 추출하여 재구성 • 개인위생, 가정관리, 식생활관리, 의생활관리, 사회적 책임행동 수행
교양교과	• 교육과정 분석결과 자립생활훈련에 필요한 영역을 추출하여 교육과정 재구성 • 경제생활, 전화/인터넷활용, 건강한 신체, 사회적 책임행동수행/대인관계, 여가생활
창의적 체험활동	• 자립생활훈련에 중요한 영역을 추출하여 교육과정 재구성 • 안전한 생활, 우리들의 성, 자아인식, 자신감 키우기, 이동하기, 여가생활, 문제해결 • 창의적 체험시간과 외부 전문강사를 초빙하여 특별교육 위주로 운영
운영상 유의점	• 공동영역 운영 시 중증·중복장애학생을 배려할 수 있도록 교사의 노력이 필요함 • 개별중점영역 선정 시 학생평가 및 상담을 통하여 학생, 학부모의 요구가 충분히 반영될 수 있도록 함 • 담임교사와 전담교사 간 협력, 학교와 가정 간 협력을 통해 학생에게 효과적인 교육과정 운영이 되도록 함

출처: 인천광역시교육청(2014).

(2) 교내외 현장실습 및 취업지원 활동

구분	주요 활동
교내 현장실습	• 목표: 　– **1학년** · 직무체험 및 적성확인 　　　　　　· 비급여현장실습: 주 1~2회 4시간 미만의 교내 현장실습 　　　　　　· 산학협력실습: 학교기업에 입주한 지역업체와 연계 　– **2학년** · 직무능력 개발 및 현장적응력 향상 　　　　　　· 급여현장실습(복지일자리사업과 연계): 월 56시간 근로 후 급여를 제공하는 교내 현장실습 운영 　　　　　　· 산학협력실습: 학교기업에 입주한 지역업체와 연계 • 학교기업과의 연계성을 강화한 교내 현장실습 　– 교내카페, 마켓존, 산학협력실, 학교기업 생산실 보조 등 • 각종 장애인 일자리사업과의 연계성을 강화한 교내 현장실습 　– 교내급식실, 도서관, 자료제작실, 교내청소, 교내 우편배달, 교무실, 행정실 보조 등
교외 현장실습	• 목표: 　– **1학년** · 직무체험 및 적성확인 　　　　　　· 비급여현장실습: 주 1~2회 4시간 미만의 교외 현장실습 　– **2학년** · 직무능력 개발 및 현장적응력 향상 　　　　　　· 급여현장실습(복지일자리사업과 연계): 월 56시간 근로 후 급여를 제공하는 교외 현장실습 운영 　　　　　　· 중증장애학생들의 진로지원을 위한 보호작업장 및 복지관 연계 실습 • 학교기업과의 연계성을 강화한 교외 현장실습 　– 지역사회카페, 푸드마켓 등 • 각종 장애인 일자리사업과의 연계성을 강화한 교외 현장실습 　– 지역사회 및 인근학교 도서관 사서보조, 관공서 청소, 관공서 보조 직무 등
취업지원과정	• 학교기업 산학협력실습 이후 장애인고용공단과 협력하여 지원고용 프로그램과 연계하여 취업지원 • 복지일자리 사업 이후 교내취업, 지역사회업체 및 유관/공공기관 취업 및 안정적 고용유지 지원

출처: 인천광역시교육청(2014).

2) 직업재활훈련

(1) 연간 교육과정 구성

교과목	교육과정 구성 및 영역
기능교과 (4개 교과)	• 목표: 학교기업과 연계한 교육과정운영을 통해 직업기능 향상 • 제과제빵, 바리스타, 천연비누: 교육훈련 → 생산판매 원스톱체제 운영 • 조립포장: 외주물품 수주생산을 통한 반복훈련 및 수익창출
교양교과 (2개 교과)	• 목표: 취업 이후 계속적인 고용상황 유지 • 직업생활: 직업탐색 및 취업준비, 취업상황 적응과정 지원 • 건강과 여가생활: 고용유지를 위한 건강 및 개인생활 관리지원
심화기능과정	• 목표: 전문직업인 양성 및 지역사회 취업을 위한 자격증취득과정 운영 • 바리스타, 제과제빵(2학급): 선발과정을 통과한 학생들을 대상으로 주 1회 운영 • 외부직업기능 경진대회 출전을 위한 한시적 특별과정 운영
운영상 유의점	• 교육과정운영 시 중증·중복장애학생을 배려할 수 있는 교육과정 포함 • 교육과정 운영과정에서 발생하는 수익에 대하여 사업운영목적, 방침, 세부추진계획 및 회계처리절차, 수익금활용방안을 명시하도록 함 • 수익사업종목은 학교 교육과정에 포함되어 있으며 연계하여 운영할 수 있는 종목으로 선정하여 수익사업으로 인해 학교 교육과정 운영에 어려움이 발생하지 않도록 함

출처: 인천광역시교육청(2014).

(2) 교내외 현장실습 및 취업지원 활동

구분	주요 활동

교내 현장실습	• 목표:
	  − **1학년** · 직무체험 및 적성확인
	         · 비급여현장실습: 주 1~2회 4시간 미만의 교내 현장실습
	         · 산학협력실습: 학교기업에 입주한 지역업체와 연계
	  − **2학년** · 직무능력 개발 및 현장적응력 향상
	         · 급여현장실습(복지일자리사업과 연계): 월 56시간 근로 후 급여를 제공하는 교내 현장실습 운영
	         · 산학협력실습: 학교기업에 입주한 지역업체와 연계
	• 학교기업과의 연계성을 강화한 교내 현장실습
	  − 교내카페, 마켓존, 산학협력실, 학교기업 생산실 보조 등
	• 각종 장애인 일자리사업과의 연계성을 강화한 교내 현장실습
	  − 교내급식실, 도서관, 자료제작실, 교내청소, 교내 우편배달, 교무실, 행정실 보조 등

교외 현장실습	• 목표:
	  − **1학년** · 직무체험 및 적성확인
	         · 비급여현장실습: 주 1~2회 4시간 미만의 교외 현장실습
	  − **2학년** · 직무능력 개발 및 현장적응력 향상
	         · 급여현장실습(복지일자리사업과 연계): 월 56시간 근로 후 급여를 제공하는 교외 현장실습 운영
	         · 중증장애학생들의 진로지원을 위한 보호작업장 및 복지관 연계 실습
	• 학교기업과의 연계성을 강화한 교외 현장실습
	  − 지역사회카페, 푸드마켓 등
	• 각종 장애인 일자리사업과의 연계성을 강화한 교외 현장실습
	  − 지역사회 및 인근학교 도서관 사서보조, 관공서 청소, 관공서 보조 직무 등

취업지원과정	• 학교기업 산학협력실습 이후 장애인고용공단과 협력하여 지원고용 프로그램과 연계하여 취업지원 • 복지일자리 사업 이후 교내취업, 지역사회업체 및 유관/공공기관 취업 및 안정적 고용유지 지원

출처: 인천광역시교육청(2014).

3) 직업평가

직업교육을 실시하기 전에 우선 실시해야 할 과정이 직업평가이다. 학생의 직업적 잠재력을 파악하여 잠재력을 충분히 발휘할 수 있는 분야에 취업할 수 있도록 하기 위함이다. 직업평가는 개인의 직업흥미, 적성, 능력, 강점과 제한점, 기능 수준 등을 종합적이고 체계적으로 분석하여 직업선택의 방향을 결정하고 직업생활에 효과적으로 적용할 수 있도록 도와주는 서비스라고 할 수 있다. 직업평가에는 면접, 의료 및 심리평가, 작업표본평가, 상황 및 현장평가 등의 방법이 사용되고 있다.

- 면접은 학생뿐만 아니라 학부모와도 실시하여 학생 개인의 능력, 적성, 특성 등을 파악하고 1회성이 아니라 정기적인 학보모와의 상담계획을 수립하는 것이 효과적이다.
- 심리평가에서는 지능, 적성, 성격, 흥미, 행동, 동기 등을 파악하기 위하여 실시되는 표준화된 검사방법을 실시한다.
- 작업표본평가는 개인의 직업적성, 장애의 정도 및 영향, 직업흥미 등을 평가하기 위해 실제 사업장이나 직업군에서 사용되는 것과 유사하거나 동일한 직무과제, 재료, 도구를 사용하게 함으로써 작업능력을 평가하는 방법이다.
- 상황평가는 실제 작업환경과 유사한 모의 작업장에서의 직무수행과 관련된 행동을 체계화된 관찰기법으로 평가하는 것을 말한다.
- 현장평가는 경쟁적인 작업환경에 배치한 장애인을 대상으로 현장의 생산 요구에 대한 작업 생산성과 작업행동을 평가하는 것이다(국립특수교육원, 2009).

일반적으로 사용되는 직업평가 도구는 〈표 12-1〉과 같다.

〈표 12-1〉 직업평가도구 목록

영역		검사명	소요시간	비고
진로탐색 및 준비		그림직업흥미검사	30분	직업흥미 측정(지적장애인용)
		직업준비도검사	20분	담임교사용
MDS(McCarron-Dial system)	감각	HVDT (촉각-시각 변별검사)	30분	촉각과 시각적 정보의 통합 능력평가
		BGT (벤더도형검사)	20분	시각-운동능력의 통합기능 측정
	운동	MAND (신경근육운동발달검사)	40분	대·소근육, 양손민첩성, 지속적인 통제력, 운동감각통합, 근육의 힘 측정
	정서영역	EBC (정서적행동검사지)	단기간 행동관찰	임상, 교육, 재활 장면에서 정서적 문제행동 판별
	통합-대응	BRS (DIAL행동평가척도)	10분	지역사회 혹은 작업현장에서 자율적으로 기능할 수 있는 개별, 사회, 직업적응행동능력 측정
	언어-인지	PPVT (그림어휘력검사)	30분	그림을 통한 언어적 수용능력 평가
언어-인지		REVT (수용·표현 어휘력검사)	40분	수용어휘 및 표현어휘력 측정(PPVT 보완 추가검사용)
사회적응·통합		CIS-A (지역사회적응검사)	40분	지역사회 적응기술 검사
상담		교사 및 학생상담	30분	

출처: 인천광역시교육청(2014).

4) 고용지원

최고의 복지는 일자리를 제공해 주는 것이라고 한다. 일자리를 통해 급료를 받아 생활도 유지하고 사회에도 참여하며 자아실현도 할 수 있기 때문이다. 한정된 일자리를 두고 치열한 취업경쟁이 벌어지는 것은 당연한 현상이다. 고용이란 기업이 급료를 지급하고 직원을 채용하는 것을 일컫는다. 장애학생들이 고용될 수 있도록 도와주는 것을 고용지원이라 한다. 학생들에게 전문적인 직업능력을 신장시키고, 자격증 취득을 도와주며, 능력에 적합한 직장을 소개하고, 취업을 주선하며, 이미 고용된 직장인들에게는 고용을 유지할 수 있도록 추수지도를 하는 것과 같은 직장생활 적응을 돕기 위한 다양한 활동을 고용지원활동이라고 할 수 있다. 범위를 좁혀서 살펴보면, 취업준비와 취업지원 과정만을 고용지원이라고 할 수 있겠다. 전공과 과정에서 이루어질 수 있는 고용지원 활동은 다음과 같다.

(1) 심화실습 프로그램 운영

사업장이나 기업에서 취업자들에게 원하는 기능을 심화시킬 수 있는 프로그램을 운영하는 것이다. 예컨대, 제과제빵이나 바리스타의 직무수행 내용과 방법을 지도하여 숙련시키는 것이다. 학생들의 적성과 희망을 고려하여 실습생을 배치하고 실습생이 작업 전체의 공정을 고루 익힐 수 있도록 지도하며, 생산된 제품은 교내카페에서 판매하여 판매수익금은 재료구입비로 재투자하는 등의 활동을 할 수 있을 것이다. 실습지도는 외부 전문가를 초빙하여 보다 심화된 전문교육이 이루어질 수 있도록 하고 실제로 영업이 이루어지는 매장에 가서 현장실습을 실시하여 현장감을 유지할 수 있다.

(2) 직업기능경진대회 준비

학생들에게 직업기능의 향상 및 다른 지역의 학생들과 만나 경쟁하고 교류할 수 있는 기회를 제공하기 위하여 직업기능대회에 참여할 수 있다. 대회를 준비하는 동안 담임교사, 외부강사 등이 가정, 유관기관 등과 연계하여 효율적인 교육·훈련 과정을 설계하고 추진함으로써 전문적인 기능 향상을 꾀하는 것이다. 교육·훈련 중에 발생할 수 있는 안전사고 등에 대한 대처할 수 있도록 사전 안전교육 및 안전수칙을 철저히 준수하여야 할 것이다.

(3) 자격증 준비반 운영

자격증 취득을 통해 전문성을 향상시키고 취업률 향상을 도모하는 자격증 취득반 운영도 좋은 고용지원 활동이 될 수 있다. 바리스타 자격증과정, 요양보호사 자격증과정, 제과제빵사 자격증과정 등 학생들의 관심사에 따라 과정을 개설하고 운영할 수 있다. 현장체험 활동을 통해 시험장까지 대중교통을 이용하여 이동하고 시험장에서 모의시험을 실시하는 등 사전연습을 충분히 하여 자격증 취득에 이를 수 있도록 한다. 자격증 취득은 자신감을 갖게 하며, 졸업 후 직업선택의 폭을 넓힐 수 있는 기회가 될 것이다.

(4) 면접준비교육 운영

취업면접을 대비하고 직장생활 에티켓 등을 익히기 위해 면접준비 과정을 운영할 수 있다. 상설로 운영하기보다는 취업준비 과정이 끝나갈 즈음에 워크숍 형태로 진행하여 전문강사를 통해 직장예절과 면접요령을 익힐 수 있다. 이미지 메이킹, 바른 자세 익히기, 자기소개하기, 면접관의 질문에 대답하기 등의 프로그램을 진행할 수 있을 것이다.

5) 추수지도(사후관리)

직업교육에서의 추수지도는 직업교육을 받은 학생들이 취업 후 직장생활을 어떻게 하고 있는지 알아보고 직장생활에 적합한 추가교육이나 지도를 실시하여 직장생활을 안정적으로 할 수 있도록 돕는 것이라고 할 수 있다. 졸업한 취업학생들을 대상으로 직장에서의 적응 정도를 알아보고, 직장에서의 생활이 소외되거나 위축, 좌절로 쉽게 직장을 포기해 버리지 않고 올바른 직장인으로 생활하고 나아가 사회의 일원으로 자립할 수 있도록 일 년에 1회 이상 수시로 추수지도를 실시할 필요가 있다. 졸업생뿐만 아니라 직장동료나 직장상사와의 면담을 통해 회사생활을 파악하고 협조를 요청하는 것도 효과가 있을 것이다. 회사와의 협의하에 회사직원들을 상대로 장애이해교육이나 졸업생의 장애 상태 및 소통방법 등을 설명함으로써 졸업생의 직장생활을 도와줄 수 있을 것이다. 또한 저축을 통한 인생설계, 결혼준비 등 성인기 생활에 필요한 교육을 추수지도를 통해 실시할 수도 있고 비슷한 환경에 있는 취업생들과의 자조모임을 구성하여 활동하게 하면 좋을 것이다.

참고문헌

국립특수교육원(2009). 특수교육학용어사전.

국립특수교육원(2020). 2020 특수교육통계.

김주영, 강경숙, 강옥화(2017). 전공과 정체성 모색을 통한 운영의 방향성 및 활성화 방안 연구: 경기도 지역을 중심으로. 시각장애연구, 33(1), 107-134.

박희찬, 김경선, 박광옥, 이현주, 지은숙(2019). 장애학생 진로·직업교육 활성화방안 연구. 아산: 교육부 국립특수교육원.

송병국, 이동혁, 임인숙, 유성자, 김연희, 박은주, 이승아(2018). 현장중심 직업교육. 서울: 미래엔출판사.

인천광역시교육청(2014). 2014 특수학교 전공과 프로그램개발·운영 보고서(운영교: 미추홀학교): 전공과자립생활훈련 및 직업재활훈련 프로그램.

조인수(2010). 전환사정. 대구: 대구대학교 출판부.

조인수, 박정식, 전보성(2013). 지적장애아 교육. 대구: 대구대학교 출판부.

| 제13장 |

교육 실습 및
교수-학습 계획서 작성

1. 교육 실습

교육 실습은 사범대학이나 교직과정 등에서 이수해야 하는 교직이수과목 중 하나이다. 교육 실습은 다른 교직이수과목과는 달리 교직현장에서 실제 학생들을 상대로 교육 경험을 쌓게 하는 과목이다. 교직이수 과정에서 배운 다양한 교직이론을 실천하고 경험하게 하여 예비교사로서 자질을 갖추게 하는 것이 교육 실습의 목표라고 할 수 있다.

교육 실습의 내용

교육 실습 학교의 특색이나 여건에 따라서 다양한 교육 실습이 실시되나, 여기서는 공통적으로 실시되는 교육 실습 내용을 설명한다.

(1) 수업활동, 학급운영 및 학교업무 수행과정에 대한 오리엔테이션 및 참관

교육 실습생으로서 처음 학교현장에 가면, 제일 먼저 실습학교에 대한 오리엔테이션을 받게 된다. 실습학교에서 진행되고 있는 교육활동과 학교운영에 대한 간단한 소개와 함께, 교육 실습생으로서 해야 할 일과 유의할 점을 알려 준다. 이때 대부분 실습학교에서는 교육실습계획서를 배부하여 일정에 참고하게 하는 경우가 많다.

교육 실습 첫 주는 실습 담당교사의 수업이나 특별활동 등을 참관하는 것으로 시작된다. 그리고 실습 담당교사의 학급관리 및 학생지도 활동에도 참여하여 경험하게 한다. 참관활동 시 교육 실습생은 담당교사의 지시에 따라 행동하여야 한다. 특히 수업 참관 시에는 교사와 학생의 활동을 방해하지 않으며, 수업의 전개나 흐름을 적극적으로 파악하려고 노력해야 한다. 그리고 담당교사 등의 학생 생활지도나 학급운영 활동도 적극적으로 관찰하여 배우는 자세를 가져야 한다. 그리고 참관활동이 이루어진 후에는 교생 참관록을 작성하여 제출하기도 한다.

(2) 수업 및 학생지도 활동에의 보조적 참여

참관 단계가 지나면, 학교에서 지정하는 교사의 수업이나 특별활동에 부분적으로 참여하게 된다. 교사의 수업활동에서 보조 역할을 하거나 특정 수업활동에 직접 수업을 하게 함으로써 부분적으로 수업 경험을 쌓게 한다. 그리고 수업활동 이외 학생지도 및 학급관리 활동에도 부분적으로 참여하여 예비교사로서 다양한 경험을 맛보게 한다.

(3) 수업 실기를 위한 교수-학습 지도안 작성

수업 등의 보조적인 참여가 어느 정도 이루어지면, 실습 마지막 주에 실시되는 교육 실습생의 수업 실기를 위해 본격적인 수업 실행이 이루어진다. 교육 실습생의 수업 실기는 교육 실습 단계에서 가장 중요한 단계이며, 실습생의 평가가 거의 대부분 이 단계에서 이루어지는 만큼 중요하다.

실습 담당교사의 지도 아래 수업 실기 발표를 위해서 발표할 수업과 관련된 교과활동을 실습생이 직접 수업하는 경험을 제공한다. 이때 실습생은 반드시 수업할 교과에 대한 교수-학습 지도안을 담당교사와 의논하여 작성하여야 한다. 그리고 실습생의 수업은 지도교사의 참여하에 이루어지며, 수업 후에는 수업에 대한 평가를 받아 피드백이 주어진다. 여러 차례 수업 후 피드백을 받으면서 교육 실습생은 자신이 발표할 수업 실기에 대한 교수-학습 지도안을 작성해 나간다.

(4) 교육 실습생의 수업 실기와 평가

실습 담당교사의 지도 아래 실습생의 교수-학습 지도안이 작성되고 나면, 교감, 연구부장 및 담당교사 등으로 이루어진 수업 전 단계 협의회를 거쳐서 최종적으로 지도안을 확정한다.

최종적으로 확정된 교수-학습 지도안을 바탕으로, 교육 실습생은 지정된 기일에 수업 실기를 발표한다. 수업 실기시간에는 주로 교육 실습생의 평가를 맡은 교사들이 입장하여 평가가 이루어진다. 그리고 수업 실기가 끝난 후에는 교육 실습생을 포함하는 수업 후 협의회를 열어서 수업 실기에 대한 피드백을 한다.

교육 실습에 대한 최종적인 평가에는 교육 실습생의 수업 실기뿐만 아니라 실습기간 동안 학생지도 및 학급관리 등에서 보여 준 실습생의 활동도 평가 대상에 포함된다. 또한 교육 실습을 마친 후 대학에 돌아가면, 교생 실습 간담회 등을 통해서 교육 실습에 대한 전반적인 평가가 이루어지기도 한다.

2. 교수-학습 계획서 역할과 양식

1) 교수-학습 계획서 의의와 역할

교수-학습 계획서는 수업을 실시하기 전에 수업의 설계도를 짜는 것과 같다. 이 설계도는 수업을 하는 교사에게도 수업의 길라잡이 역할을 하지만, 수업을 참관하는 사람들에게도 관찰하는 수업의 안내서 같은 역할을 한다.

교수-학습 계획서에는 학습목표와 그 목표를 달성하기 위한 학습활동과 학습방법 그리고 평가 항목이 포함한다.

2) 교수-학습 계획서 양식

교수-학습 계획서의 양식에는 일정한 형식은 없다. 수업주제나 교재·교구의 특질, 학생의 요구, 교사의 지도목적 등에 따라 달라지기 때문이다. 교수-학습 계획서의 정해진 형식은 없지만 일반적으로 교수-학습 계획서는 주로 세안과 약안 형식으로 작성된다.

세안은 [그림 13-1]과 같은 양식으로 작성되는데, 주로 단원지도계획과 본시 교수-학습 지도계획으로 구성된다. 반면에 약안은 본시 교수-학습 지도계획을 중심으로 작성한다. 다음에서는 경상남도교육청에서 발행한 『특수교육 실습 길라잡이』(2016)를 중심으로 살펴보도록 한다.

국어과 교수-학습 계획서

지도교사 유○○

단원 지도 계획	단원명	
	단원의 개관	
	단원의 목표	① 이해 면, ② 기능 면, ③ 태도 면
	단원의 지도계획	
	단원지도상의 유의점	
	단원의 평가계획	
	학생실태	① 학생의 현재 수준 및 장단점 ② 좌석배치
	참고문헌 및 자료	

본시 교수- 학습 활동					

일시		장소		대상	
단원		교과		차시	
제재		수업자			
수업모형		학습 집단	상	중	하
학습목표					

학습 단계	학습 과정	교수-학습 활동				시량 (분)	자료(★) 및 유의사항(※)
		교사활동	학생활동				
			상	중	하		
도입							
전개							
정리							

평가영역	평가내용	평가척도			평가시기 평가방법
		잘함	보통	노력	
이해					
기능					
태도					

[그림 13-1] 본시 교수-학습 계획서(예시)

3. 교수-학습 계획서 작성

교수-학습 계획서를 구성하는 단원지도계획과 본시 교수-학습 활동에 기재되는 항목들을 구체적으로 살펴보면 다음과 같다.

1) 단원지도계획

(1) 단원명

단원명은 교과서나 교사용 지도서에 있는 단원명을 그대로 적으면 된다. 하지만 학교나 학생의 특성에 맞게 단원을 재구성할 수 있다. 일반적으로 교육 실습생이 수업을 위해 교수-학습 계획서를 작성하는 경우는 교과서 등에 제시된 단원명과 영역, 제재 등을 그대로 옮겨 쓰는 편이 좋다.

(2) 단원의 개관

단원의 개관은 교사용 지도서 등을 참고하여 이 단원이 설정된 이유와 근거를 간단하게 적으면 된다. 단원이 왜 설정되었는지를 학생의 흥미와 필요, 교과 특성, 교육과정 측면에서 살펴서 쓰는 것이 좋다. 그래서 대부분 단원의 개관에는 다음과 같은 내용이 포함된다.

- 학생의 흥미와 학습 필요성에 따른 단원의 근거
- 사회적 의미와 학습 필요성에 따른 단원의 근거
- 교과의 교육과정의 계열에 따른 학습 필요성에 따른 단원의 근거

(3) 단원의 목표

단원의 목표도 교과서나 교사용 지도서에 제시되고 있어, 그대로 옮겨 적

으면 된다. 하지만 단원의 목표가 단원의 주요한 학습내용과 학습자가 단원
을 학습한 후에 성취해야 할 행동을 진술하고 있는지 확인하여야 한다.

그리고 단원명처럼 단원의 목표도 학생의 특성이나 능력에 맞게 수정하여
제시할 수 있다. 단원의 주요 학습내용을 지식, 태도, 기능 요소로 분석하고,
학생 등의 특성과 교육적 요구를 충족할 수 있도록 단원을 재구성하여 새로
운 단원목표를 제시한다. 이때 단원의 목표는 본시 교수-학습 활동에 제시
되는 차시별 수업목표(본시 학습목표)와는 다르게 단원 전체를 대표해야 하
므로 포괄적이고 종합적으로 제시된다.

(4) 단원의 지도계획

단원 전체에 대한 차시별 수업계획을 개괄적으로 밝히는 단계이다. 대단
원 아래 각 소단원을 어떻게 차시별로 진행할 것인가에 대한 정보를 서술
한다. 차시별로 학습 내용과 방법, 학습자료 및 유의점 등을 중심으로 서술
한다.

일반적으로 단원 전체 수업계획의 개요를 한 번에 파악할 수 있도록 표로
제시하는 경우가 많다. 그리고 본시 교수-학습 활동이 단원 전체 수업계획
상 몇 차시에 해당되는지도 표시해야 한다.

(5) 단원지도상 유의점

주로 교사용 지도서에 제시되어 있는 해당 단원의 지도상의 유의점을 그
대로 적으면 된다. 그러나 학교나 학생의 특성이나 능력 등을 고려하여 단원
을 재구성하여 수업을 실시하고자 하는 경우에는 교사용 지도서를 참고로
하되, 학교나 학생의 특성, 흥미, 능력 등을 고려하여 지도상 유의점을 기술
하도록 한다.

(6) 단원의 평가계획

앞에서 제시한 단원의 목표와 연계하여 평가계획을 수립하고 기술한다. 주로 단원평가 목표, 평가내용 및 평가방법 등에 대하여 기술한다. 그러나 본시 교수-학습 활동의 평가계획과는 다르게 구체적 평가 문항으로 반드시 나타낼 필요는 없다.

(7) 단원수업에 따른 참고문헌 및 자료

단원수업계획에 따라 참고하거나 사용하는 자료나 문헌이 있다면 반드시 밝히고 제시한다. 특히 단원학습에 필수적으로 이용하는 인터넷 사이트나 전자문서 등에 대해서는 저작권 보호를 위해서도 자세하게 출처를 제시한다.

2) 본시 교수-학습 지도계획

본시 교수-학습 계획서는 1차시 수업을 위해 수립된 교수-학습 활동계획이다. 단원의 전개계획에 따라 본시에 해당하는 단위수업을 어떻게 전개할 것인가에 관한 보다 구체적이고 상세한 지도계획이라고 할 수 있다. 본시 교수-학습 계획서에 반드시 들어가야 할 요소의 핵심적인 요소로는 다음과 같은 것들이 있다.

(1) 대상 및 학습집단

대상에는 본시 수업을 실시하는 학년과 학급을 기재한다. 그리고 학습집단은 수업활동 시 수준별 활동이나 모둠활동이 있는 경우 집단별로 구분하여 학습활동을 기재한다.

(2) 단원명

교과서나 교사용 지도서에서 제시하고 있는 대단원명을 단원명으로 기재한다. 만약에 단원 분석을 통해서 단원을 재구성한 경우라면 단원명을 다르게 기재할 수도 있다.

(3) 제재명

본시 교수-학습 활동의 주제를 기재한다. 주로 본시 학습목표를 간단히 줄여서 기재한다.

(4) 차시

차시는 단원지도계획상 단원에 속하는 모든 소단원의 수업 횟수 중에 몇 번째 수업인지를 밝히는 사항이다. 일반적으로 차시는 사선으로 표시되는데, 사선 앞부분은 본시 차시를, 사선 뒷부분은 해당 단원의 총 시수를 숫자로 나타낸다. 예를 들어, '3/8'라는 차시 표현은 해당 단원은 총 8차시로 수업이 계획되어 있으며, 본시 3차시는 그중에 세 번째에 해당하는 수업이라는 뜻이다. 우리는 이 차시 정보로 본시 수업의 전후 수업을 살펴서 수업의 흐름을 파악할 수 있다.

(5) 수업모형(교수-학습 모형)

본시 수업에서 적용하는 수업모형을 기재한다.

(6) 본시 학습목표

본시 학습목표는 단원지도계획에 따라서 본시에 해당하는 소단원의 목표와 그 소단원에 적용된 특수교육 교육과정의 성취기준을 바탕으로 교사가 직접 설정한다. 특히 소단원을 몇 개의 수업으로 계획하였을 때 소단원의 학습목표가 궁극적으로 달성되도록 학습목표를 세분화하여 제시할 수도 있다.

본시 학습목표는 반드시 학생들이 수업시간에 학습할 내용과 그 내용을 학습한 후에 도달해야 할 기준을 측정 가능한 용어로 서술하여야 한다. 본시 학습목표에 대한 예시를 들어 보면 다음과 같다.

<u>받침 있는 단어를</u> <u>정확하게 읽을 수 있다.</u>
(학습내용)　　　　 (도달행동 기준)

그리고 본시 학습목표는 반드시 1차시 수업 안에 달성 가능한 목표로 설정하여야 하며, 학습집단이 수준별로 나누어져 있다면 본시 학습목표도 수준별로 나누어서 진술하는 것이 좋다.

(7) 학습 단계와 학습과정

학습 단계는 도입, 전개, 정리로 많이 사용되나, 반드시 도입, 전개, 정리라는 용어를 사용할 필요는 없다. 특정 수업모형을 선택하였다면, 선택한 수업모형에서 적용되는 단계를 사용하는 것이 좋다.

학습과정은 학습 단계에 따라서 차례로 이루어지는데, 일반적으로 전시학습 상기활동에서 시작하여 차시예고 활동으로 끝난다. 자세한 설명은 다음 절 '본시 교수-학습 활동계획'에서 자세히 설명한다.

(8) 시량

학습 단계별로 소요될 것으로 예상되는 시간을 분단위로 기입한다. 일반적으로 특수학교에서는 40분 수업을 기준으로 각 학습 단계별로 시량을 기입한다. 참고로 일반 초등학교는 40분, 중학교는 45분, 고등학교는 50분을 기준으로 시량을 나눈다.

(9) 학습자료와 유의사항

학습자료는 수업 시 사용될 것으로 예상되는 자료나 기구 등을 기재한다. 그리고 유의점에는 수업과정에서 학생들의 학습활동 시 주의를 하거나 문제행동 등이 예상되는 경우 등에 대하여 미리 대처하는 내용을 기재한다. 특히 특수교육 대상학생 중에는 문제행동이나 장애 특성상 주의를 집중하지 못하는 경우가 많으므로 교사는 미리 이런 점을 충분히 고려하였다는 것을 유의사항으로 알 수가 있다.

(10) 특수교육실무원 등 보조인력의 활용

본시 수업활동에 특수교육실무원이나 공익요원 등이 배치되어 있다면, 수업활동에 보조인력을 활용한 경우에는 그 사항을 자료와 유의사항 칸에 기재할 수 있다.

(11) 본시 교수-학습 평가계획

본시 학습목표가 본시 수업에서 달성되었는지 여부를 체크할 수 있도록 하는 평가 항목이다. 이 평가는 단원의 평가계획과는 다르게, 본시 학습목표의 달성 여부를 구체적이고 객관적으로 평가할 수 있는 문장으로 서술한다. 대부분 학습내용의 이해, 기능, 태도 측면으로 나누어서 진술하며, 평가척도나 방법 등을 함께 제시하는 경우가 많다.

4. 본시 교수-학습 활동계획

교수-학습 계획서 작성에서 가장 중요한 부분인 본시 교수-학습 활동계획은 주로 〈표 13-1〉과 같은 형식으로 작성된다.

〈표 13-1〉 본시 교수-학습활동 단계

학습 단계	학습 과정
도입	• 학습환경 확인 및 분위기 조성 • 학습동기 유발 • 본시 학습목표 제시 • 선수학습과 관련 짓기
전개	• 본시 학습내용 소개 • 본시 학습활동 실시 • 학습과제 제시 및 학습집단 구성 • 학습활동 촉진과 다양한 교수기법 적용
정리	• 본시 학습활동에 대한 요약 • 형성평가의 실시 • 차시학습 예고

1) 도입 단계

(1) 학습환경 확인 및 분위기 조성

수업 전에 교사는 학생의 출석 여부를 확인할 뿐만 아니라 수업을 진행할 수 있는 분위기가 되도록 주변을 정돈할 필요가 있다. 인사와 함께 수업준비 여부를 점검하는 내용으로 서술한다.

(2) 학습동기 유발

동기유발은 학습자에게 학습할 내용에 대해 흥미를 유발하고 학습이 이루어지는 동안 주의집중을 하도록 돕는다. 또한 동기유발은 학습자의 학습 효율성에도 영향을 주는 만큼 중요하고 필수적인 과정이다. 그러므로 교사들은 주로 다음과 같은 동기유발 방법을 사용한다.

• 본시 학습내용과 관련된 학생의 경험이나 알려진 예시 제시
• 본시 학습내용과 관련된 시청각자료 제시

• 본시 수업 결과로 얻어지는 작품 등 결과물 제시

(3) 본시 학습목표 제시

본시 학습내용과 관련된 동기유발이 효과적으로 이루어지면, 학습자에게 본시 학습목표를 명확하게 제시한다. 교사는 본시 학습목표를 명확하게 제시하기 위해서 주로 다음과 같은 방법을 사용한다.

• 교사가 말로 제시하면 학생들이 듣고 따라 말하는 방법으로 제시하기
• 칠판에 판서하고 학생과 같이 읽는 방법으로 제시하기
• 행동 시범이나 수업의 결과물인 작품 등으로 제시하기

(4) 선수학습과 관련 짓기

본시 학습내용과 관련된 선수학습 내용을 간단하게 설명해 주어야 한다. 본시 학습활동에 필요한 선수학습 내용을 본격적인 본시 학습활동에 앞서서 간단하게 요약하여 제시한다. 그러므로 선수학습 내용을 복습하는 수준으로 서술하지 않도록 유의한다.

2) 전개 단계

(1) 본시 학습내용 소개

본시 수업에서 배울 내용을 구체적으로 소개하는 방법으로 기재한다. 특히 본시 학습활동이 2개 이상인 경우에는 미리 각 활동에 대해 간단한 소개를 할 필요가 있다.

(2) 본시 학습활동 실시

교수-학습 활동 칸은 교사와 학생으로 구분되어 있다. 교사 항목에는 교

사가 각 활동별로 학습활동을 제시하거나 시범을 보이는 내용을 서술한다. 그리고 학생 칸에는 교사가 제시한 학습활동을 학생이 수행하는 내용으로 서술한다.

본시 전개 단계에서 제시하는 활동은 근본적으로 본시 학습목표를 달성하기 위해서 조직되어야 하며, 학습 순서에 맞게 차례로 제시되어야 한다. 또한 하나의 활동이 후속활동과 밀접하게 연결되어야 하며, 각 활동의 결과로 본시 학습목표의 달성 여부를 알 수 있어야 한다.

교사 학생 간 문답식으로 된 교수-학습 계획서의 경우에 교사의 발문과 학생의 반응이 분명하고 구체적으로 기재되어야 한다. 특히 학생의 수준에 따라 수준별 수업을 하는 경우, 그 수준 차이를 분명하게 보여 주는 방법으로 기재하여야 한다.

(3) 학습과제 제시 및 학습집단 구성

학습자료 제시나 학습집단 구성도 각 학습활동 특성과 목적에 맞게 적절하게 기재되어야 한다. 특히 활동마다 학습집단이 변경되는 경우에는 교수-학습 계획서에 분명하게 표시되어야 한다.

3) 정리 단계

(1) 본시 학습활동에 대한 요약

본시 전개활동에서 이루어진 학습활동과 그 결과를 간략히 정리하여 서술한다.

(2) 형성평가의 실시

본시 학습활동에서 학습자가 얼마나 본시 학습목표를 달성했는지를 파악하기 위한 평가이다. 주로 미리 형성평가지를 마련하기도 하지만, 본시 전개

활동에서 사용한 학습자료 등을 이용해서 학습 효과를 확인하기도 한다. 이 형성평가는 교사에게는 본시 수업의 효과에 대한 피드백이 되는 동시에 학생에게는 학습 성과를 점검할 수 있는 기회를 제공하는 역할을 한다.

(3) 차시학습 예고

단원지도계획에 따라서 본시 이후 수업에 대한 간단한 안내를 서술한다. 주로 차시 수업의 제재 등을 언급한다.

📌 부록 교수-학습 계획서 예시

* 특수교육 실습 길라잡이(경상남도교육청, 2016)에 기재된 교수-학습 계획서 중 일부를 발췌하였음.

◈ 과학과 교수-학습 계획서

I. 단원의 개요

1. 단원명

- 대단원: 9. 소중한 지구
- 영역: 지구(기본교육과정 과학Ⅱ)
- 제재: 환경오염

2. 단원의 개관

이 단원은 하늘, 땅, 바다가 우리 생활과 어떤 관계가 있는지를 알아보는 것을 목적으로 한다. 하늘, 땅, 바다의 모습을 관찰하고 우리 생활에 어떻게 이용되는지를 조사한다. 그리고 물의 순환에 대해 알아보고, 깨끗한 환경을 만들기 위해 우리가 실천하는 방법을 찾아보는 것으로 목표를 증진시킬 수 있다. 특히 과학의 주요 개념을 학생의 경험과 밀접한 관련이 있는 상황에서 지도하고, 학습한 과학적 지식과 탐구 방법을 일상생활 장면의 문제 해결에 적용하고자 한다.

3. 단원의 목표

- 하늘, 땅, 바다의 모습을 관찰하고, 생활에 어떻게 이용되는지 조사할 수 있다.
- 다양한 물의 모습을 생활 환경에서 관찰하고, 모습이 변하는 물을 알 수 있다.
- 우리 주변의 지구 환경 오염의 원인과 해결 방법을 알 수 있다.
- 자연 보호를 실천하는 방법을 알 수 있다.

4. 단원의 지도계획

영역	제재	차시	학습주제	페이지
지구	하늘, 땅, 바다	1	① 하늘의 모습 관찰하기	218
		2	② 땅의 모습 관찰하기	219
		3	③ 바닷가의 모습 관찰하기	220–221
	물의 순환	4	① 공기 속에서 물 찾아보기	224
		5	② 여러 곳에서 이슬 찾아 관찰하기	225
		6	③ 안개와 구름 관찰하기	226–227
	환경오염	7	① 깨끗한 환경과 오염된 환경 구별하기	230–231
		8	② 지구 환경 오염의 원인 알아보기	232
		9	③ 지구 환경 오염의 해결 방법 알아보기	233
	환경보호실천	10	① 음식물 쓰레기의 처리 방법 알아보기	236–237
		11	② 재활용품 분류하기	238
		12	③ 환경 보호 방법 알아보기	239

5. 지도상의 유의점

• 날씨나 주변의 영향으로 환경을 관찰하기 어려울 수 있으므로, 도서나 인터넷 자료를 검색하여 다양한 모습을 볼 수 있도록 지도한다.
• 가정과의 연계 지도가 중요하므로 학부모의 협조를 받아 가정에서도 연계 지도가 되도록 한다.
• 지구를 살리기 위한 다양한 방법을 지도하되 활동 중심 수업이 되도록 한다.
• 자연의 이로움을 알고 그 소중함을 확실히 인식하도록 지도한다.

6. 단원의 평가계획

제재	평가내용
하늘, 땅, 바다	① 하늘의 모습을 관찰하고 다양한 하늘의 모습을 비교할 수 있는가?
	② 주변의 땅을 비교하고 식물이 잘 자라는 땅의 특징을 말할 수 있는가?
	③ 바다가 생활에 어떻게 이용되는지를 조사하고 썰물과 밀물, 바다 밑의 모습 등을 말할 수 있는가?
물의 순환	① 공기 중에 물이 있다는 것을 알 수 있는가?
	② 이슬이 생기는 과정을 이해하고, 생활에서 이슬을 찾아볼 수 있는가?
	③ 다양한 안개와 구름의 모습을 살펴보고, 생활에서 관찰할 수 있는가?
환경오염	① 깨끗한 환경과 오염된 환경의 주변 사례들을 조사할 수 있는가?
	② 지구 환경 오염의 원인을 조사하고 정리할 수 있는가?
	③ 지구 환경 오염을 최소화하기 위한 해결 방법을 알 수 있는가?
환경보호실천	① 음식물 쓰레기의 처리 방법을 알고 실천할 수 있는가?
	② 재활용품을 종류대로 분류할 수 있는가?
	③ 우리가 실천할 수 있는 여러 가지 자연 보호 방법을 알아보고 실천할 수 있는가?

7. 참고 문헌 및 자료

- 「특수교육 기본 교육과정 과학 지도서」. 교육부, 2019.
- 「특수교육 기본 교육과정 과학2」. 교육부, 2019.
- 「특수교육 교육과정」. 교육부, 2018.
- 「특수교육 기본 교육과정 보완자료 과학2」. 교육부, 2019.

Ⅱ. 본시 전개계획

1. 학생 실태

성명 (성별)	본시관련 학습수행 수준	행동 특성	장애 유형	학습 그룹
강○윤 (남)	• 좋아하는 물건을 보면 밝은 표정을 지으며 웃을 수 있음 • 학습자료를 제시하면 손을 뻗어 만질 수 있음	• 책이나 사물을 던지거나 구기는 행동을 자주 함 • 도움을 받아 일어서거나 걸을 수는 있지만 시간이 오래 걸림	지체장애	하
김○창 (남)	• '깨끗하다'와 '오염되다'의 개념을 이해하고 구별할 수 있음 • 물, 흙, 공기를 구별하고 깨끗한 것과 더러운 것을 분류할 수 있음	• 조용하고 차분한 성격이며, 말수가 적고 교사의 지시를 잘 따름 • 의사표현을 하는 데 소극적임	지적장애	상
박○준 (남)	• '깨끗하다'와 '오염되다'의 개념을 이해하고 구별할 수 있음 • 신체 감각을 통해 관찰하고 느낀 내용을 말로 표현할 수 있음	• 간단한 문장으로 의사소통이 가능함 • 군인, 경찰을 좋아하며 수업시간 도중에 그와 관련된 말이나 행동을 많이 함	지적장애	상
성○리 (여)	• 일상생활에서 '깨끗하다'와 '더럽다'는 말을 구별하여 사용함 • 한쪽 손의 움직임이 불편하여 조작 활동 시 도움이 필요함	• 장난감을 이용하여 책상에서 소리 내는 것을 좋아함 • 자신이 하고 싶은 것만 하려는 경향이 있으며, 하기 싫은 행동을 요구할 때는 손등을 무는 자해 행동을 함	발달장애	중
옥○현 (여)	• 더럽고 오염된 것을 보고 찡그린 표정을 지을 수 있음 • 교사의 간단한 지시를 알아듣고 행동할 수 있음	• 음악에 흥미가 있어 노래 부르기와 율동을 아주 좋아함 • 자신의 의사를 표정이나 몸짓으로 표현할 수 있음	지적장애	중

2. 학생 좌석 배치

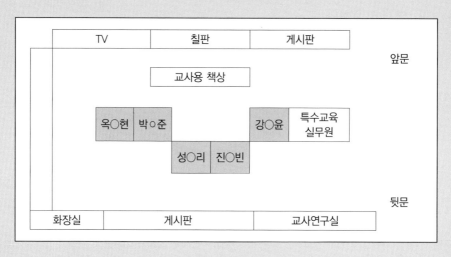

3. 본시 교수-학습 계획서

일시	○○○○년 ○월 ○일 ○요일 ○교시	대상	중학부 ○학년 ○반 (남: 3, 여: 2, 계 5명)		
단원	9. 소중한 지구	교과	과학	차시	1/3
제재	깨끗한 환경과 오염된 환경 구별하기	수업교사	○○○		
수업모형	경험학습모형	학습 집단	상	중	하
			김○창 박○준	성○리 옥○현	강○윤
학습목표	깨끗한 환경과 오염된 환경을 구별할 수 있다. • 상: 깨끗한 환경과 오염된 환경을 구별할 수 있다. • 중: 물, 흙, 공기를 깨끗한 것과 오염된 것으로 구별할 수 있다. • 하: 깨끗한 물·흙·공기와 오염된 물·흙·공기를 살펴본 느낌을 표정으로 표현할 수 있다.				
학습자료	• 동기유발 영상자료, 깨끗한 물·흙·공기, 오염된 물·흙·공기 깨끗한 환경과 오염된 환경의 사진 및 동영상, 개인별 팻말, 모형 동네, 개인별 학습지				

학습 단계	학습 과정	교수-학습 활동				보조 인력	시량 (분)	자료(★) 및 유의점(※)
		교사활동	학생활동					
			상	중	하			
문제 파악	학습 분위기 조성	◉ 인사하기	• 바른 자세로 앉아 서로 반갑게 인사한다.			학생들이 바른 자세로 앉도록 돕는다.	5'	※ 허용적인 분위기를 조성하여 학생들이 수업에 즐겁게 참여할 수 있도록 한다. ★ 프로젝션 TV, 동기유발 영상 자료
	전시 학습 상기	◉ 전시학습 상기시키기	• '안개와 구름의 모습'을 상기하며 교사의 질문에 답한다.					
	학습 동기 유발	◉ '깨끗한 동네와 오염된 동네' 이야기 들려주기	• 교사가 들려주는 이야기를 들으며, 학습 활동에 관심을 가진다.					
	학습 목표 제시	◉ 학습목표 제시하기	• 제시된 학습목표를 함께 따라 읽으며, 자신의 학습목표를 확인한다.		• 학습 목표를 주의 깊게 듣는다.	'하'그룹 학생이 교사에게 집중하도록 돕는다.		★ 학습목표 및 활동 안내판, 지시봉 ※ 학습목표 및 학습 활동 안내 시 학생들이 이해하기 쉽게 설명한다.
		학습목표 깨끗한 환경과 오염된 환경을 구별할 수 있다. • 상: 깨끗한 환경과 오염된 환경을 구별할 수 있다. • 중: 물·흙·공기를 깨끗한 것과 오염된 것으로 구별할 수 있다. • 하: 깨끗한 물·흙·공기와 오염된 물·흙·공기를 살펴본 느낌을 표정으로 표현할 수 있다.						
	학습 활동	◉ 학습 활동 안내하기	• 교사의 설명을 들으며 학습순서를 확인한다.					
		활동 1 ➡ 살펴보자! 물, 흙, 공기 **활동 2** ➡ 구별해 보자! 깨끗한 동네, 오염된 동네 **활동 3** ➡ 꾸며보자! 깨끗한 동네						

자유 탐색 및 탐색 결과 발표	활동 1	**활동 1** ➡ 살펴보자! 물, 흙, 공기			'하'그룹 학생이 살펴보는 활동에 참여하도록 돕는다.	10′	★ 깨끗한 물·흙·공기 ★ 오염된 물·흙·공기 ※ 학생들이 실물자료를 충분히 살펴보고 느낌을 자유롭게 표현할 수 있도록 한다.
		◉ 깨끗한 물, 흙, 공기 제시하기 – 투명한 병에 담긴 깨끗한 물·흙·공기를 제시하고 질문한다.	• 깨끗한 물·흙·공기를 자유롭게 살펴보고, 냄새를 맡아 본다.				
			• 물, 흙, 공기를 탐색 후 교사의 질문에 '깨끗해요, 기분이 좋아요.' 등의 대답을 한다.	• 물, 흙, 공기를 탐색 후 기분 좋은 표정을 짓는다.			
		◉ 오염된 물, 흙, 공기 제시하기 – 투명한 병에 담긴 오염된 물·흙·공기를 제시하고 질문한다.	• 오염된 물·흙·공기를 자유롭게 살펴보고 냄새를 맡아 본다.				
			• 물, 흙, 공기를 탐색 후 교사의 질문에 '더러워요, 기분이 나빠요.' 등의 대답을 한다.	• 물, 흙, 공기를 탐색 후 표정을 찡그린다.			
교사의 인도에 따른 탐색	활동 2	**활동 2** ➡ 구별해 보자! 깨끗한 동네, 오염된 동네			'하'그룹 학생이 살펴보는 활동에 참여하도록 돕는다.	10′	★ 깨끗한 환경과 오염된 환경의 사진 및 영상물 ★ 개인별 팻말 ※ '깨끗하다'와 '오염되었다'라는 의미를 다양한 장면을 통해 반복적으로 전달한다.
		◉ 깨끗한 동네와 오염된 동네모습 제시하기 – '깨끗하다, 오염되다'라는 개념을 설명한다.	• 사진과 영상물로 깨끗한 동네와 오염된 동네의 모습을 살펴본다.				
			• 교사의 설명을 듣고, '깨끗하다, 오염되다'라고 따라말한다.	• 교사의 설명을 듣는다.			
		◉ 문제 제시하기 – 깨끗한 환경과 오염된 환경의 동영상을 제시하며 질문한다.	• 바른 자세로 앉아 교사의 설명을 듣는다.				
			• 교사의 질문에 '깨끗하다, 오염되다' 팻말을 올바르게 든다.	• 교사의 질문에 표정 팻말을 올바르게 든다.	• 신체적 도움을 받아 표정 팻말을 든다.		

탐색 결과 정리	활동 3	**활동 3** ➡ 꾸며 보자! 깨끗한 동네		'하'그룹 학생이 살펴보는 활동에 참여하도록 돕는다.	10′	★ 오염된 동네모형 깨끗한 물·흙·공기, 오염된 물·흙·공기 ※ '하'그룹 학생이 재료를 감각적으로 느껴 볼 수 있도록 안내한다.
		◉ 꾸미는 방법 설명하기 – 오염된 동네모형을 제시하며 활동 방법을 설명한다.	• 사진과 영상물로 깨끗한 동네와 오염된 동네의 모습을 살펴본다.			
			• 교사의 설명을 듣고, '깨끗하다, 오염되다.'라고 따라 말한다.	• 교사의 시범을 주의 깊게 살펴본다.		
		◉ 오염된 동네를 깨끗한 동네로 바꾸는 활동 돕기 – 피드백을 제공하며 꾸미기 활동을 돕는다.	• 오염된 동네에 있는 물과 흙을 덜어 내고, 깨끗한 물·흙·공기를 찾아 깨끗한 동네로 꾸민다.	• 다양한 재료를 만지거나 냄새를 맡아 보면서 꾸미기 활동을 한다.		
정리 및 확인	정리 및 평가	◉ 학습내용 정리 및 확인하기 – 학습한 내용을 질문하고, 개인별 학습지를 제시한다.	• 각 학습내용에 대한 교사의 질문에 대답한다.	• 학습 활동 내용을 상기한다.	5′	★ 개인별 학습지, 깨끗한 환경과 오염된 환경 스티커 ※ 학생들이 서로 아낌없이 칭찬할 수 있도록 유도한다.
			• 단어와 문장으로 마인드맵 학습지를 완성한다.	• 사진자료를 이용하여 학습지를 완성한다.	'하'그룹 학생이 학습과제를 완성할 수 있도록 돕는다.	
				• 똑같은 환경사진을 찾아 붙인다.		
	강화하기	◉ 학습 활동에 대해 칭찬하기 – 완성한 개인별 학습지에 대해 피드백하고 칭찬해 준다.	• 교사의 피드백을 받고, 잘못된 부분을 다시 찾아 완성한다.			★ 차시 예고 자료 ※ 수업이 끝날 때까지 집중할 수 있도록 유도한다.
			• 친구들이 완성한 학습지를 보고 서로 칭찬한다.			
	차시 예고 및 수업 정리	◉ 차시예고 – 다음 시간에 배울 내용을 안내한다. ◉ 인사하기	• 다음 시간에 배울 내용을 듣는다.		학생들이 수업을 마칠 때까지 자리에 착석할 수 있도록 돕는다.	
			• 바른 자세로 앉아 큰 소리로 인사한다.			

평가영역		평가내용	평가척도			평가시기	평가방법
			잘함	보통	노력		
과학지식	상	깨끗한 환경과 오염된 환경을 구별할 수 있는가?				수업 전 과정	관찰평가, 구두질문법, 개별평가
	중	물, 흙, 공기를 깨끗한 것과 오염된 것으로 구별할 수 있는가?					
	하	깨끗한 물 · 흙 · 공기와 오염된 물 · 흙 · 공기를 살펴본 느낌을 표정으로 표현할 수 있는가?					
탐구능력	상	깨끗한 환경과 오염된 환경을 비교하여 관찰할 수 있는가?					
	중	깨끗한 물 · 흙 · 공기와 오염된 물 · 흙 · 공기를 비교하여 관찰할 수 있는가?					
	하	깨끗한 물 · 흙 · 공기와 오염된 물 · 흙 · 공기를 오감을 통해 관찰할 수 있는가?					
과학적 태도	전체	깨끗한 환경과 오염된 환경에 관심을 가지고 수업에 적극적으로 참여하는가?					관찰평가, 수행평가
		교사의 지시에 따라 주어진 과제를 잘 수행하는가?					
		관찰한 결과를 실생활에 활용하려는 태도를 가지는가?					

참고문헌

경상남도교육청(2016). 특수교육 실습 길라잡이.

저자 소개

김두희(Kim Duhee)
대구대학교 대학원 박사(정서장애 전공)
현 인제대학교 교수

서선옥(Seo Seonok)
인제대학교 대학원 박사(유아교육 전공)
현 부산경상대학교 교수학습지원센터 객원교수

서중현(Seo Joonghyun)
미국 오하이오 주립대학교 박사 수료(청각장애 전공)
인제대학교 대학원 박사(청각장애 전공)
현 경상남도교육청 특수교사, 인제대학교 겸임교수

오수현(Oh Soohyun)
인제대학교 교육대학원 석사(특수교육 전공)
현 경상남도창원교육지원청 특수교육지원센터 특수교사

유은정(Yoo Enjung)
대구대학교 대학원 박사(청각장애 전공)
현 인제대학교 교수

유종열(Yu Jongyeal)
대구대학교 대학원 박사(특수교육리더십 전공)
현 경상남도교육청 장학사

이지현(Lee Jihyun)
부산대학교 특수교육과 학사
현 부산혜송학교 특수교사

특수교육 교직실무

Teacher Practices in Special Education

2022년 8월 20일 1판 1쇄 인쇄
2022년 8월 30일 1판 1쇄 발행

지은이 • 김두희 · 서선옥 · 서중현 · 오수현 · 유은정 · 유종열 · 이지현
펴낸이 • 김진환
펴낸곳 • ㈜ 학지사

04031 서울특별시 마포구 양화로 15길 20 마인드월드빌딩
대표전화 • 02)330-5114   팩스 • 02)324-2345
등록번호 • 제313-2006-000265호

홈페이지 • http://www.hakjisa.co.kr
페이스북 • https://www.facebook.com/hakjisabook

ISBN 978-89-997-2516-6 93370

정가 18,000원

출판미디어기업 **학지사**

간호보건의학출판 **학지사메디컬** www.hakjisamd.co.kr
심리검사연구소 **인싸이트** www.inpsyt.co.kr
학술논문서비스 **뉴논문** www.newnonmun.com
교육연수원 **카운피아** www.counpia.com